公共行政规范理论译丛
◉主 编：马 骏 任剑涛

理解管理：
一种批判性的导论

MAKING SENSE OF MANAGEMENT
A Critical Introduction

〖瑞典〗马茨·阿尔维森(Mats Alvesson)
〖 英 〗休·维尔莫特(Hugh Willmott) /著
戴 黍／译

中央编译出版社
Central Compilation & Translation Press

译丛总序

在现代公共行政学的发展史上，一直有两条重要的主线：规范与实证理论。现代公共行政学正是围绕着这两条理论线索不断发展起来的。这两条主线有时相安无事，各走各的，有时则相互碰撞，发生争执。无论是那一种情况，它们都在推动着公共行政学的发展。只有同时把握这两条主线的研究，熟悉它们各自的主要理论及研究方法，才能完整和准确地了解现代公共行政学。尽管许多人将公共行政学的诞生追溯到 19 世纪末，但是，作为一个相对独立的"学科"，公共行政学成型于 20 世纪的美国，并在 20 世纪 30 年代进入其发展的黄金时代，形成了所谓的古典公共行政学。1947 年，西蒙出版了《行政行为》，次年，瓦尔多出版了《行政国家》。两位学者及其著述凸显了公共行政学中两种学术旨趣之争：实证取向的公共行政学，还是价值取向的公共行政学？1952 年，西蒙与瓦尔多之间就此发生辩论。这场著名的"西蒙/瓦尔多之辩"正式结束了公共行政学的古典时期。自那以后，美国公共行政学就分裂成许多流派，由此进入一个长达近 60 年的范式分离和竞争。在这一竞争的格局中，规范理论一直占有重要的地位，深刻地影响着公共行政学的发展。而且，最为有趣的是，尽管 20 世纪 50 年代以来，实证研究越来越成为社会科学，尤其是美国社会科学的主流，在公共行政学尤其是美国公共行政学中，规范理论一直发挥着举足轻重的影响，许多顶尖的公共行政学家都在从事规范研究。这在一些希望将公共行政学变成"科学"的学者眼里，极大地妨碍公共行政学发展成为"受人尊重的"硬科学。然而，不可否认的是，正是由于规范研究的存在，才使得公共行政学一直保持着敏锐而深刻的批判精神以及不断进行创新的活力。从 20 世纪 70 年代的新公共行政学，到 80 年代出现并仍然非常活跃的"公共行政理论网络"（Public Administration Theory Network，PAT – NET），公共行政学中的规范研究一直不乏传承，不断推出产生重大影响的著作。著名公共行政学家斯蒂尔曼（Stillman，1999）将"公共行政理论网络"的学者称为"诠释派"。这一流派的学者都是实证研究的反对者，都主张在公共行政学中开展"诠释研究"和"批判研究"。他们一方面批判性地反思行政国家的现代性基础，反思公共行政学的哲学基础，另一方面对于公共行政中的价值问题（例如社会公平）和公民权问题等极其关注，孜孜不倦地寻找建立美好社会的替代方案。有时，他们像一些破坏者，撼动那些支撑着我们已经习以为常的现代行政国家的基石；有时，他们像一些幻想者，构想者一些曲高和寡的、新的治理模式；有时，他们使用的术语是那样的生僻而且古怪，他们使用的思辨方式也让那些熟悉和热爱定量数据的人们感到陌生。然而，无论如何，我们都必须认真地对待他们的研究，并保持一种开放的态度。应该认识到，实证研究只是我们认识世界的方式之一，绝不是唯一的至高无上的研究方法。

目前，国内公共行政学研究整体落后于国际学术水平。不仅在实证研究方面非常落后，而且在规范研究方面也非常落后。对于规范研究，国内一些研究者的理解也是非常成问题的，似乎只要不用定量数据就是规范研究，而不知规范研究也有其独特的理论建构方式和质量标准。翻译、介绍公共行政学中的这些规范理论，对于提高我国公共行政学中规范研究的质量意义重大。同时，也对我们的改革实践具有重大意义。目前，如何适应社会、经济变迁重构国家治理已是中国公共行政学必须提出整体性解决方案的根本性大问题。这不仅需要严谨、科学的实证研究，更需要建设性的规范理论。本译丛主要翻译和介绍瓦尔多的《行政国家》发表以来、在20世纪70年代初具规模、在80年代大规模复兴并不断发展壮大的公共行政学中的规范理论。本译丛着重选择公共行政学规范理论中的经典著作以及最近几年引起各种争论的最新著作。我们希望，这有助于矫正汉语公共行政学界的一些认知偏差，更好地引导汉语公共行政学的健康发展。我们两人分别从事规范和实证研究，按理学术取向不同，难以进行学术交流。所幸，作为同事，我们经常有机会进行一些交流。在交流中发现，实证研究与规范研究之间的交流和互动，每每收获甚大，可起相互启发之效。同时，深忧我国公共行政学研究中越来越重的纯粹管理主义乃至工程主义倾向，遂有编辑此译丛的想法。其后，得中央编译局贾宇琰女士及该局其他同仁的支持，以及各位译者的辛勤工作，方有此丛书面世。

本译丛的翻译获教育部人文社科重点研究基地中山大学行政管理研究中心重大项目"国外公共行政学理论前沿"的资助。

马骏　任剑涛

2008年2月10日于中山大学

献给伊冯（Yvonne）和米哈（Miha）、以及依琳娜（Ire-na）、萨莎（Sasha）、安娜（Anna）和克洛伊（Chloe）

目 录 Contents

第一部分　将批判理论引入管理

序

　　为什么将本书命名为《理解管理》呢？这主要是因为我们坚信，对于管理权威们，以及那些从标准教科书中提炼共识加以利用的人们来说，管理实在是太重要。本书旨在提供一种新颖的研究管理的视角，这一视角同时也是普适性和批判性的。说它是"普适性的"，是因为伴随着现代资本主义社会的出现，管理的理论与实践经受了相关的考验；说它是"批判性的"，是因为支撑着管理世界的一系列假设时常要受到诸多审查，或者更确切地说，这些假设并未获得承认，或者经常被漠视。

　　我们希望这本书饶有趣味，并且对从事不同专业工作的管理者有所帮助。在一定程度上，正是基于这个原因，我们在提供更多关于管理和组织的定型观念的一般性探讨之外，还在书中阐论了管理所涉的几个主要专业的实质部分。我们还希望这本书对那些管理专业的学生和老师们有益。他们要么对理解管理的更确定的方法心存疑虑，要么已经逐渐对其有所省悟。

　　为此，我们首次把分散、隐藏在横跨不同专业的学术期刊里的大量文献整合到一个单一的文本中。除了提供一份有用的原始资料和进一步阅读和研究的指南，本书还期望进一步激发一种管理理论和实践的替代途径的形成——在这种途径中，作好准备，使公认的至理名言服从于明察秋毫的批判性审思是极具实践价值的，这样的准备不应被当作毫不相干而受到抛弃或被人们当作异端对待。

　　这本书的写作可以追溯到十年前的一项研究计划的总结。有关共享利益的最初探讨出现于 1985 年在纽约巴鲁学院（Baruch College）举行的一次关于批判性的组织分析的学术会议上，对这些问题的讨论在对 1989 年研讨会的召集过程中得以继续。1989 年研讨会出版的论文集（Alvesson and Willmott, 1992）获得了积极的肯定，这也成为我们着手准备编撰本书的动力。本书第七章由一篇论文经过大幅度修订和扩展而成，这篇论文原本刊登在《管理评论界》（*Academy of Management Review*, vol. 17, no. 2.）上。本书的编撰体现了全方位、多方面的合作，我们每个人都参与了每一章的写作。很多情况下，在确定一个首选方案前，我们总是准备和修改很多替代草案。然而，不可避免地，在每一章中每个人的作用又有所不同。休·维尔莫特（Hugh Willmott）对第一、第二和第六章的贡献最大，而马茨·阿尔维森（Mats Alvesson）对第四章付出了最多的劳动，在其他各章中每个人的贡献则都相差无几。

　　必须承认，我们低估了我们目前所从事工作的非凡抱负以及完成这项工作所需的时间。我们非常感谢塞奇出版公司（Sage Publications）的苏·琼斯（Sue Jones），她对我们的研究计划提供了热情的帮助，并给予无私的宽容，这一计划曾一度受到那些或多或少是意料之中的事件（包括孩子们的到来，以及研究机构的变更）的影响。我们还要对同事们、朋友们和学生们持续的鼓励和支持表示感谢，即便（也许尤为特殊地）他们对本书的观念并不赞同。

　　由于有很多同事在这项研究中以各种方式为我们提供了帮助，所以单单列出个别人来表示感谢是颇为不妥的。尽管如此，我们还是要向那些对我们的初稿提供了评论的人士表示特别感谢，他们是：斯坦·迪兹（Stan Deetz）、约翰·福雷斯特（John Forester）、大卫·纳依兹（David Knights）、伯恩·康斯坦（Bjørn Kjønstad）、理查德·劳克林（Richard Laughlin）、约翰·明格斯（John Mingers）、格伦·摩根（Glen Morgan），詹妮·欧文（Jenny Owen）、迈克尔·帕沃尔（Michael Power）、理查德·惠廷顿（Richard Whittington）以及爱德华·雷-布利斯（Edward Wray-Bliss）。我们还要对哥本哈根商学院（Copenhagen Business School）在1989年休·维尔莫特受邀作访问学者期间提供的种种便利表示感谢，这使得我们在一些余暇之际有机会进行思想交流，同时也要感谢瑞典人文与社会科学研究会（Swedish Research Council for the Humanities and Social Sciences）准许我们在哥本哈根、什鲁斯伯里和巴黎的一系列面晤之余，以电话、邮寄稿件与磁盘的形式作更多的研讨。

同样，我们也深深感激我们的秘书，安·马克英农（Ann MacKinnon）、玛格丽塔·萨缪尔森（Margareta Samuelsson）和玛丽·奥布伦（Mary O' Brein）。尤其是玛丽，她承担了主要的改写工作，有时这项工作看来是漫无尽头的。然而，我们亏欠最多的还是对我们的家庭，尤其是我们各自的伴侣伊冯（Yvonne）和依琳娜（Irena），她们以极大的耐心和良好的幽默感促进和帮助着这项合作。

马茨·阿尔维森和休·维尔莫特

1996年1月

导　言

管理作为一种职能、作为一项分工明晰的工作、作为一门学科，以及作为一个研究领域——所有这些都是本世纪的产物。（Drucker，1977：11）

现今，统驭（domination）的非理性已经成为一种威胁日常生活的集体性危机，它只能由依循解除了统驭的一般讨论（general discussion）原则所形成的政治决策程序的发展来加以控制。（Habermas，1971：61）

在过往的大约10至15年间，沿袭已久的关于"如何"管理的定论由于许多方面的发展而屡受挑战。这其中就包括了对经营管理"伦理"、对经济行为的社会与生态结果、对信息与通讯技术的推广运用，以及——并非最次要的——对"新"（如日本）的哲学与实践所取得的商业成功的日趋增长的关注。

当代人对已有管理理论与实践的不满是显而易见的。这一方面表现在如此众多的组织内发生变革的规模及频次，另一方面还表现在由新近的"权威们"所撰的销量巨大的著作之中——例如彼得斯和沃特曼（Peters and Waterman）的《追求卓越》（1982）、坎特（Knater）的《当巨人学会跳舞》（1989）以及哈默和钱皮（Hammer and Champy）的《再造企业》（1993）等等。抛开这些畅销书为作者们带来的丰厚酬劳不论，它们所秉持的目的就是要为管理者们提供关于管理的新视角与创新的技术，以应对各种突然出现的挑战。

但是，这些著作中的观念在何种程度上是新颖与深刻的呢？它们确实在现代主要的社会和生态问题与产生和处理这些问题的管理角色之间建立着联系吗？"权威"著作能够针对已有的管理理论与实践，为更多的批判性思想打开空间，但是它们提供了一种新的或者是特别发人深省的理解管理的途径吗？某些观念时常表现出激进和革命的态势（例如Peters，1992；Hammer and Champy，1993），实际上却仍然执着于保存既有观念的优先权和特权（例如经济增长、管理准则等）。它们由革新和解放的语言装饰而成，但是却更加坚定地寻求对现状（伴随着所有的社会和生态问题）的刷新，而不是决意推行解放性的变革。

我们相信，管理理论和实践很难由缺乏批判视角的著作加以呈现。这里所说的批判视角，主要针对的是现代组织中那些人们时常面临的工作和管理的挑战与困境。随着社会和生态问题在全球经济中日渐累积，在全球经济这艘"泰坦尼克号"巨轮上，正被重新排列和整修的躺椅开始发出某种怪声①。在此情势下，人们不是去处理这个浪费、分裂的经济体中更为根本的可防卫性和可持续性问题，而是把注意力集中于革新管理实践的标新立异的方法上——如全面质量管理（Total Quality Management，TQM）和商业流程再造（Business Process Reengineering，BPR）。② 人们对于既有组织实践的顽固性

---

① 作者以泰坦尼克号（Titanic）及怪声（eerie sound）等意象，喻示全球经济的危机四伏。——译者注

② 例如，奥克兰（Oakland，1989）与哈默和钱皮（Hammer and Champy，1993）。关于 TQM 的批判性讨论，参见威尔金森和维尔莫特（Willkinson and Willmott，1995a）；关于企业流程再造的批评，参见维尔莫特（Willmott，1994c，1995e）以及维尔莫特和赖-布里斯（Willmott and Wray-Bliss，1995）。

与低响应度所作的商业性关注与他们对假想的理性组织方式（如科层制）的虚幻效力的认识形成了共鸣。但是，人们对当代管理理论与实践的基本价值和目标的合理性所作的思考仍然很少。

那么，我们应从何处入手，关注那些能够提供与众不同、发人深省的理解管理理论与实践的观念呢？社会哲学和社会科学传统——特别是那些对公认的至理名言提出质疑的——能够提供一种重要的、然而在很大程度上被忽视的指导与启示的资源。尤其值得注意的是，批判理论传统以及相关思潮对于这样的研究更是深中肯綮。为什么这样说呢？因为批判理论具有跨学科的特性，并且拒绝教条主义；而且还因为它数十年来关于管理的艰深论见现在正日益获得肯定，被视为探寻人类福祉的线索——例如科学发展与社会进程之间粗笨无知的平衡，用户至上主义与商业化的破坏性影响，以及在更加文明、人道与公正的社会发展背景下，现代国家旨在增加资本积累和/或使资本积累合法化的公平政策取向（例如撤消管制规定）。

在运用批判理论传统的过程中，我们并不主张提供与理解管理相关的所有论见。我们也不试图给出一个更为广阔的理解管理的政治和经济情境的视角。无论如何，这样的视角已经由那些以此为由作了更充分准备的人们（例如，Kellner，1989）加以发展了。我们更为谨慎的愿望是要提供一个初步的和尝试性的管理框架。我们希望，这一框架或许能在质疑和改变那些不必要地浪费的、有害的与分裂的实践的进程中有所助益。

管理知识——传统与批判

对确定的管理理念与实践的价值的诸般疑问，与作为学术研究中一门学科的管理所获的认同与扩展是一致的。与此相应，它们所取得进展经常通过有选择地运用在社会科学中发展而成的观念，支持着脱离惯常假设与规定的理解管理的创新途径的涌现。①

在现代社会中，科学思想备受崇敬。人们普遍认为，管理中最为复杂且不断反复的问题正是"以人为中心"而不是相应的技术因素。② 因此，人们力求用于诊断和处理管理问题的社会科学观念也就不足为奇了。③ 但是，在社会科学的伪装下，致力于革新管理实践的理性的角色引发了一个有趣的问题，即：人们在审思和转换管理实践的过程中，理性是否是中肯恰当的？于此，人们审思和转换管理实践，所凭借的是对其既定的为顾问和管理者提供理念支持与决定或处理那些问题的功能的超越。而那些问题恰恰是由管理者和咨询者们所定义或预先确定的。

在本书里，我们将肯定地回答这些问题。不错，理性能够、而且应当扮演一个超越其用途的更重要的角色，但理性通常只是被视作确定和使得管理控制技术合法化的一种资源。理性还有助于质疑现有目标是否例行公事地促成了不必要的浪费与分裂（参见第 2 章），④ 而不

----

① 例如，在《追求卓越》（彼得斯和沃特曼，1982：第四章）中，社会心理学家和组织分析家詹姆斯·马奇（James March）和卡尔·威克（Karl Weick）的论著经常被征引，以推进作者的可替代途径并使之合法化。

② 作为对科层制"铁笼"和市场"皮鞭"的替代选择或补充，近年来学术界表现出对派系效力（Ouchi, 1981）和企业文化（迪尔和肯尼迪, Deal and Kennedy, 1982）的浓厚兴趣。

③ 更早些的例子包括克瑞斯·阿吉瑞斯（Chris Argyris）的《组织社会学的适用性》（1972）和汤姆·卢普顿（Tom Lupton）的《管理与社会科学》（1971）。卢普顿宣称，正如之前"由意识形态和臆测占据的领域将上升到科学话语和技术诀窍的水平"一样，产生于"开放系统"理论的管理和组织知识，也能够改变管理实践（Lupton, 1971：141）。

④ 在这一进程中，理性也能够被激发起来，批判地反思其自身的局限性和赋予科学特权的现代潮流。科学特权贬斥着世俗、常识推理的效用（哈贝马斯, Habermas, 1971）。

是被不合理地局限于提炼达到现有目标的方法这一使命中（例如，通过从当前组织实践中消除不必要的努力与浪费）。理性不仅能够用于提炼达致既定目标的方法，而且还能够用来审查决定这些目标本身的过程的合理性。

现有理论与实践的一个基本问题是，狭隘的、工具化的理性概念在很大程度上妨碍了对理性的解放力量作视野更广阔的批判性评价，与此相伴的（通常是非理性的）是看来可以有效地解决管理问题、但实际上却导致更大的社会与生态问题的结果（参见第 1 章）。只有在制定解决紧迫问题的技术方案时，为避免受到直接压力的干扰，才可能认识到（在其他事物之中），一个问题是怎样通过某一特定方式被理解、并且被区别对待的；为什么当其他目标和解决方案可行时，某些特定类型的目标与解决方案总能够例行地备受青睐；以及如果我们必须面对（而不仅仅是转化）紧迫的社会和生态问题时，哪些改革是必须的。正如托马斯（Thomas，1993：12）近来指出的，当人们审思在确定的管理理论与实践之中发现问题的批判性反思所承担的角色时，这种反思的价值"最终在于它提高我们的自由、直至增进我们的生存机会的能力"。因此，不能将批判理性等同于或将其贡献降低为社会工程、纷争解决或领土扩张。

绝大多数管理学教科书和权威手册很少注意到批判理性在理解和诊断管理理论和实践中的适用性。在我们看来，这是对机会的错失，应当深以为憾。① 技术获取和问题解决模式中的关键之处，表现

---

　　① 不足为怪的是，管理权威撰写的书籍将被其读者定位为"专业"和"自利"。通常，这些著作的内容总是力求把轻松愉悦和对管理工作的夸大、对提升个人职业的暗示结合起来。不幸的是，大多数学术教材和研究专著也因类似的定位而遭摒弃。它们时常专注于将管理构建为一个令人尊敬的研究领域，而不是对其基础提出挑战性的问题、或是对管理理论加以批判性审思。

为这样一种观念：管理绝对是关乎当前的"实践"或主流的"成事"方法。从这样一种观念看，除了在为确定的实践进行技术提炼等方面之外，对管理的理解与管理理论的发展在很大程度上是有失偏颇的。正像汤普森和麦克休（Thompson and McHugh，1990：28）所观察到的那样，出于对"关系到效率和动机的行为问题"的关注，绝大多数管理学文献中对关于"许多组织生活中根深蒂固的特性——不平等、冲突、统驭、等级和操纵"——的考虑是受到忽视或抑制的。人们不愿质疑管理的"神圣"地位与特权——这一立场受到防御性理解的习惯性保护。在防御性理解中，这些质疑将"击溃"管理而不是鼓励关于管理的角色与合法性的辩论。

值得强调的是，发展批判性管理知识的兴趣，并不意味着技术性的问题解决取向是无益的或者伪劣的；也不意味着当一种视野更广阔的管理观念得以发展时，它就变得毫不相干了。相反，技术取向和批判取向都是合理的，而且我们乐于在二者之间建立更为紧密的联系（Willmott，1994b）。技术性的问题解决是管理复杂组织的一个不可或缺的方面。随着更合理、协同的管理理论与实践的发展，虽然技术性的问题解决模式可能有所变化，但是它并没有变得多余。然而，当管理者们出于基本常识对管理问题加以界定时，对传统智慧的反思，可以而且应当超越为管理问题提供更有效的诊断与"处置"的技术层面。本书的意图是，在不减损其内容、不屈就读者的前提下，力求使批判思想的洞见更易于得到广大管理学教师和从业者的理解。我们希望下列篇章将为理解管理提供一种恰当的资源。为此，我们不是人云亦云地对公认的智慧与实践加以重复或阐述，而是推动对它们的挑战。

本书的计划

第一章为全书的其余部分打下了基础。本章介绍了在后面章节中得以扩展的各个不同主题，其基本意图是要表明，在涉及人与人之间不稳固而且不可预知的交互作用这一意义上，管理无疑是一种社会的和组织的行动。由于管理过程不可避免地是政治—经济、文化与道德关系这样的复杂领域中的媒介与结果，所以将管理描绘为类似工程学的模样（就像人们经常做的那样），就产生了严重的误导。相应的，社会理论为批判地理解与反思组织和管理实践的变化提供了相关的资源。我们认为，不论是在处理由社会和经济变革而造成的各种问题，还是在吸纳其他批判思想的成果方面，批判理论都是十分开放、视野开阔而且勇于反省的。

第二章和第三章着重将我们对管理的总体看法放置到它的知识情境中去。第二章直接面对这样一种争论，即管理是否能够或应不应该是"科学的"。在此，说管理是"科学的"是基于这样的认识：管理是以客观性为基础的，而科学知识正好可以从管理实践中去除主观性与政治立场。我们向韦伯及其追随者的观点提出挑战。他们认为，包括管理知识在内的社会知识是（或者能够是）价值中立的。

站在批判理论的立场，我们主张：科学知识的任务在于对教条和统驭加以揭露，而不是用看起来无可争辩的科学知识来取代它们。布瑞尔和摩根（Burrell and Morgan）关于知识产生之不同范式的模型被用来说明社会科学知识的多样性，同时还被用来确定关于管理研究的批判理论受到其他批判传统启发或影响的程度。第

4

三章简要介绍了作为本书的主要学术源头的法兰克福学派（the Frankfurt School）的出现与发展历程。在本章，我们还指出了批判理论中存在的一些局限性。对于这一点，我们还将在第七章和第八章中涉及。

在第四至六章中，我们以批判理论为主要指南，评析了管理学及其分支学科的研究状况。第四章考察和阐明了一系列关于管理和组织的替代性概念，并探讨了将管理视为一种技术统治的形式、一个神秘化的过程以及一种殖民化的权力来加以理解的各种途径（在被引介到更多领域中之前，管理思想与管理技术曾一度被严格地当作"个人的"或"文化的"东西）。在第五章和第六章中，我们将注意力转向管理学的各个分支学科。我们在第五章里考察了组织理论中"软的"或"定性的"专业、市场营销以及战略管理。① 我们对每个专业领域中的焦点问题与视角的转换都简要地给出了一个总体的看法，随之还探讨了每个专业领域中对传统智慧进行挑战或颠覆的、特别是与批判理论有着直接关联的那些研究的贡献。第六章所涉及的是会计学、运筹学和信息系统等"硬的"或"定量的"专业学科。与第五章的模式相近，第六章的意图同样是要评价与阐明批判性研究对弄清这些专业的存在与应用状况所作出的贡献。

第七章和第八章对先前各章已作介绍的理解管理的宽广路径之恰当性与相应价值进行了一系列的反思。第七章凭借源自批判性研究的洞见，探讨了惯常的理解管理的基本元素所涉及的范围。这要求我们必须对批判理论的适宜性和可操作性进行某些质疑。大体而言，批判理论的适宜性和可操作性与其所承诺的自我反思和自我批

_5_

---

① 当然，这些领域中有很多研究是定量的，但这些学科专业更多的是行动主义取向的。

判是相互一致的。如果批判理论被运用于组织情境或日常的管理研究中，我们还特别要指出将其抽象性具体化的必要性，而且必须切实消除批判理论中的纯粹主义。为此，我们大体描述了批判理论丰富多彩的洞见中的一些观念，以及管理和组织研究中反复受到关注的热点问题。第八章更直接地对管理实践加以关注。正如可以论证的那样，我们认为在伦理与政治的层面上，批判理论对于管理实践之发展的适宜性是更具说服力的。

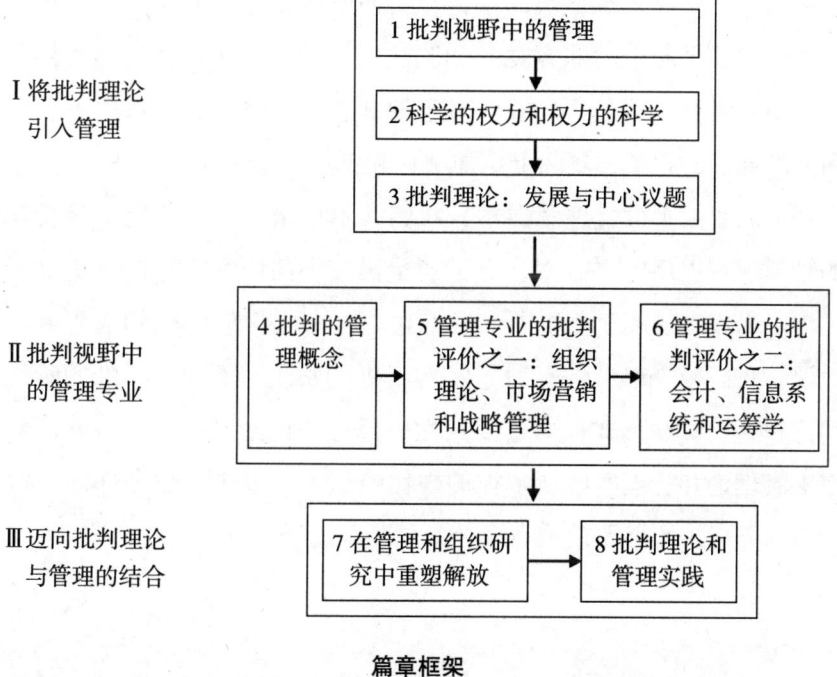

篇章框架

因此，本书的结构是：第一章至第三章介绍和阐释我们理解管理的路径，第四章至第六章对其加以例证，第七章和第八章则对其进行反思与发展。

基于上述结构，本书也许最适合按照篇章的顺序阅读。尽管如此，我们还是预计有些（也许大多数）读者更喜欢先看他们最感兴趣的部分。在一定程度上，这是因为读者具有各种不同的背景、学识与兴趣，他们可能只阅读某一章而不理会其他章节。为了方便那些不按章节次序阅读的读者，我们提供了许多互见参照，以指明相关的论点在哪里得到了扩展并且已有定论，以消除不必要的重复。

正因为本书不再对陈词滥调、大多数教科书中随处可见的为学生准备的管理诀窍，以及为实际管理者撰写的手册加以重复，所以我们希望阅读本书的不仅有从业者，也包括学生；而且，激起这一希望的并不仅仅是对金钱的期待！我们坚信，与绝大多数管理学教科书和权威手册中的陈腐观念和肤浅规定相比，从社会理论的批判传统中发展而成的分析形式，对于管理者平时遇到的悖谬、不合理和两难局面的理解，实际上更加中肯和更具洞见。

不同于大多数管理学课本，我们并不承诺下列章节能够为日常的管理问题提供解决方案，更不能承诺其中的内容将直接推进读者作为一名管理者的职业生涯（虽然它与这一结果绝不矛盾）。更确切地说，我们希望本书将有助于发展出更不肤浅和更少破坏性的管理理论和组织实践形式。通过批判性的反思和讨论，我们期待着能够在主流理论和管理实践所掌控的现代组织中（逐个地和全部地）找到确认与减少不必要的浪费和分裂的相关途径。

7

第一部分

将批判理论引入管理

第一章　批判视野中的管理

在所有的社会形态中，人们都纠缠于构成其日常生活的复杂费神的事务。我们每个人都努力完成日常事务，并尽量维持常规。我们都致力于对这些常规的管理，并深谙其道。这是我们的"第二天性（second nature）"。但是，在现代社会里，日常事务、例行公事及个人身份的管理责任已经逐渐成为包括管理人员在内的专家们的保留专利，他们接受培训并受雇组织和规范我们生活的方方面面。近年来，休闲和私人服务业的显著发展就是这种趋势的一个征兆。

专家们扮演着"改进"风俗，以及践行传统、习惯和程序的角色（Scott and Hart, 1989；Deetz, 1992a）。管理者则对活动的形式和范围施加世俗的影响，而以前这些活动都是在社区和家庭中由宗教或者军事的权威（本地性或是家庭性的）加以组织的。于是，政府、教育、健康、消费、艺术、休闲，当然还有工作，就都成为管理知识和管理控制的对象（Luke and White, 1985）。

管理者受雇于不同的组织。他们担任并履行着不同的角色和任务，接受培训并投身不同的专业领域，在不同的组织层级上工作。同样，他们也工作在不确定的条件下，掣肘于不完善的信息，承受着顺应多样性需求的压力。这种多样性使得人们很难概括出管理者做的是什么（Whitley, 1984a），或者真正对管理达成任何一致的理解——"管理"一词的多种含义正是这个问题产生的原因（见 Child,

9   1977）。

在关于"什么是管理"这一问题的诸多混乱和不确定性之中，存在着一种倾向，力图强调这样的意思：管理作为一个完整的过程，包含了许多的技术功能。这种表达方式的核心是对管理的理解，即管理是所有复杂系统一个独特的组成部分，而且将这一行为分派给所谓的专家们是合理的。然而，稍加思考就会发现，管理的技术功能显然不存在，而且确实无法存在于社会或历史的真空中。正如查尔德（Child，1969：16）所提到的，管理的意义和行动，是"与管理团队的**社会**地位的密切相连的"（着重号为原文所加）。如果是这样的话，那么无视这种"地位"的管理的技术性概念，实际上是对特定环境的表达，在此环境中，管理的理论和实践得以发展。

海尔斯（Hales，1993）把管理学的发展定位于维护私有资产和推进现代国家成长的语境之中。他观察到，"管理的分离是如何成为社会经济力量中的不和谐的产物，成为由私人资本或国家资本运行的工作流程的成果或动力，成为就此从分离的竞争本性中涌现的控制欲望的"（ibid.：6，8）。管理就是这样作为其出现、形成并日益发展的历史背景的产物被理解或被理论化的。海尔斯将管理的被分离的状况（作为功能和状态的组合）和它在工作组织的维持、发展与控制形式中的角色加以联系。在此，正是管理的维持、发展与控制形式，使私人或公共部门内社会经济力量的不平衡得以保存。海尔斯指出，在实践中，管理者的工作并不是中立的、技术的行动。这是因为，作为员工协同努力的一个前提，所有权、收益和机会的不均等要求管理者实施控制以激发努力并包容异议。

在所有社会形态中，无论原始还是先进、资本主义还是社会主义，其生产过程都需要加以协调或"管理"。于是，问题并不在于管理是否将继续作为一种行动存在，而在于批判议题正是将来管理的特质。并且，更加紧要的是，问题在于管理的理论和实践将继续标准化，促进社会分工，以及受到精英特权的驱策。或者说，问题在于管理是否会变得更加民主地对绝大多数公民、生产者或消费者担负责任。

超越技术行为：对管理的新理解

当管理被描绘为一种技术行为时，社会关系的存在就会被忽视。只有通过这些社会关系，管理工作才能完成，而且社会关系正是管理工作最终所要依赖的（Whittington，1992）。这种对社会关系的忽视，反映并强化了这样一种理解：管理问题能够通过发展更加实际有效的技术控制手段，得到充分的诊断和解决。那些在根本上属于组织中社会和政治意义上的一些问题（例如失业、污染），逐渐被认为应当由技术方案来加以解决。然而，当理性的孤立工具模式被视为推进管理科学的相应的合法资源时（Willmott，1995b），我们对管理的理解就不必要地而且危险地受到其处理现代日渐增多的社会和生态问题的能力之限制（见 Lipietz，1992）。布里斯（Burris，1993：179）关于使用新通讯技术的观念同样适用于管理的其他领域和专业。布里斯认为，"随着社会和政治因素日益受到与技术因素同样程度的关注"（同上），如果新系统的设计和使用将变得更加民主，那么就不能假定：所有问题都可以在不改变现状的情况下得到"技术处理"，或者说，技术专家就可以独占设计和实施有效方案的专门技术。

对管理的社会媒介的忽视，也限制了人们关于"与组织日常任务相关的困难和挑战是如何形成的"这一问题的认识，只要专业区分（表现于价值、目标和资源的差异上）存在于完成这些任务的上述差异中。只要在管理者与被管理者之间存在划分（关于阶级、性

10

别、种族等等），那么维持协作的日常困难就会被夸大。无论何时，只要管理者与被管理者之间的沟通被制度化的统驭（例如父权制）所阻碍和扭曲，那么协作就将受到影响并且变得不稳定。

管理者并非察觉不到他们工作中的压力和矛盾。他们经常在被认为理应驾驭自如的制度面前感到备受挫折与伤害，并且频频在争取同僚与下属明确的协作与承诺时，伤透脑筋（Watson，1994）。然而，通行的理论却只能为他们提供关于这些问题的最低限度的洞察力。管理教育和培训，例行公事地鼓励管理者赋予注重技术的工具理性诉求（见上文）以特权，然而它拒斥那些与理解他们工作中的压力和矛盾（潜在地）高度相关的观念的影响。对管理的传统描绘可能为管理者提供了一种令人欣慰的感觉：他们自己"公正"、"专业"并且具有重要功能。但是传统理论忽视或将管理工作中的政治态度琐碎化了。因此，管理者便无法获得关于他们处在"一个不断精细化的科学、技术、产业和管理环环相扣于一个循环进程的人类管理的发展之中"（Habermas，1974：254），作为主要参与者（和受害者）的更加批判的视角。

一旦抛开了管理的专断的技术形象，管理者们似乎就是在以诓骗的手段竞逐来自其他管理者和他们的部属的资源与认同（Burns，1977；Kotter，1982）。然而，对社会团体间政治事务的狭隘的关注，可能会使人们的注意力从更为根本的、根植于更深层的社会划分（既包括性别和种族、也包括作为劳动力购买者和出卖者的雇主和雇员之间的界别）的利益冲突上转移到别处。因此，从管理实施的社会媒介中提炼管理的技术方面的普遍功能是没有什么意义的。或者，毋宁说，使这样一种主张（即：管理权威是以不受局部价值和局部目标影响的、客观的专门技术为稳固基础的）免受批判的审查只具有意识形态上的意义。

将管理描绘成一种卓越的技术活动，造成了一种中立的幻象：管理理论被净化，管理实践表面上远离了权力和利益体系。而权力和利益体系却不可避免地是管理出现和发展的一个条件和结果（Willmott，1984a，1987）。在资本主义社会背景下，与所有权紧密相关的经济和政治风险已经由作为独特（并且相对而言拥有特权）社会群体的管理者的发展加以显现和散布。这些管理者主要是对所有权拥有者，而不是向员工或消费者负责。管理层的崛起已经在劳动组织内、并且通过劳动组织，对资源分配中民主控制的缺乏加以制度化。这种责任的缺乏，增加了雇员、消费者和公民所面临的社会和生态风险（Deetz，1992a）。一旦管理成为一个独立的社会群体，那么利益共同体的观念就会变得成问题，特别是在那些管理者对被管理者负有很少或者不负责任的地方。即使是在妇女和少数民族人士加入管理行列的地方，入职和晋升的条件也遵守着主要是由中产阶级 de 男性既定的价值观和先入为主的成见。中产阶级白人男性已经被确认与社会化为这样一个群体，最有可能追求所有权拥有者的目标、并且尊重其财产。在展开这一看法之前，我们简要勾勒一下理解管理的主要思路。

批判理论与现代社会

自古以来（当然启蒙运动以来更是如此），人类就已经运用自己的批判理性能力，去怀疑和改变既定的风俗习惯、意识形态和各种制度——如巫术、奴隶制度，以及更为晚近的拒绝普选的宗法观念。

与其他流派的批判性思维①一样的是，批判理论（CT）也是建立在这份审察当代实践和体制的遗产的基础之上。例如，批判理论奋起挑战伴随着全球化资本主义无情扩张（与此同时，民族国家为创造最有利的投资条件而互相竞争）的获取、分化和破坏的合理性。由于管理理论和实践与这些发展有着千丝万缕的联系，所以它们和批判性分析的目标明确相关。

批判反思的能力

我们与大自然的文化分离使人类能够建构一个意味深长的世界，并且有能力怀疑和改变我们的价值和制度。在当代，批判反思的启蒙运动传统继续支持对权威（包括管理专家和管理权威）主张的质疑态度（Schroyer，1973）。但这种批判精神是有待积极培育的，如果它不是被抑制或削弱的话——例如，当权力和控制集中于一群精英之手时，他们会通过恐怖和/或宣传手段成功地调用他们的特权方式获取物质的和符号的资源来确保控制。

批判理论的目的，就是要挑战合法性和反抗压迫性的制度与实践的发展。例如，在管理领域，男性中心的价值观和实践就广受尊崇、得以制度化并且显得很正常。相反，替代性（如女性主义）的价值观和实践则经常被边缘化和被贬低（Ferguson，1984）。一种明显的、然而在很大程度上被忽视的压制形式是，事实上把女性排除

---

① 在批判管理理论的发展中，主要有两大流派：其一是劳动过程分析（LPA），其二是批判理论（见 Alvesson，1987）。在 LPA 中，研究者把管理当作一种确保以资本开发劳动力的控制媒介来加以分析（Bravermar，1974；Knights and Willmott，1990）。在批判理论中，对管理的研究更多地与技术统治论思想和实践的统驭，以及相关的对批判思想、自治和民主决策的祛除有关，而不是依照（把有组织的工人阶级当作革命代理人）的资本—劳动关系的逻辑。参见第三章的更充分的讨论。

在管理知识发展与传播的进程之外（Calas and Smircich，1992；也可参见第二章）。批判理论力图强调培育和提升人的意识潜能，以批判地反思这样的压制性的事实，从而推进自治和责任领域的延伸。通过自治，批判理论意味着人类作出明智判断的能力，使人们免受与财富、权力和知识的不平等相关的社会层面上不必要的依赖关系之妨碍和扭曲。就责任而言，批判理论意味着对我们的社交关系的清晰认识，以及由此促成的对我们彼此之间的集体责任的实现。

　　在现代西方社会中，个人主义的意识形态鼓励我们假定：我们每个人都是独立自主、自我决断的。只要可以归因于个人通常被认为所拥有的品质，这一意识形态就将例行公事地被强化。例如，在学校里"成功"晋级，在劳动力市场上"赢得"工作，或者甚至"得到"性伴侣。在不否认人类差异的前提下，对个人主义意识形态的上述表现的批判性反思，揭示了作为具体文化进程和实践（在家庭中，在学校内，等等）产物的特殊属性的共通性与价值所在。目前主流的社会进程鼓励我们将自己理解和确认为自我决断的人。然而，正是由于这一意识形态妨碍或削弱了这样一种理解，即我们关于自主权的感觉在人性上并不完整，而毋宁说它是在社会层面上得以产生和再现的，因此，对支撑这一社会进程的意识形态作出批判性反思是困难的。

13

　　在这样的语境中，"自治"不能简单地等同于有更多的机会得到更好的级别或职位。在将"成就"归功于个人，而不是归功于使人们获得级别和/或拥有个人品质成为可能的社会进程的同时，这样一些观念仅仅反映和强化了个人主义意识形态。反之，自治观念预见到一种社会发展的可能性，在这个社会里，对主流意识形态（包括个人主义意识形态在内）的批判反思得到了积极的推动，进而成为从混乱思想和压制性社会关系所造成的痛苦中寻求解放的一种手段。

换言之，自治观念预见到体现了"责任"的社会关系的发展。关于自治的批判理解没有假想独立幻象的存在，而是承认日常生活中的相互依赖关系。在实践的层面这意味着：把所有的成就或优秀品质归因于个人，完全可以视为是每个人都为之作出贡献的社会进程的产物。相应的，对这种既定意识形态的批判性考察，又促动了维护着现有社会关系的制度转型，而正是现有的社会关系使这种既定的意识形态得以滋长和合法化。

民主被视为自治和责任的条件和结果。只有当个人有能力进行自主的和负责任的思考和行动，清晰明确的民主决策才能够发生。为了运用批判理性揭露和克服统驭的现象，哈贝马斯指出：

> 在批判和教条主义的论争中，（批判理论）占据了一个党派性的立场，在每一个解放的新阶段，它都取得进一步的胜利。在这种实践理性（作为技术理性的对照）中，对解放的洞见和直接兴趣凭籍反思得以汇聚。伴随着痛苦的消除和具体幸福的深化，更高层次的反思与迈向个人自治的社会进程达成了一致。（Habermas，1974：254）

批判思维的某些形式对于解放的可能性是持怀疑态度的（如果不是表示轻视的话）——例如，在根本上，对两个相互竞争的意识形态作出理性裁决是不可能的。相比之下，批判理论主张：解放性的进展已经于过去实现，并且潜在地也能在将来达到。举例来说，奴隶制的废除，就可以视为解放进程中的一步，也可以看作为发展更民主的政府形式所作的努力——即使这些进步往往是妥协的和不稳定的。虽然批判性反思极少直接促成这种变化的发生，但它通常是这样一种必要元素：致力于质疑那些使不同的、制度化的压迫形式合法化并得以持续的观念与实践。

批判理论是一个广阔的领域（见第三章），但它并没有形成对批判思维的垄断。批判理论传统已经受到关注，人们寄望于以其激发和支持批判反思的多样化进程，而不是将其呈现为关于这些进程的性质、内容和动态的一个确定模式提供者。这一反思包含了抽象和具体的元素或环节——有时分别被描述为"重建"和"批判"。

"重建"有助于调动批判理性来诊断主流社会环境。例如，重建在（观念上地）支配着管理学科和技术的功能理性之表达和运用的范围内，确定并分析了社会因素的存在（如阶级、父权制）。与此相关，重建暗示了（比如通过否认或转移这些社会因素的存在）管理问题常常是令人困惑的。而当"批判"的**自我反思**出现时，批判就超越于重建之上了。当某个个人投身于重建工作时，他便以一种假定观测者与被观测事物相分离的方式，担当问题的测量者的角色。相反，批判则对这些确认了的问题负责，而且致力于参加到对当前社会环境的改造中。正是当前的社会环境造成了管理困惑并使之合法化，而且还与统驭联系紧密——例如在一些管理观念中，管理被看做一种中立的或技术的行为，其中根本的社会因素则被否认和歪曲了。重建可能对批判知之甚多，但它并不必然是批判的产物。康纳顿（Connerton, 1976：20）指出，重建可能造成"我们的理论知识领域的更大的混乱……却未必改变我们的实际行动"。相反，批判则使"个人或群体中旨在摆脱过去的强制统驭、实现解放的自我反思过程"（同上）成为必需。批判实现了对诊断的超越。我们可以从以下的例子中体会到这一点：一个针对看似技术性问题的有效的解决方案，仍然需要对积极争取到的社会条件加以变革（例如，结构化的社会不公、商学院的主流教育形式等）。

在工作或学习的过程中，从业者或学生时常会对管理理论和/或管理实践的某些方面感到颇为不适。他们被告知或被要求的"做什么"或"如何做"可能会令人不安或稍微令人不快，因为这些违背了他们对恰当或合理行为的理解。例如，在会见了他们的新任总裁保罗·西斯顿（Paul Syston）——有人怀疑这位新任总裁曾受雇做过伐木工人——之后，沃森（Watson，1994）对一组为其工作担心的高级经理人进行了研究。① 大体而言，这种使人身心疲惫的场合能够刺激人们对使此类情形成为可能的社会结构的进行反思。不过，对于这种情形的发生，一定存在某种形式的理论进路，可以就这一类的管理工作经验提供不同的理解。根据我们先前所讨论的个人主义意识形态，以下现象是可以理解的。即：沃森所研究的经理们倾尽全力揣摩新总裁西斯顿的动机、个人风格与爱好。但是，他们的经历本可以促使他们对这种情形作出反思，即老板们何以可能用这样一种疏远的、胁迫的和可厌的方式对待他们的下属。假如经理们力求对此加以反思，他们将有可能将西斯顿给予他们的待遇理解或"重建"为资本主义组织内部与经理们相抗衡的象征——在资本主义组织中，他们在出卖劳动力的同时，还要为组织绩效承担责任，并且处于害怕失去工作的焦虑之中。

假如不是根据西斯顿的个人风格或表现将问题人格化为"一个有点令人难受的讨厌鬼"（ibid.：103），那么这些经理们本有可能受到促动，反思总裁与高级经理之间的等级关系（以及相关的社会差距）是如何作为一个有效的控制机制（既施加于经理、也作用于其他雇员）运作的。正如诸般证据可以证明的那样，正是部属的结

---

① 沃森讲述了一帮经理在和他们的新老板保罗·西斯顿单独会见之后，是如何描述新老板沉默寡言并且对他的计划三缄其口的。他的沉默被经理们视为一种威胁，而且或许也正包含着这样的意味。

构性安排，而不是西斯顿的个性本身，造成了高级经理们难以直接向他打听他的计划。确实，对当权者而言，发展这种非沟通模式的诱惑可以解释为对他们所体验到的压力的一种反应。通过拒绝与他的高级经理们建立任何种类的私人关系，西斯顿有效地排除了与他们的任何道德关联，并且因此能够更容易地把他们当作商品，任意地雇佣和解雇。

从重构性的诊断走向批判，将要求高级经理们重新解释由西斯顿对其公司计划所持的沉默（ibid.：103）所助长的焦虑和妄想症——这样的焦虑和妄想症并不是他们个性缺陷的表现，而是结构性安排所导致的症状。相应的，批判的自我反思过程亦可以减少他们的焦虑，并且使他们能够更有效地对付他们的新老板。如果高级经理们不是简单地决定"拭目以待"或者甚至欣然地假想西斯顿正在用心倾听且愿意被说服（ibid.：104－5），那么他们与西斯顿的会见本来应当能够推动一个批判的进程。例如，他们本来可以通过单独的和集体的努力，推进更民主的公司治理结构的发展，从而使得那些占据管理职位的人（如常务董事们）对他的员工更加负责任——从逻辑上讲，这样一个转变要求管理者寻找、挑战并改变不同的反民主的工业结构与实践，包括他们相互之间以及和他们的下属打交道的方式。这种转变是值得强调的，它将不仅涉及公司治理结构的程序上的变化，而且还涉及管理者如何理解他们的职责以及如何开展工作方面的实质性的具体变革。不论这一类变革是如何的轻微或笨拙，通过批判的自我反思进程，它们终究能够并且确实像人们认识到的那样发生了：结构上的解放性变革既是自身变化的条件也是它的结果。一般来说，那些倾向于"拭目以待"而不是"反思并行动"的人们，既是受害者同时又是造成这种情形的罪魁祸首，他们总是希望从这样的情形中逃脱。

总之，批判理论的目的是要促进一个现代制度的理性、民主的发展，其中的公民是反思的、自治的和负责任的，他们对关于自身需求的共识的依赖日益减少，并较少受到主流的政治经济秩序的不言而喻性或必然性的迷惑。为此，批判理论鼓励人们既质疑目标（比如增长、盈利、生产力），同时也质疑他们的首选路径，诸如依赖专家统治和官僚控制，超凡魅力型公司领导（charismatic corporate leadership）的设计，性别化和非技术化的工作，生活方式的市场化，等等。

批判理论和管理实践

正像我们已经指出的，许多公认的至理名言把管理描述为一项实现目标的中立的技术，其本身不带有道德承诺和道德结果（Macintyre, 1981）。只要管理者在"理性"的基础上制定或采取管理方法（例如职位或组织设计）以变得更加迅捷或高效，他们实际上就已经拥护了某一社会并使其合法化。在这个社会里，把人类当作手段而不是目的，是可以接受的（Roberts, 1984）。在教科书和培训课程里，管理学科和技能（例如，归属于人力资源管理的选拔和评估技术）表现为中立的技术，这种技术指导并授权每个员工更有效地工作。

理解管理的一个主要问题是："在主流观念中，某个特定的管理者是否高效，与他的效率能不能适合目标的道德要求是两码事"（Macintyre, 1981：71）。可归结为管理技术和技能的权威，在思想意识层面发挥作用，把个人所受到的作为管理决策对象的待遇合法化，这些个人被完全排除在直接或间接地影响他们的工作生活的决策之外（Steffy and Grimes, 1992）。但是，在管理所确立的系统的运转之下（并且时常是不明晰的），是员工的日常工作生活或生活世界。在这一世界中，道德评价（如对管理者承诺的可依赖性的评价）激发和调适着人的行为，正如我们在之前的西斯顿对待下属的例子中所提到的那样。人们总是对其他人的行为或期望的可接受性或合理性反复进行道德判断。就像安东尼（Anthony，1986：198）所观察到的那样，管理实践不可避免地"依托于一个道德基础"。即使有时这个道德基础被技术理性的功能化矫饰所拒绝或神秘化，无论管理者还是被管理者，也都会或多或少地明确提及"公正"和"合理"的道德概念，以期在他们努力"通过别人把事情办妥"的同时，形成一套非强迫性的契约方法（Fox，1974）。

不论有意或无意，管理实践总是假想、推进和奖励某些价值观和行为，这些价值观和行为同时又对与之竞争的一些议程进行着阻挠和惩罚。例如，当管理者假想基于个人绩效的激励技术（例如绩效薪资制）中的道德优点和/或道德效力时，经常孕育着意想不到的结果的那种竞争的、自我中心的行为模式就得到了默认（Perrow，1986）。激励个人主义行为的技术执着地鼓舞着形成满足（由其培育的）自我主义的更有效方法的愿望，并且在此过程中，对这些技术的运用往往会破坏它们最初创造的提升效率的成果（Roberts，1984）。此外，大量的历史事实表明，对这种技术的广泛应用会造成注意力的偏转：从对个人如何可能协作，以发展组织、社会和世界体系的道德实践的关注焦点上转移到别处。就满足教育、住房、医疗保健等基本社会需求而言，这种转移在保全集体和稀缺资源分配方面，是更合乎理性的。

17

如果我们相信，仅仅通过调动更多的（财富、教育和研究方面的）资源来对抗污染、保护野生动物、开发新能源，达成更有效的和平共处协议，现代世界的破坏性力量就能够"得到控制"，那么我们将会被真相吓倒。不用说，财富、教育、研究和其他许多事情是任何文明社会都需要的，但是**今天最需要的，是调整目标，使这些手段都能为之所用。**（Schumacher，1974：247，着重号为原文所加）

对于批判理论来说，"最佳管理实践"不仅仅是一个确定达到当前目标（如利润增长）的技术上最合理手段的问题。在批判理论的视野中，"最佳实践"是根据其对实现自治、责任、民主和生态可持续发展的进步目标所作贡献而作出的评价。在反驳冷漠和宿命论态度的过程中，批判理论设想了由批判理性的解放力量、而不是由主流精英的自我努力加以引导的社会发展的可能性。与此相关，管理的职责也不是通过发展新技术（如全面质量管理和业务流程再造）以"处理"现代组织的矛盾来维持现状。毋宁说，批判理论将管理职责理解为一项通过对人性上（与生态上）更加完满、更少损害的可替代的价值与实践的批判性的自我反思进程，对相应的证明与实现加以关注的集体任务。

虽然批判理论扰乱了许多通行的管理理论，但值得强调的是，它并不是根本地或者绝对地"反管理"。批判理论的意图在于不要沉迷于乌托邦式的计划，并且不是不切实际地力图消除等级、取消专业分工或者甚至废止管理与其他工作形式的分离。① 更确切地说，批判理论渴望促进组织的发展。在组织发展中，沟通（以及生产潜能）受社会压迫、权力不对称关系的扭曲而日益减少。存在这样的可能

---

① 层级制组织在协调复杂的劳动技术分工时，颇具价值。问题在于，不是层级制组织本身（参见，du Gay，1994），而是对它的运用，使阶级、性别和种族统御的结构获得支持并得以制度化。

与希望：通过具有最小限度垂直劳动分工的集体或协作，管理行为的民主化将导致分化的工作组织被取代。尽管如此，更可能的情况也许还是那样：某些垂直的分工和水平的分工仍将保留，但它们更多的是理性、民主选择的产物，而较少的作为专制决策的结果。专制决策是由受其行为准则中未经检验的自然或正义信仰支持的精英所作出的。 18

由于支持"自治"、"责任"、"民主"甚至"生态平衡"的观念，所以批判思想必须进入或历经和那些对其主张与愿望怀有敌意的对立观念的斗争。批判理论辩称，只有努力发挥人类理性的解放潜能，那些人类合作与沟通的障碍才能得到认真关注、理性讨论和全盘改革。不论民众、组织和社会是否对批判性思想的主张作出回应，在某种程度上这都是对其倡导者的辩才的一种考验。但是，从批判理论的角度来看，批判性思想的主张向实践转化的同时也是对其影响程度的检验，即：究竟在何种程度上，现代社会中占据统治地位的"手段—目的"理性使批判性思想诉求的支持者丧失了视听与判断能力。

在此背景下，本书可以看做是希望的一种表达。虽然设想批判理论所期盼的变革是有可能的，但是我们仍然愿意采取一个更折中的倾向。在这一倾向中，一系列批判性思想——包括福柯、女权主义者、劳动过程分析家，以及后结构主义者的思想——有助于对当代的管理理论与实践加以批判的反思。我们当然不认为批判理论掌握了所有的答案，尽管我们看到，相对于其他流派的批判思想而言，批判理论一直有点被管理专业的学生忽视。我们将本书看做弥补这种忽视的一个方式，我们希望这个弥补方式不会滑入到霸权的运行路径中。在此，批判理论不会抹杀其他方法的贡献，不会让过分的要求滥用其能力支配重建与批判或提供一个未来蓝图。顺便说一下，没有这样一个蓝图。这也许是令人沮丧或使人失望的，但它并不令人意外；它体现了对自主决定目标的强调，而不是依赖于一个"权威"（即我们的权力）为他们作出定位。

最后，虽然我们对反思模式着力加以阐发，但需要强调的是，本书并不打算对作为一个"领域"或独特"方法"的批判性管理研究给予一个确定的陈述。我们希望，这一领域不仅是论争性的，而且其中的论争仍将一直继续下去。通过汇集和讨论那些颇为分散的观念，本书的目的就是要为旨在解放的管理理论和实践的发展——这只是其中的一个环节——作出小小的贡献。

正如我们前面所指出的，批判理论已经给出重要的启示。但由于我们并不认为批判理论能回答所有的问题（尤其参见第三和第七章），我们已不再倾向于把我们的分析局限在批判理论的范畴以内。不像哲学专业的学生，似乎注定要成为某一特定大师或学派的思想的皈依者，持批判立场的管理专业学生似乎注定必须在吸收多元批判传统的过程中成为一个折中主义者。相应的，我们运用了那些看来对我们的分析能够起到丰富、限定或更直接相关作用的不同于批判理论的传统。毫无疑问，我们在这样做的过程中，为了实践的适用性而牺牲了理论上的严谨性和一致性。

在一定程度上，由于我们所持的理论混杂的倾向，致使许多问题仍然无从解答——例如，"批判推理"的规范模式是否与折衷方法相容之类的问题。而且，许多问题有待于进一步澄清——例如，在课堂内外，对管理者的日常工作而言，我们所持的观念是如何取得实际意义的。简而言之，还有很多额外的工作需要做。我们希望，存在于为批判地理解管理而勾画一条可能路径的初步尝试之中的缺陷和局限，能够使得对这种额外工作的需要更加明显；而且，我们还希望在诊断出这些缺陷的时候，其他人也会受到促动，为了这方面的需求创造出更令人信服的补救方法。

资本主义的诱惑和"进步"的局限

审视现代西方的成就，令人鼓舞的是，我们看到科学的启蒙已把许多教条和偏见一扫而空。的确，伴随着资本主义和科学带来的物质生活水准的空前改善，宗教和迷信的教条已经普遍受到质疑和揭露。但是，古老的教条与现代的、世俗的神话已经相互纠缠和/或被后者所取代——以下的看法就表现为现代的、世俗的神话，比如：科学保证进步，市场确保自由和效率，充足消费促成幸福，以及专家所知最多等。

在现代资本主义经济中，价值观和实践不同于那些直接推动经济增长和消费的事物，它们已经逐步被边缘化和中立化，虽然人们已一再表示对资本主义成果和塑造新的价值观和实践的努力不抱幻想。尽管如此，资本主义还是扩大了它的范围，以囊括所有可能产品和服务的生产和供应，迅猛地将其转化为商品，以供给获利。但是与此同时，组织化的资本主义已经以住房、保健和教育的形式承担、甚至支撑了提供基本公共物品的压力。公共物品的提供是促进政治经济稳定的一项重要措施，并且是公众消费承诺的一个尺度。正如鲍曼关于"电力消费将人类整合到发达资本主义的大规模生产世界之中"所作的评论那样：

在消费社会中，诱惑是至关重要的整合（统驭的再生产）工具。一旦市场成功地使消费者依赖于市场自身，那么诱惑就成为可能了……市场依赖是获得了保障且自我永续的，以前是男人和女人、现在是消费者，离开调校他们自身的市场逻辑就不能继续进行商业活动……理性意味着做出正确的购买决策的

20

能力……（1988：221－2）

随着技术的进步和财富的创造，日常生活已经逐渐商业化和变异化。最近，已经发展出娱乐、休闲和具有正确生态形象的"新"市场。而且，由于生命的目的和意义日益取决于从消费中所得到的乐趣，现代经济和政治制度的治理越发"变得不那么像一个决定社会正当趋势的问题，而更像一桩调整自身制度和政策以适应经济和技术发展潮流的事情。简言之，政治正越来越简化为"保持机器运转"的以技术为导向的任务（Fischer，1990：又见 Heydebrand，1985）。

在消费领域，营销学科通过将消费者需求描述为可量化的、可用专门技术加以满足的"确定状态"，使消费体系得以顺利运转（见第五章）。对于这些需求在社会层面上如何产生的、或者营销技术怎样在消费需求的形式或再生过程中扮演重要角色这一类问题，人们缺乏应有的反思。一流的营销教科书（如 Kotler，1976）注重充分利用焦虑和激起欲望，拒绝探讨产品需求怎样形成。在营销世界，如同在其他的管理专业领域一样，提及"环境"就好像在说某些"外部的东西"，而不是我们生活的一个不可分割的部分（Naess and Rothenberg，1991）：然而管理知识和管理控制的另外一个领域或目标——等同于娱乐、保健和休闲市场——已经为殖民化做好了充分的准备（Deetz，1992a）。于是，消费者群体中环境焦虑的日益增长，被人们当做一个新的为形成产品差异化和实现竞争优势的契机，牢牢加以把握（例如通过所谓的绿化产品或建设"环保"企业形象）。

依附于资本主义价值观（如个人主义）和优先选择（如私有财产积累）的心理和物质力量表明，社会和生态破坏的责任更可能归结为工业化、科学、薄弱的监管、不负责任的公司或这些因素的某些组合，而不是归结为建立在统驭和剥削基础上的政治经济体系的逻辑。① 相反，从批判的视角看则是另一回事。例如，营销的话语和实践看起来既是一个传播者和消费者欲望的诱惑者，又是人类需要的表达或者回应（Morgan，1992）。在面对日益增多的问题，政界人士和工商领袖正日益忙于"管理"他们的（资本主义）经济或商业的生存与发展——以牺牲更新和讨论自由、社区和民主的现代价值的意义为代价，并且还要勇敢面对这样的争论问题：一项符合这些价值观的得到赞同的许诺如何能够得以转化为实质性的行动的（Habermas，1971；O'Connor，1994）。拒不承认社会问题、生态问题和补救措施之间的相互联系，往往导致只有付出痛苦代价才有可能求得改善：例如，对于那些用法规来防止资本主义发展的最恶劣的无节制的领域，或者对于那些扩充或重新分配国家供给以缓解最明显、最尴尬的丧失权威的社会剥夺和社会遗忘的表现的地方。然而，在低增长和国家之间相互竞争的条件下，为寻求"平衡预算"以吸引资本投资，甚至连核心的福利计划也被重新界定，成为依赖性文化的滋生基地。

变革的挑战和民主的观念

尽管现代社会的不合理性和毁灭性已经初现端倪，但资本主义

---

① 由于能够与资本主义竞争的替代选择的缺乏——尤其是苏联实质上在每一方面的惨淡纪录（或许其运动和艺术的大规模的、舆论的支持算是例外）——使得这一形势愈加严重。虽然很少得到承认，但是苏联的建设者和辩护者们所承受的压力恰恰在于由西方资本主义国家所呈现的增长率和敌对态度。在有限的程度上，社会民主福利国家（例如北欧的斯堪的纳维亚国家）就发展出了一种可替代的选择。但这些是发达资本主义国家的更强的管制和社会整合的模式。而且，由于福利标准被视为降低这些经济体系吸引投资、诱发员工生产成就的能力之"负担"，存在的差异确实即将在日益增强的压力之下得以显现。

的价值观和优先选择还是继续填补和扩充着由传统制度和宗教信仰转换所产生的道德真空。财富积累和商品获取的优先选择继续排斥和践踏着其他现代理想（例如自治和民主）的正当性和潜能。作为黑暗时代①（Dark Ages）理性和文化的提升、作为启蒙运动的先声，自治和民主的理想是批判性的。更有甚者，由资本主义的推动力和不稳定而造成的迷惑和破坏也激发了批判思想。例如，通信的全球化已经促使人们更深、更多地意识到南北差距增大以及生态环境恶化。② 正如吉登斯（Giddens，1991：28）所指出的，更普遍的情形是，在现代社会的技术最为发达的领域中，存在着一种逐渐明晰的共识，即"科学技术是双刃剑，既创造新的风险和危险元素，也为人类提供福利的可能性"。换言之，人们越来越感到不安的是，宣称能解决人类难题的科学和技术方的合理性，以及对面向其他种种权威来源（包括批判理论的主张在内）——以及相关危险——的更为广泛的开放。

当个人获得了日常生活经验（包括媒体印象、媒体争论、或者是被获知的争论）、价值判断和身份认同之时，就将激发个人和集体向不平等、不公正和不合理提出质疑。用哈贝马斯的术语来说就是，在生活世界中培育出的价值观被激发，鼓舞人们去质疑和改造一个体制中被认为对宝贵的自我认同构成了不能容忍的威胁的那些方面。正是通过社会运动，个人得以受到集体动员并且致力于掌控社会和组织的未来。

---

① 黑暗时代（Dark Ages），欧洲中世纪的早期，欧洲史上约为公元476—1000年。——译者注

② 人们很少（尽管是相对而言）承认，在资本主义发展的逻辑、对技术的破坏性应用、对自然资源不计后果的掠夺和"欠发达"世界的制度化依赖之间存在着关联。

　　社会运动……是当今时代争取参与民主制的根本方式。这些运动的出现——生态运动或"绿色"运动、女权运动、进步工会运动、社区管理运动、消费合作和员工产权运动等等——反映了当代社会对民主参与和自我管理的一种坚定不移的号召。作为具有可替代性的运动，它们已经把技术官僚制度及其不关心政治的决策战略确定为它们反传统文化立场的主要目标。(Fischer, 1990: 355 - 6)

22

　　尽管在推动解放性变革的过程中面临重重困难和障碍，社会运动还是显示出促进道德和政治更新的可能性。这一进程的核心要义在于这样一种理解：一个自由、民主的社会，和有名无实的自我夸耀的民主政体是截然不同的。毋宁说，对民主社会的恰当认识，是通过其成员的日常约定的力量和对其所有机构（包括商品和服务得以生产和分配的公司）中的民主价值的支持而达成的。正如迪兹(Deetz, 1992a: 350 - 1) 所指出的，"工作场所的民主是一个关乎道德的政治问题，而不是一个更高的生产力和满意度的问题……我们对公民责任有所了解，并且我们需要使公民责任发挥作用……民主的道德基础就存在于日常的沟通实践中……恢复民主必须从这些实践开始着手。"在这个过程中，管理者可以发挥他们的作用。如果因为管理者促成了压制性的、不民主的实践并且/或者因为他们只向所有权的拥有者负责，而对他们加以排斥，就未免太过简单化或便利化了。正如我们在下文和本章稍后所讨论的那样，许多管理者的立场和主观性，比人们对他们工作的白纸黑字式的描述更为复杂和开放。确实，管理者被雇佣，以确保通过为股东赢得利润的方式来设计和控制工作流程。但是作为雇员，他们同样也是人，一边受到压迫，一边也拥有某些特权。这些特权与他们所接受的控制紧密相关（例如预算、评估、目标等）。

管理者不只是职责履行者。当他们解雇员工或他们的抱负无法实现时，他们会感到痛苦。然而，当面对这样的经历时，管理者所缺乏的——在传统的管理教科书中无从找寻——是理解这种经历的方法。结果，他们要么会变得强硬起来，为自己的行为寻找合理性，要么在面对员工的反应时不知所措。我们不妨来看一看尼科尔斯和拜农（Nichols and Beynon, 1977：40 – 3）所描绘的一个大型化学制品公司中一位工厂经理的例子。这位经理读到一份小册子，里面的管理者被称为"猪"，他反应过来，"'他们指的是我们'，他向一位同僚说："'他们谈论的正是我们。我不是猪。我非常担心我正在做的事情。'"作为公司总部决策的结果，这位经理发现难以忍受的是必须使许多工人变得多余。他发现这是困难的——不仅因为他知道"人员过剩可能是'极其糟糕的'"（ibid.：43），而且还因为这会导致或迫使他把员工当作数字，那些员工不得不接受哄骗或被巧妙地施加压力，从而自动离职。"'你明白自己在算计：那里的 14 个人离开了。这将为这个系统留出一点空间。其中的一个人改变了主意——混蛋！'。我认为我并不喜欢那样做——但你确实发现自己正在做"（ibid.）。

这位经理体验了他的作为"一个道德问题"的工作，或者至少体验了他工作的这个方面。他被令他烦扰的"计数"的个人职责范围弄得无所适从。为了弄清这个问题，他苦苦思索那些沦为多余的员工们的会想什么。他们认为他是负有责任的吗？"这件事是这样的，我认为他们不会觉得责任在我。我认为责任不在我的老板。他们认为责任在'他们'。但我们就是'他们'。但责任并不在我们。某些凌驾于我们之上的东西才为此承担责任。它们高高在上。"尼科尔斯和拜农描述说，这位经理凝视着天花板，结束了这段内心独白。

他难以理解他的行为和他应该为员工们承担的个人职责范围。传统管理学教科书的弊端不在于它们未能给管理者提供这些问题的答案，而在于它们在绝大多数情况下刻意避免涉及这些问题。这些问题和困境的存在，实际上被否认了。管理被描述为一套维持系统顺利运行的功能上必需的技术。传统管理学教科书回避了管理中的资本主义生产关系，它关注的是系统的设计，而不是它们的效果；它同时还关注职业管理者为确保系统顺畅运作而应该掌握的技术。或者，换句话说，这些教科书把管理当作一门技术、而不是作为一种社会关系来加以叙述和理解。因此，当直接面对的是作为一种社会关系的工作时，尼科尔斯和拜农所举例子中这位经理就茫然无措了。

当前，由于层级制的扁平化，管理工作本身的加强和/或实施越来越缺乏稳定性。由于专业化、职能化"通道"的相对保险性受到向团队协作转型的威胁，管理者的职业道路正变得更加不确定。在此背景下，下面的情形变得越来越突出：许多管理者成为他们所设计、操作和管辖的控制系统的受害者（就额外压力和职位损失方面而言），而不仅仅是这一过程中的肇事者。在很多情况下，不安全感可能导致对顺从的强化，虽然创新的压力使这样一种被动的回应相当危险；但同样的，其中也存在着一种经历内在冲突的、推进批判性反思的潜能。这种潜能反过来又能为促进民主化进程的转型产生或多或少的先发支持。（见 Deetz，1993a，Chwpter 12）。正如罗森（Rosen，1987）所声称的那样，矛盾是催生变革的冲突中的力量。在管理者能够运用判断力的范围内，他们无法实现他们可能梦想的任何未来。不过，他们可以利用其影响力和摆在他们面前的机会，使可能的、目前仍在形成过程中的事物更有可能实现（如更广泛的民主化）。

民主承诺在将社团置于更民主的控制之下的实践进程中履行得最为明显，这些社团塑造着我们日常生活的如此众多的方面——它是一个民主过程，与正规的投票系统的引进关系较小，但是与有效的责任渠道关系较大。通过这样的渠道，不同的群体和利益都能够充分参与到影响他们的日常生活的决策中去。

理解管理：解密公认的智识

现代社会的代言人引以自豪的是理性、教育以及启蒙。因此可以预见的是，管理知识将经常面临批判性的审查和争论。可以想象，管理学教科书将鼓励与其现代特质和理性诉求相当的反思性的批判性理解的发展。然而，即使是最粗略地浏览管理学教科书和大多数期刊，这种预期也会被迅速瓦解。虽然并不承诺要鼓励批判性的审察，但是我们发现了一条持续循环的思路的存在，它允许我们对既定理论与实践的条件和后果加以有限的反思。

管理的主流形象和科学的光环

被人们普遍接受的理论言之凿凿地告诉我们，作为理性化和现代化进程的结果，现今的组织管理建立在一个更为理性的基础之上。管理者被描绘成现代社会的英雄："对于我们的社会来说，没有什么工作比管理更至关重要了。正是管理者决定着我们的社会制度能否为我们提供良好的服务或者是否浪费着我们的智慧和资源"（Mintzberg, 1975：737）。管理者的专门技术，作为一直予人宽慰的教条，将管理者们定位为：在股东和利益群体（消费者、供应商、雇员以及雇主）的多元化要求之间，担任有能力的和值得信赖的调停者。

管理者的专门技术，使他们具备效益与效率并重的决策能力，确保组织和社会的需要得到满足。作为专业人士，管理者必须保证所有群体的要求都得到有效的承认、合理化和满足。这样，专业化的管理就将提供达致"善"的社会的关键。

> 本世纪内我们的社会将会成为一个组织化社会。组织依赖于管理者，由管理者建立，由管理者指导和整合，并由管理者运营。一旦一个组织的成长超越了一个很小的规模，它就需要管理者实行专业化的管理。这意味着管理根植于一门学科、并且由组织和组织成员的客观需求促成，并不是说，管理只是基于所有权或政治任命。（Drucker, 1997: 32 – 3）

上述观点假定，使组织的需要与其雇员的需要结合起来是一个关乎运用"恰当的"技术的问题。它只要求把外行替换为拥有必要专业知识的"专业管理者"。这一观点在大多数教科书中得到广泛的附和与补充。在很多教科书中，我们可以看到对"'通过别人把事情办妥'的艺术或科学"的管理定义的细微变化。[①] 例如，达夫特（Daft）声称"管理者所做的就是通过人和资源、并提供指引和领导把事情办妥"（1985: 5）。这种对管理的教科书式的定义，在强调"管理是一项技术性的、通用的、'把事情办妥'的政治上中立的过程"观念的同时，却又把管理者和被管理者之间的差别视做理所当然。管理的目标被描绘为确定而且毋庸置疑的；而且，管理者和被管

25

————————————

① 达夫特（Daft, 1988: 4）指出这一定义来自于玛丽·帕克·弗莱特（Mary Parker Follett）。托马斯（1980）以英国为背景，探讨了存在于"艺术"与"科学"的管理定义之间的竞争。关于在推行"科学中心（science-centred）"的管理概念中高等教育所扮演角色的比较分析，可参见 Engwall, 1990。还可参见 Locke, 1989。

理者之间的分工被当做"自然的"或实现所需结果的功能上必不可少的东西。

"管理工作以管理理论中的理性计算为指南"的观念，在管理知识表现为"科学"时得到了最强有力的表达（Willmott, 1995b）。①管理与科学结合，意味着它具有了中立性和权威性，从而有助于确保管理特权的行使，而不用负担更广泛的社会责任。当所谓的管理科学被人们从其概念与应用的文化和历史背景中提炼出来时，管理学教师和管理工作的从业者宽容地接受了这种使人不安的现实："科学的"管理理论（连同其运行）的充分表达，出现在政治责任、价值担当的语境之中（见第二章）。这一观点意味着，由于管理者拥有、或有权使用适合于复杂系统管理的相关"科学"知识，所以必须允许他们不受妨碍、不被干扰地继续他们的管理工作。相反的，任何不能展示相应科学证明的知识形式，都自然地被人们认为是不可信的或是主观的（如果不说是破坏性的话）。简而言之，这种对科学的信仰使对管理的技术统治论的理解获得了合法性。

然而，荒谬的是，恰恰是那些更不精确的和缺乏科学支持的知识形式，最经常地得到从事实践工作的管理者们的重视和赞扬。特别是那些关注管理中政治活动的话题，经常被从业者认为是最"现实的"。正如苏斯曼和埃弗雷德（Susman and Evered, 1978: 584）曾观察到的，"我们的管理学学术期刊上的许多研究结果，仅仅是远远地触及从事实践工作的管理者们的真实世界和组织成员们所关心

---

① 即使在"科学"这一术语并未得到明确使用的地方——或者说，管理作为一种通过不同的文化价值和政治体制得以表达的"实践"实现出来的地方——基本的信息也是一以贯之的。正如管理学大师德鲁克（Drocker, 1977: 25）所说，"管理职能、管理工作、管理任务和管理维度都是通用的，它们并不因为所在国家的不同而有所差异。"

的实际问题，**特别是当研究过程中运用的是科学的主流观念中最严格的方法时**"（着重号为原文所标）。拜迪安（Bedeian，1989）（时任美国管理学会主席①）也以类似的风格谈到大批"经常重申明显事实"的"盲目的研究"。他推断道，如果管理学领域的学术研究继续保持盲目的状态，那么他们"将继续面临应受的、由大众媒体如此普遍地向我们提出的批判"（ibid：14）。就像拜迪安的观察所指出的，如果管理领域的很多学术研究对管理者来说很少具有直接实用的价值，那么就有必要问一问为什么这种"盲目的"研究还继续受到政府和企业的资助了。

26

或许赞助者们相信，这种研究的结果将证明他们的投资是正确的。作为另一种选择，"前科学的"或"不专业的"管理者对科学知识的抵制，则可能被认为是成问题的。为此，额外的研究就被确定为解决方案的一部分。面对这样的困惑，一个更为不同的更具怀疑态度的解释是，科学研究之所以继续吸引支持者，是因为它产生着一种颇有价值的，甚至是不可思议的贡献：它创造着作为公正专家的管理者形象与理想并使之合法化，这种管理者的特权与科学的可敬的知识相联系着（如果不是建立在其基础之上的话）。科学研究之所以继续吸引支持者，并不是因为这些研究中存在着任何处理（更不必说解决）管理问题或缺陷的现实前景（Cleverley，1971；Willmott，1984a；Thomas，1993）。正如范富（Pfeffer）所作的评论：

> 与把自己想象成和其他组织参与者进行着超越价值、偏好和技术精确性的政治斗争相比，把自己的使命想象成为了更有效地分配和利用资源而发展技术（隐含地说，是为了作为一个

---

① 美国管理学学术界中一个有代表性的协会。

整体的社会的更大的"善"），当然要高尚得多。(1981a：12)

尽管频频被从业者当作无用的繁文缛节而忽视或拒斥，但是我们怀疑，"盲目的"传统学术研究还是经常获得支持，因为管理与科学的联合提供了一个颇有价值的权威和可敬的虚饰。同样的，管理顾问的报告能够有助于决策的合法化（否则，这些决策可能看起来是明显带有偏见甚至是恶意的），在管理中对"科学"研究的追求，支持或者至少包容了不容置疑的管理优势与特权的合理性。这样的研究，也适用于对技术统治观念的认同。在技术统治观念中，所有的问题原则上都必须服从于技术方案（Alvesson，1987）。实际上，似乎是"科学"的符咒被人们习惯性地当做一种意识形态加以使用，以消除行使管理权力的阻碍（Baritz，1960；Wood and Kelly，1978）。

技术、能力范围及超越

我们已经指出，管理技术的发展和运作，不可能与决定优先选择的政治截然分开。这一理解并不否认管理理论和实践包含着一整套门类齐全的不同专业的制度化技能和技术，诸如会计、运筹学和市场营销等（Alvesson and Willmott，1992；也见于第五章和第六章）。例如，在人事领域——或颇具启发意味地称之为人力资源管理（HRM）——之中，招聘、选拔和激励的技术已经得到了发展和提炼，并被认为可用来鉴别、支配和保持员工的热情。①

管理技术由一种更为全面的知识类型加以补充，这种知识类型

---

① 这些措施旨在将"个体需求"与"组织需求"加以战略性整合（见 McGregor，1960；Argyris，1964；Ouchi，1981）。在这一模式中，人力资源管理的核心目的是要运用一套方法，积极地挑选和培训员工，以确定和发展适合于组织优先发展的能力和价值。

与构造复杂的问题或促成"战略"水平的决策等等有着更为直接的关系。继续我们之前提到的人力资源管理例子。人力资源专家渴望提供一整套精心设计的措施，以适应并满足"事业需要"。正是在战略管理这个领域中，公司活动的主要方向和运营方式被确定。这也是影响和专业技术领域的冲突变得最激烈的地方，每一个主要的管理专业领域，都声称提供了确保竞争优势的最相关的要素（Armstrong，1986；也参见第五章）。为了进一步详细阐述人力资源管理的案例，布贡内（Burgoyne，1993：10）曾经指出，人力资源管理专家们对"能力"观念的奉行，使他们能够"运用管理学术语使（人力资源管理的）职责得以正当化、合法化并得到解释。在管理学术语中，生产、财政和营销主管（在把人们描绘为便于管理的商品、而较少看做不可捉摸而且自主的行动者的过程中）使用……'能力'概念是至关重要的。换句话说，运用其带有修辞色彩的政治价值来解释能力概念的诉求和用途，具有更强的说服力。连同其他流行词汇（诸如"品质"、"权力"和"再造"之类），能力概念的使用可以看做是管理者重申其控制的一种进行中的努力，因为他们力求"诱哄、鼓舞、要求或以其他方式展开组织行动"（Eccles and Nohria，1992：30）。

正因为员工是自主的和不可捉摸的，所以要想把握管理工作繁多的实用性特质，总是需要比对技能和技术的吸收与运用更多的东西。管理工作的核心，是一种持续不断地为在特殊制度环境中（Whitley，1989）建立、构造和维持能够加强管理的"特权"（Bendix，1956；Storey，1983）之"可信度"和"权威性"的道德—政治斗争。获得抽象的技术和技能，是相对容易的；而在特定背景下，建立和维持权力和权威，以支持技术和技能的有效运用，则是一个完全不同的秩序上的挑战。

　　管理者也许可以设法使员工、供应商或消费者的行为变得像润滑良好的机器一般可以预见。但是，人是自主的。事实上，"管理"这个术语的来源，可以追溯到意大利词语 maneggiare，意思是"驾驭马匹"。虽然看似模糊，但在对作为一个矛盾过程的管理之社会分工的写照中，这种语义上的根源是有启发性的：在这个过程中，一个人要在力求控制一个有价值、但是自主而潜在地具备抵抗力的资源，并且同时为之担负责任。考虑到确保（源于自主的、潜在地具备抵抗力的"人力资源"的）协作的重要性，可以假定管理者是希望对员工们加以全面控制的。然而，在缺乏赫胥黎在《美丽新世界》（甚至在那里，全面降服也不是充分有效）中所设想的政权制度的情况下，全面的降服是不太可能得到确保的。无论如何，不管全面降服是否确实有利，它都是引人质疑的。

28

　　当"按章工作（work to rule）"的策略形成之时，完全一致的局限性就显露无遗了。按章工作指的是，精确地做被要求的事情而不加任何判断（或掺杂任何善意）。按章工作在嘲弄和扰乱管理控制的实施的同时，显示了管理者对员工的判断与协作的依赖。另一方面，允许员工一定程度地实行自治——不管如何谨慎地加以控制（例如，通过巩固企业文化）——就会使管理者面临这样的风险：员工们为了他们自己的目的，滥用或重新界定自主权。管理者们希望员工形成和展现出进取心。但他们同样希望，员工的进取心和判断力在管理过程中能够以令人满意的和遵守纪律的方式付诸实践。出于这个原因，管理者们力求对工作和职业的意义加以操控。正如科恩和卡马罗夫（Cohen and Camaroff, 1976：102, 引自 Gowler and Legge, 1983：198）曾评述的那样，"在对现实的构建中，一个关键变量存在于管理的意义之中：行动者竞相谋划和传播着对社会行为和社会关系的解释……对意义的管理，是权力的一种表达；并且，受到这种管理的意义是政治关系的一个至关重要的方面。"考虑到处于组织人群中的管理者所遇到的挑战，我们不难理解为什么人们会用"驾驭马匹"的隐喻。这一隐喻很好地刻画了对那些潜在地难以处理的、不守规矩的和不听命令的劳动者的能量、习惯和欲望加以汇集和引导的艰巨任务。例如，对意义的管理就是成问题的，因为其他的个人和团体都有能力提供和展开他们自己偏好的意义。正如我们前面所提到的，在化学制品厂经理的例子里，对于这位经理的存在，一些工人所偏好的意义是（将他称为）"猪"。

Maneggiare 这个隐喻，也传达了这样的理解：管理者们构成了精英群体或精英阶层，不同于、并且优越于他们所"驾驭"的那些人。这一隐喻并不赞同把管理仅仅看做专门的劳动分工中的一个技术要素。相反，它突出了拥有特殊管理技能的"驾驭者"与提供劳动力并接受管理的"马"之间的社会分工：如果要对劳动力的生产潜力加以最大化的话，那么劳动力必须是接受"训练"的——由学院和大学的教师、或是由工厂和办公室中的管理者来训练——并且要受到不断的监控和推动。

理解管理——勾画一个批判的视角

在响应我们对主流的关于管理的叙述所作的批评时，人们可能会反对这样的观点：他们提供了一个比较容易受到批判性分析的靶子。我们对此的回应是，著名的教科书和学术期刊是通行管理理论的基本来源，因此也是重要的和正当的批判对象。尽管如此，还是有必要承认和指出，我们的管理观念在很多方面和前面所讨论的公认理论是有分歧的。在本节里，我们致力于促进对管理的理解并融

29

入一些关于意识嘻嘻你高台和政治职能的评判。

"进步论的"管理观念和技术统治的延伸

对古典管理观念的惯常批评是，它们未能在实践中确认管理决策是如何受到有限的信息和压力的"约束"、在所有可能选择都经过彻底审查与评价之前达到其"终点"的（March and Simon, 1958）。这一批评常常吸引人们注意管理工作的实用性。而在管理工作中，达到最优决策的过程，是要受到不能坐等最优方案被发现的"现实"的阻碍或"约束"的。明茨伯格（Mintzberg, 1973）对管理工作的研究，从实证方面呈现了管理人员快速地从一个行为转向另一个行为的图景。在作出决策之前，他们几乎没有时间谋划、或精心组合和评估有关信息。人们发现实践中的管理者们在权衡了可替代的行为路径之后，不是追求"最优化"，而是对直接的压力作出回应，力求"满意"。

这种对管理合理性限度的这种理解之充分程度已经受到一些人的挑战。这些人认为，除了信息收集与处理的一般限制之外，决策总是被管理者独有的忠诚度、关注度和预感所引导和限制（Pettigrew, 1973; Kakabadse, 1983; Yates, 1985）。正是这些预感、被证实的诀窍和"偏见"（而不仅是他们处理信息的能力限制或他们所承受的达致目标的商业压力），导致管理者背离了古典管理理论的刻板的、理性的逻辑。① 查尔德（Child, 1972：16）宣称，决策"在本质上是一个政治过程。在这个过程中，**制约和机遇是决策者根据**

---

① 在某种程度上，这一发展已经得到了管理国际化的激励与支持。这促成了一种日渐明晰的意识：即民族文化是怎样装点管理实践的。在其他国家（尤其是日本）出现的关于管理实践的知识，越来越难以使人们相信：从西方立场看似乎是"非理性的"实践，会给利润增长这一传统目标的实现造成任何重大的障碍（参见Pascale and Athos, 1982）。

思想价值观所行使的权力的职能"（着重号为原文所标）。关注组织决策政治和（由思想价值观决定的）管理工作的先决条件的研究，给教科书中过于理性化的管理形象提供了一种颇有价值的平衡。在这些研究的影响下，新一代研究者（例如 Pfeffer, 1981b; Pettigrew, 1985a）和管理大师们（例如 Pascale, 1991）都把注意力集中于管理决策的微观政治之上。通行理论现在也开始吸收这样的理解：管理行为通过组织的、部门的、以及社会的文化和背景得以传布（Whitley, 1993）。

然而，尽管这拓宽了我们的理解，但是人们仍然继续撰写"进步论"的研究专著、权威手册和学术教科书，好像"管理为了什么?"这一问题要么是不言而喻的，要么没有什么实践意义。实际 *30* 上，注意到管理决策中的微观政治的学术界人士已经批评了并不完善的管理过程所遵循的确定的、过度合理的理论：如果仅仅是其他管理者学会对塑造他们感知的价值观的作用形成更多的认识，和/或学会重视组织政治的性质和意义，那么他们将更有效地实施管理，因为目前许多困难和障碍是可以减轻的，如果不能避免的话（Kotter, 1982）。或者，就像佩迪鲁（Pettigrew, 1985b: 314 – 6）对这一观点所作的表达，

不断变化着的商业战略必定涉及一个思想和政治的变革过程，这最终会产生一个新的战略概念，这个战略概念在最近备受重视的背景中在文化上是可以接受的……从最广泛的意义上来说，按约定俗成的说法，这意味着，变革过程中的第一步应该是通过解决一些存在的问题来改进和建立起一些变革的正常程序。这些存在的问题包括：怎样使现有流程加快，怎样改变决定人们对形势加以评价的条件，以及怎样调动环境，在不同的战略方向上以

（附加地）变换组织的方式使问题和解决方案合法化等。

关于管理工作和组织变革的所谓的程序性解释——例如佩迪鲁所提出的那些解释——开始注意到他所说的"思想和政治变革"。然而，人们的注意力往往集中于组织化的思想和政治维度，这一组织化仅仅作为使自上而下的变革过程更为平顺的一种手段。既定的优先选择和价值观被认为是具有正当性的。社会科学关于组织变革背景和动态的洞见，并未因其激发对现有优先选择的正当性加以争论的能力而受重视。在更大程度上，社会科学被确认为一种中立的技术，被用来最大限度地减少与管理者决策相关的冲突，以采取"一个不同的战略方向"。在这种对管理和组织的"进步论的"解释中，很少考虑到管理"目的"的价值或合理性。① 惯常情况是，它们或多或少地公然强调：以符合"新的战略观念"和"问题与解决的合法化"的员工规范和价值观的战略再造来补充和修正既定的管理控制手段和方法（例如科层制的规章和程序）——就像高层管理者或他们的顾问所确认，以及学院派人士所肯定的那样。在这个过程中，管理的技术统治思想不受挑战地得到了有效的加强（维尔莫特，1993a）。

在这个意义上说，无条件地肯定专家标准的目的和合法性、从而压制对更民主的治理形式的要求的任何理论或实践，都是技术统治论的（参见 Borris，1993）。泰勒的科学管理是一个显而易见的例子。但是，当代兴起的由卓越管理和全面质量管理大师们所

---

① 例如，在商学院中，"商业伦理"的选修内容或管理过程中（假冒的）"民主风格"的信条趋向于例证、而不是挑战抽象技术和理想化规定的获取与运用。

采用的更具"参与性"和"人性化"的技术，尽管看似鼓励对管理者与被管理者之间的区分进行弱化，也同样未必减少任何的技术统治色彩。与此相反，与加强企业文化相关的意识形态（例如 Z 理论，Ouchi，1981）可能预示了一个更注重全体的、旨在促使由高级管理者所选定的规范和价值的内化（Deal and Kennedy，1982；Kilmann et al，1985）的管理控制手段（Willmott，1993a）。

文化的控制手段已经在康达（Kunda，1992）对泰克（Tech）公司的研究中得到了深入的考察。泰克公司因其创造力和进步的、以人为本的管理风格而受到主流评论的赞誉。下面的摘录作为例证，说明了泰克公司的员工是怎样被"泰克文化"所围绕，以及服从于"泰克文化"的：

> 汤姆·奥布莱恩在公司已经算是老资格了；和其他许多人一样，他对"泰克文化"的了解颇多……但是，与他不断受到的提醒一样，公司也是那样做的。当他到达工作单位就发现，时时处处都显示着公司的观点……在他工作的大楼里面，刚好在保安部之上，一台巨大的电视监视器正在播放录像带，录像带的内容是萨姆·米勒（公司的创始人和总裁）最近的一次讲话。经过的时候，汤姆听到熟悉的声音在讨论着"我们的目标、我们的价值观、我们的做事方法"……汤姆在办公室坐下来，打开他的电脑终端……他注意到在他的泰克网络邮件中，有许多往来的通信。其中包括宣布下午事项的又一份公告；一份题为"别人怎样看我们的价值观"的备忘录，回顾了从近期的管理畅销书中摘录的对泰克文化的评价……在他的邮件里，他发现一份公司时事通讯《泰克知识》。通讯的封面是萨姆·米勒的一张大幅照片，背景是一条巨大的标语——"我们是一

个整体"。他还发现一张公司购买出版物的订单，其中包括埃
伦·科恩的"文化运营手册"……一天才刚刚开始，但是汤
姆已经被"文化"所包围，这种文化时常表现为各种符号，
清楚地体现了公司对其员工的精神（和心理）状态的关注。
（ibid：50 - 2）

这段文字传达了作为一个机构的泰克公司的理念。公司员工不
断地受到公司的积极形象和关于"公司对他们有什么期望"的信息
强化的持续轰击。然而，正如我们先前在讨论人的自主性时所指出
的，在企业的洗脑过程中员工不一定是顺从的参与者。与奥威尔
（Orwell）的《1984》或赫胥黎（Huxley）的《美丽新世界》所描述
的自动化机器不同，泰克的员工们在工作中引入了可供替代的价值
观和优先选择。通过疏远和讽刺的过程，泰克的员工们能够揭露和
缩减对高调的公司矫饰的使用。另一方面，康达的研究报告还披露
了泰克公司企业文化中的一个黑暗面：通过鼓励员工们把容忍对泰
克思想的嘲讽理解为对公司表面上的自由风气的确认，泰克公司的
企业文化可能十分乐意以模拟公司价值观和公司期望的形式，适应
和利用员工的自主和抗拒的程度（也见于 Filby and Willmott, 1988）。
泰克文化的最普遍深入和最有欺骗性的影响，是它的强制性宽容
（Marcuse, 1964）。康达指出，在阻止和压制有组织的抗拒形式方面，
这比以更强制、高压的方法使人屈从要更为有效："打着人文主义、
启蒙和进步的旗号，泰克文化的工程师们激发着员工的工作热情。
为此，工程师们所做的，不是鼓舞员工们所体验的生活，而是（如
果有什么区别的话）对它加以贬低、并且或许将它摧毁"（Kunda,
1992：224 - 5）。康达有效地指出了现代意识形态——人文主义、启
蒙与进步——何以在泰克公司中被常规化地得以调动，以及如何经

常通过潜意识的方法，将公司对员工的要求合法化。然而，不论泰克文化多么强有力，泰克公司员工们所体验到的挫折感和心理上的被贬抑，也促使他们中的许多人逐渐形成和放大这个看似仁慈的组织的负面形象。

通过浏览约翰·查尔德在一本持进步论观点的教科书中对管理和组织的描绘，我们可以进一步阐明我们的意思。查尔德关于管理思想和战略选择的观点，在对通行的管理和组织理论的挑战中，颇具影响力。在《在组织中：一个关于问题与实践的指南》中（Child，1984），查尔德反复强调了他对理性组织设计的古典模式的挑战（见上文）。他辩称，"不能指望以组织结构的重新设计来解决政治问题"（ibid：15）。为什么呢？因为人们对任何组织结构的效力的理解都是有条件的，取决于它的"被其员工或成员视为合法"的目标（ibid）。到目前为止，一切都还顺理成章。但是，在这本书的余下部分里，"为何要确保'合法性'"的问题受到了质疑。或者说，"如何使'合法性'可以得到更为长久的保障"这一问题已经不必再作追究。书中还顺带提到了"正式权威的高压……由经济利益的冲突得到加强"（ibid）。但是，这一洞见对于理解组织难题或引导未来管理实践的实用性仍然有待考察。在评论管理特权的合法性时，查尔德指出，当组织结构"成为政治的牺牲品时"，就出现问题了。"［因为］它并未反映出组织内部的政治权力"（ibid：15-6）。查尔德在此暗示：只有当组织结构确定无疑地陷于混乱的时候——也就是说，当管理特权被直接破坏或否认之时，"政治"才会出现并且成为问题。虽然可能并非出于故意，对于这种观点的一种可能的解读是：只要人们没有表示异议或意见被有效地压制，那么不管具有怎样的压迫性或强制性，组织控制系统的任何设计都能得以合法化。这一解释由下列观点得以强化：组织内部的显在张力通常是科层制本身、而不是科层制中管理层权力和地位的制度化的一个结果。①

和管理领域的主流文献一样——或者也可以说是适合于保持现代管理者社会地位的文献——那些考虑到管理工作的程序性和政治性的研究，通常会对关于管理理论和实践之条件与结果的持续批判审查进行低调处理。这些研究很少对促进市场自由理念（作为提高生产力和劳动弹性的一种手段）以及对实现它们的组织手段的民主控制实行阻挠的历史力量加以考虑。与此不同，读者的注意力则直接指向提炼管理控制"手段"的机会和范围——例如，通过重新设计工作或组织、经常通过调动表面上的人文价值（例如授权）。这些人文价值在维护现行统驭结构的同时，希望对张力加以缓解。作为技术统治论者的管理者形象和理想在很大程度上得以完好保存。确实，要说有什么区别的话，这样的观念还获得了这一主张的支持：当管理中的文化和微观政治被有效地"管理"和加强时，对问题的正式的理性解决方案将会得以成功地执行。

查尔德的著作未能指明的是，管理工作中充满了政治色彩，因为至少在资本主义的经济体系中，管理者与他们所管理的那些人在社会地位上存在差距，并且最低限度地对后者负有责任。与有条件的顺从相比，管理控制很少以寻求被管理者的积极赞同为基础。因而，管理者有责任发展激励和处罚的形式。籍此，他们力图将抵抗

---

① 在把组织中的冲突和正式等级关系的存在加以联系的同时，查尔德（Child，1984：16）断言："在管理和其他人之间大概存在着冲突的**必然根源**"（着重号为原文所加）。旨在刻画管理控制的强制影响中的员工体验的"看来（appear）"一词的使用（同上），是具有启发意义的：它意味着这样的表象要么是欺骗性的和不可避免的，要么或许能够通过运用更先进的、能够消除员工误解的管理控制模式（例如，企业文化的加强）加以变革。

和反对的形式最小化。

无论什么情况下，只要不平等不是建立在非受迫的同意基础上，就有必要发展这样的思想意识：力求使将"被管理者"排除在制订影响其生活的决策（和意义）之外的行径合法化——例如，"管理的权利就是操纵"的教条，或者"管理者掌握了使工作场所'人性化'的必要技术"的观点。总之，技术统治乃是一个（企业）治理的系统，"在这个系统中，技术上训练有素的专家们依靠专业知识和支配性的政治与经济地位进行管理"（Fischer，1990：17）。

"进步论的"管理著作中存在的自相矛盾是：他们同时要在某种程度上揭穿传统管理思想的理性主张和促进更复杂的控制技术的应用（大体上讲，这能够使管理权限得以更成功地延伸到文化领域）。实际上，"进步论"著作有助于管理控制系统扩充的推进和合法化。管理控制系统扩充所追求的是向员工心灵和精神的渗透。确定的和"进步论的"理解管理的方法，都拒绝持续地考虑管理的目标和职能是怎样经由道德和政治斗争的过程，从历史层面被定义、提炼和追求的。

作为工具理性代理人和目标的管理者

管理工作的道德和政治维度，在杰卡尔（Jackall）的《道德迷津》（*Moral Mazes*，1988）中得到了很好的阐释。《道德迷津》是一项集中关注管理者的个人价值观和公司要求之间的不一致的深入研究（也见于 Dalton，1959）。杰卡尔辩称，这种不一致被一种普遍的对"位置高过你的那个家伙对你所要求的"的顺从习惯性地削弱了（ibid.：6）。他指出，那些"家伙"总想要的，不仅仅是对"组织规则或价值"的依循，而是一个特定的遵守形式，既可以保障自己

34

的权力和地位，同时又能够表现得与公司的游戏规则（公认的技术和程序）相适合："技术和程序趋向于超越对组织目标的实质性反思。……**即使在更高的管理层次上，人们所看到的也是对技术、而不是对批判推理的极度强调**"（Jackall，1988：76，原文加着重号）。对表面上公正的技术和程序的极度强调吸引了股东们（在公共部门，是政客们）的支持，因为这似乎已经界定了管理决断能力的局限。依照这种逻辑，如果管理者未能对实现组织目标的手段加以提炼，那么他们的行为就会被认为是不合理的、主观的和非职业性的。这一技师式的管理观念也确保了组织内部管理的社会地位。它强化了公正的（不关心政治的）专家形象，而专家技能对于维护复杂的现代社会而言，被认为是至关重要的。用高勒和李格（Gowler and Legge）的话讲就是，"通过对权力关系等级与专门技术等级的整合，控制和效率之间的联系加强了'管理权利'，即有助于管理特权的合法化"（1983：210）。

然而，对技术统治思想的认可，却把管理者置于一个潜在的易受责难的地位。中立的逻辑"要求"管理工作遵循同样的合理化过程，这一合理化过程已经在居于弱势的群体中得以适用（Fletcher，1974；Smith，1990）。即使没有预示着许多监督管理工作将要实现自动化的强大信息技术的发展，员工参与和企业文化活动也会在多技能的、自律的熟练工人中促进监督责任的内化，并且由此减少监督人员和中层管理者的层级。中低层管理者日益成为延迟组织"精简"、"再造"的受批评的对象。当他们认可技术统治思想的时候，他们并未做好理解（更不用说抵抗了）威胁着他们现实生存的、备受尊崇的中立"逻辑"的矛盾运作的准备。员工、管理者也同样是牺牲品。正如安东尼（Antony）已经观察到的，他们更有可能成为（越来越频繁的）重组的不知情的受害者；依照冷漠的顾问们所草拟的组织计划的命令，被调动、再培训或被解职；作为人力资源，他们在管理发展和规划中，任由专家进行改组和调配。（1977：310）

管理者们总是赞同使他们的组织更具效率和效力的目标，似乎这种目标的实践意义是价值无涉、不言而喻而且不容质疑的。通过这种方式展示他们的工作，管理的意义、管理者的社会地位以及他们对决策的掌控大体上都获得了合法性。秩序和理性的神话还在不确定的、危险的条件下，根据经验又"专业地"提供了一种迷人的权威感和安全感。面对不确定性和不安全性，人们可以有把握地宣称，管理专家的技能存在于确定和执行达到既定目标的最有效率与效力的技术之中——例如增长、生产力、质量和/或生产率。

然而，管理工作的这一形象反复表明，它没有能力处理其复杂和矛盾的特性（Nicholas and Beynon，1977；Willmott，1987；Hyman，1987）。在资本主义生产关系的背景下，对自认为中立的专家技术的客观性和公正性的信赖是不稳定的和短暂的。为了保持这样的信念，和依赖于管理者使员工信服的（阻挠员工期待和热望的）理性决策的能力相比，必须同样多地（并且更多地）依赖于市场环境的容量（例如强大的产品需求、高失业率），以调和利益冲突。当市场环境发生变化时，伴随着工作的激烈化和日益增长的工作不安全感，员工们（包括管理者）将经受来自股东的压力。

管理实践备受压力的折磨。① 值得强调的是，这些压力并不能雄辩地解释或最小化为社会交互作用的普遍特征或无能管理的症状。毋宁说，它们困扰着管理者们在生产关系中矛盾的社会定位，这些生产关系反复地在工作组织和资源分配方面激起雇主和员工之间的冲突与斗争。正因为管理者同样也是员工，所以他们的优先选择未必与雇主的优先选择相互适合。因而，管理者们很可能以这样的方式来解释并确定他们的优先选择：在牺牲那些管理者不必为之负责的其他员工的情况下，提升他们自己的事业或部门利益。

为了满足股东、促进对员工的控制，以及证明其特权与特别待遇的正当性，管理者采用了技术理性和利润取向的修辞——正如先前引用的教科书中的管理定义所说的那样——使他们的行为得以合理化。我们已经发现，保存"他们在追求一个理性行动过程"的神话是怎样为雇用和事业前景带来破坏性结果的。因而，管理者对技术统治思想的拥护可能为他们作为劳动力的提供者，以及为他们的

---

① 例如，激励员工更好地认同组织使命的企业文化的加强，可能作为一种更强的集体意志，在缓解员工的挫折感和不安全感方面取得成功。然而，在企业文化领袖所散布的集体主义观念与深入人心的启蒙主义的对"个人自由"的信仰（以及更明确的，"自由"劳动力市场和个人竞争的运作）之间，依然存在着潜在的紧张。在西方，为了实现工作秩序的对劳动力市场的使用，形成并发展了道德真空和个人主义行为。企业文化力图对这样的道德真空和个人主义行为予以纠正，而不对社会环境加以变革。而这样的社会环境的运转将作为管理控制的媒介，破坏企业文化战略的效力。个人主义的西方管理思想和实践的局限，由日本公司与许多西方管理所想像的"理性"原则的有限的、但是意义深远的偏离作出了很好的阐释。洛克（1989：50-1）将这种偏离所取得的荒谬的成功与日本缺乏相当于西方启蒙运动阶段的历史进行了联系。洛克指出，作为结果，"日本工人不认为他自己从属于一项从公司中分离出来的、可以随处得以履行的、职业化的经济功能（作为一个电气工程师，一个生产工程师，车床操作员，会计师，等等），他是一名日立人，一名本田人，诸如此类。他是某个共同体的一分子"（同上）。相反，西方工人则缺乏根深蒂固的伦理规范将每个个人和雇用他（或她）的组织在道德上和经济上联为一体。

下属带来不正当的、无法达到预期目标的结果。管理者日益成为理性的受害人，而不仅仅是理性的代理人。理性制约了对于社会关系结构的反思与变革。这种社会关系结构系统地阻止和扭曲了发展更合乎伦理理性的、在道德上站得住脚的管理理论和实践的努力。　*36*

结　论

为"什么是管理?"这个问题提供一个答案绝不是像主流的、或者甚至更具进步论色彩的管理学教科书所倾向的那样简单直接。通行的管理理论将"管理者与被管理者之间的分工或者（不仅）出自天生（例如，基于较高的智能或学历）、或者（而且）由于功能上的必要"视为当然。通行的管理理论因而继续将注意力集中于对提升员工职责和生产力的技术统治手段的提炼上。在我们看来，这样的哲学是一种理解管理的病态方式，它将政治还原为技术，并且根据正规程序和公正的"专业"技巧与能力的发展和应用来描绘管理实践中的政治活动。正如纳依兹和默里（Knights and Murray，1994：31）在他们对信息技术管理的研究中所发现的那样，"大量的管理实践构建了一个它自身行动的现实，这一现实否认管理实践的政治性质"。

由于管理实践的政治性质被否认或被琐碎化，所以对于提高增长、生产力、质量和利润的管理方法的个人、社会和生态成本的考虑，在很大程度上被忽视了。人们缺乏对压力增加、工作自主性降低与休闲或环境退化的关注——所有这些都和"有效管理"的驱使有关。确实，对任何提出这些问题的人，都会有预先排练好的回应。这些回应大致有以下几种方式：工业为财富的生产负责；个人、社会和生态问题是个体和国家政府的防护范围；政府的任务是发展可行的、有效的（而且更适宜地最小化）行动和规章模式。或者，当一些更广泛的企业责任得到公认，人们就会发现，只是到最近许多问题才得以暴露出来；并且，专家们将在恰当的时候确保作出修正。

通行理论使我们了解到，管理是一套中立的技术和功能程序。为了我们的共同利益，管理被用来最大限度地利用人力资源和自然资源。通行理论赞扬管理对企业和国民财富的贡献；管理对人的就业、工作满意度和商品需要的满足，等等。通行理论促使我们把管理工作视为现代多元化社会的一个积极而且重要的特点。人们很少承认或考虑管理理论与实践的阴暗面。最常见的情况是，人们将这样的阴暗面描述为对事物标准状态的一种反常的而且是可以避免的背离。

当然，与之相反的抱怨——即，我们对管理理论的闪光面没有什么可说——或许可能与本文持对立观点。我们承认很难实现一种平衡的管理观念，但是我们将会把这种看法与以前讨论的管理理论与实践的矛盾联系在一起。主流管理文献提出了一个自私自利的论点。在现代社会中它并不对管理职位形成根本性的质疑。这就产生了发展一种从根本上挑战这一职位的对立论点的可能性。在第七章和第八章中，作者阐述了一些观点，并打算对此加以综合。接下来，就将对本书的一些重要见解、主题和关注问题加以概述。

- **管理是一种社会实践**。它的内容，无论是理论的还是实践的，都源自历史和文化关系的权力关系（例如资本主义，父权制度），这种权力关系能够推动/妨碍管理的出现与发展。
- **主流管理理论**把它的实践描述成是客观/公正/科学的。此类主张或多或少有意识地产生了扰乱塑造管理模式和管理组织的权力关系的效果。

- **紧张关系**存在于活生生的管理现实与其"正式"表现之间。前者作为一个担负政治责任的过程,后者则作为一套指导、协调人力和物质资源的公正、科学的技术。

- **批判的管理研究**承认并考察这样的紧张关系。批判的管理研究不是通过对技术的完善来力求控制这种紧张关系,而是通过转变权力关系(例如,改变支持父权制实践或生态毁坏的思维定式和制度)对解决它们的可能性加以预计。

- **批判研究本身就是普遍的权力关系的一个产物**。批判研究真正的存在取决于刺激人们对传统理论与实践加以反思的这些权力关系中的紧张状态(例如痛苦)。但批判理论在这些权力关系中的嵌入性,使得它自己的主张往往怀有成见和拘于一时。

- **批判研究力求阐明和改造权力关系**,尽管它们内嵌于这些关系之中。它们提供为理解管理实践提供可供选择的替代性框架。在本书里,我们力求对那些更多地利用劳动过程分析(例如 Braverman,1974)或具有批判理论观念的福柯(Foucault)的思想成果(例如 Rose,1989)的管理研究进行补充和强化。

- 批判理论(CT)由**解放**的意向加以指引。与劳动过程分析形成对照,批判理论并不把解放过程等同于工人阶级斗争。批判理论通过实证科学针对启蒙运动传统中的曲解作出批判,并且从启蒙运动传统中吸取灵感。

- 批判理论认为**统驭的现代模式**通过思想的力量(例如法西斯主义,货币主义,科学)得以延续。因此,批判性分析更为关注思想批判,将其作为挑战传统智慧的一种手段,并由此使得人们能够从那些被断定无法抵挡批判性审查的思想中解放出来。

- 通过批判性分析，通行理论（例如，关于管理的公认理论）可以简单地得到**重建**。批判性分析中的重建提供一种可供选择的替代性知识，而无须经历要么发生于采取这种分析的个人身上、要么发生在他们的实际行动之中（比如，作为一个管理者）的变革。只有当重建激发和引导**个人和社会变革**的过程时，它才成为一种批判。

- 当人们（个人地或集体地）试图改变阻碍自主和责任发展的习惯和制度时，解放性的转型就出现了。责任取决于人与人之间，以及我们与自然之间的相互依赖在实践中的实现。与此相关，**自主**取决于制度的发展。在这种制度的发展中，利己主义得到了有效地质疑和最小化，从而能够使没有失真的相互依赖在实践中得以实现。

用一种对压力的正确评价取代管理者的自私自利形象——作为公正的专家、技术统治论者、"老手（go-getters）"和"社会改良家（do-gooders）"——是具有启发意义的。这里的压力，指的是使管理工作深深陷入对自然和人类的不懈开发、国内和国际的极端富有和极端贫困、全球污染的创造、"需求"的提升之中。受到资本主义组织的强大力量的影响，管理者被迫对各种操作性和破坏性的行为加以仿效并予以酬劳。例如，在成为苹果公司（Apple）首席执行官（CEO）之前，斯库里（Sculley, 1987：6）曾经描绘了他在百事可乐公司（Pepsi-Cola）的经历，并提及其管理人员过去是——而且很可能仍然是——"无情的和受驱策的"：

百事可乐的管理者们互相竞争，力求抢占更多的市场份额、更努力地工作和从他们的生意中赚取更多利润。获胜是关键性的价值。连亚军都会眼睁睁看着自己职位的消失。只是为了要保住位置，你都必须获胜。为了取得领先，你必须挫败竞争。①

我们已经指出，最好将这种"受驱策的"行为解释为，对在政治和经济关系的主流结构中激起的压力和矛盾的一种经常是勉强的模棱两可或听天由命的反应。像斯库里（同上）那样，个别的管理者可能会私下里怀疑道德价值和他们行为的真诚性。但是，为了保住自己的职位或谋求晋升，在淡化或中止个人的价值观以及与其相关的疑虑时，他们想方设法证明他们的行动是正当的（Schwartz，1987）。

大体而言，除了为全世界的人口提供一个基本水平的生活必需品之外，管理理论和实践还可致力于有益生态健康而且推动集体自决进程的实践、商品和服务的发展。然而，管理理论和实践所关注的这些却时常被漠视或被认为是无关紧要的，因为当代管理实践中对社会和生态的破坏是用"进步"、"效率"和"效益"之类的措辞来加以描述的。正如什里瓦斯塔瓦（Shrivastava，1994a：238）已经注意到的，在主流的管理思想中，"人们普遍相信，企业通常都是产生利益的、中性的、技术的'生产系统'，平等地为许多股东的利益服务……这一假设忽略了企业行为的破坏性方面。"

39

---

①　在离开苹果公司之后，斯库里发现赢取胜利的另一面正在丧失。他的名声严重受损。在作为主席和首席执行官加入光谱信息科技公司四个月后，他辞去了职务并且向光谱公司的总裁提出了赔偿总额一千万美元的诉讼。案由是关于"股东诉公司"和"部长与交易委员会（Secretaries and Exchange Committee）对可疑会计操作的调查"的"欺诈性的误传与省略"（《财经时代》，1994 年 2 月 9 日）。

人类的反思和批判思考能力使人们对主流管理理论与实践的怀疑和挑战成为可能。幸运的是，批判意识得到了"进步"的合乎逻辑的结果的反复刺激：对自然和不可再生资源的开采问题和相关的污染；国内和国际财富和机遇的极度的、令人厌恶的不平等；基于性别、种族、年龄等方面的制度化的歧视。既定的管理理论与实践的矛盾结果刺激着人们为理性的社会和经济秩序寻求可供选择的替代性愿景。即使面对着民主价值的和解和变质，"批判的公共信息和仅以操控为目的的宣传之间斗争的结果也保持着开放性"（Habermas，1989a：235）。尽管资本主义在对弱势群体的分配方面存在着系统性的无能，但是正因为资本主义在创造财富方面如此高效，所以形式多样的"批判的公共信息"继续被——最近是通过生态运动的力量——弃置一旁。

把解放意识融入批判理论，是关于不同性质的管理形式的一种愿景：这种愿景对那些生活受到管理决策多方面影响的人们负有更多的民主责任。从这样的批判角度看，只有当管理和组织的行为通过更直接地考虑大多数员工、消费者和市民的意愿与优先选择①的决策过程被确定时——而不是取决于要么忠于自我、要么忠于雇主的自称为专家的精英们的偏好时，管理和组织才会变得更加合理。

在通过民主进程取得发展之前，对这种管理的确切形式作出预期可能是自相矛盾的。然而，我们可以确信地说，负责制定和执行这种管理的必要职能的那些人，将比目前情况中的管理者对更广大民众所关注的事情更加留心和更加负责。

40

---

① 正如我们在本书后面章节中所主张和阐述的那样，同样重要的是：不是就其表面价值说明这一意愿及其优先次序，而是通过激发对人的需求与利益的反思和交流来更深入地加以探讨。

第二章　科学的权力和权力的科学

　　现代西方社会的发展由资本主义和科学这两股主要力量所主宰。这两种力量都受到父权制的价值观和优先权的支持和促进。对前者加以分析的批判性基础由马克思（Marx）建立。马克思对科学思想历史潜能的反思受限于对其所扮演角色的评估。在马克思看来，科学思想的作用体现于劳动过程的工业化，以及由此在资本增长压力下而导致的劳动内容中。相应的，马克思忽略了在揭穿传统理论和确定一切政治和伦理所需的、不能由经验证实的标准的过程中，科学所扮演的革命性的、但是**意义不明**的角色。科学的不确定性则由韦伯更为直接地提出，并且已经成为批判理论的一个重要的关注焦点。本章探索的是知识、价值和权力之间的关系。本章的中心内容涉及两个问题："什么可以算做是科学"，以及"什么是科学权威的限度"。我们为什么关注这样的问题呢？不仅因为在现代社会中科学是合法化知识的主要来源，而且科学往往鼓励人们相信客观的、价值中立的知识是可以获取的。正如我们第一章中所讨论的，后一个观点存在问题，有潜在危险性。

　　价值中立的知识观念是存在问题的，因为它使人们的注意力偏离了"在实践中，何为'科学知识'是怎样成为价值判断（例如，关于本体论和认识论）的产物的"这一问题。这样的价值判断是以其所处的特定的历史和文化背景为前提条件的。无论科学提出的主张有多么宏大，它的知识内容都是赋予它意义和方向的特定价值判断的偶然产物。就此而言，就像说形成一种关于独立的假想世界的公正的、非意识形态的知识是可能的一样，将"科学"和"意识"加以对立是没有什么意义的。毋宁说，当中立的、无关语境的、"科学的"夸张断言被揭穿时，意识形态这个术语使用于任何显示出有所偏袒的知识都是恰当的。正如我们在第一章所指出的，管理经验经常被社会科学赋予一种虚假的信任，并且因此为某些特定类型的管理控制的使用提供了貌似权威的理由。正是这一点使得价值中立的知识观念具有潜在的危险性，特别是当人们有意无意地利用科学的光环来约束或压制那些就目标希求和手段合理性所提出的争论的时候。我们将在本章的随后部分中展开讨论。

我们能思考这样一个观点：社会科学是或者应该是价值中立的。我们这样认为是基于两个主要原因。首先，这是因为价值中立思想一直具有和其危险性一样诱人的吸引力——尤其是在管理学界。自从弗雷德里克·泰勒（Frederick Taylor）的《科学管理原理》（*Principles of Scientifie Management*）（1911）问世以来，管理学界所追求的就只是修订泰勒的思想而不是力图挑战其科学抱负；其次，我们主张，正确评价对价值中立科学的有原则的拥护——虽然这最终是错误的——有助于发现关键的论点和难题。这些论点和难题困扰着人们，要求由此产生客观知识。

继之，我们使用由布瑞尔和摩根（Burrell and Morgan, 1979）构建的颇具影响力的范式框架来阐释这样的论断：如果根据科学和社会假设的对比式结合来进行分析，那么不同的价值承诺（value-commitment）就是不同形式的知识的产物。

我们认为，布瑞尔和摩根的范式框架具有启发价值，它描绘和澄清了社会和组织现象研究的路径分歧。但是，在认可其框架的启发价值的同时，我们反对他们关于范式之间互相排斥的观点（Willmott，1990，1993b）。相对而言，我们更赞同哈贝马斯的知识构成趣向理论。这一理论的立足点在于，不同类型知识成果的形成，关乎的是"人类兴趣"，而不是它们对特定的科学和社会思想形式的忠诚。并且，我们支持哈贝马斯关于不同类型的知识成果相互促进的主张。

科学的局限和对技术统治论的挑战

那种认为"包括管理科学在内的科学可以产生客观知识"的信念假定：去除所有的"主观偏见"最终是可能的。一旦人们具备了被认为是客观事实的武装，随之就会出现依据科学原理、而不是依照独裁或者党派规则的对人进行组织与管理的视角。泰勒（Taylor，1911）对"科学管理"的鼓吹或许是这种思想的最显著的实例。泰勒将他的哲学思想标榜为"科学"并非偶然；他热切地相信，他已经找到了普遍有效的法则，可以用来消除现有管理方法中习惯和实践的不合理性。[①] 泰勒的持专家治国论的底子，其中大多数现在都是企业流程再造（Business Process Reengineering，参见 Hammer and

---

① 尽管现有的管理实践依赖于千奇百怪的习俗和惯例，但泰勒的科学原理还是主张要清晰明白地阐述理性的管理规范和员工行为。泰勒想当然地认为，每个人在生产活动中都有着广泛的同等利益——管理者、员工和股东一样——因此各自都会接受其组织法则的合理性。除去那些车间工人——他们憎恶失去对其工作的速度和变化的控制——的反抗之外，泰勒也未能领会到：那些管理者——专家们——对他的制度安排给他们的职责所带来的额外负担并不热心。虽然人们发现这种技术统治论观念的假设有着不切实际的缺陷，但泰勒的思想在管理特权的理想与控制的结合中还是发挥了很大作用。后人对管理理论的修正虽然已经拒斥了他的科学原理，但是并未抛弃他的技术统治论观点。

Champy，1993）的提倡者，正力图修正和完善泰勒的计划——常常是通过对更复杂的员工激励和群体驱动理论加以整合——而并不怀疑他的思想或技术统治论在推动人类生产力的科学控制的完善过程中所表现出的一致性。

44

对改进各种分化的、破坏性的社会技术并使之合法化的科学思想的使用和/或滥用，正是韦伯（Weber，1948，1949）力图面对和抵抗的。即便如此，韦伯对于科学的态度仍然是颇为矛盾的。一方面，他把科学确认为一种适于驱散神秘和偏见的强有力的、积极的力量：它去除了先入为主的偏执，以揭露事实真相。① 韦伯认为，通过运用科学发现，现代的个体能够更少地为他们自身和他们所处的世界而感到困惑。他们还能够更好地确定他们对特定价值的承诺如何可能更有效地实现。在这些方面，人们可以认为：科学为个体的觉醒和责任感的发展作出了有效的贡献。另一方面，为了使人们不再痴迷于科学给予现有传统和道德价值的影响，韦伯又是深为焦虑的。他警告说，在那些科学权威的局限没有得到充分认识的地方，科学的揭穿事实的力量对于那些让人们满意、并且为那些参与其中的人带来非凡意义的制度和实践——尽管在科学上站不住脚——而言，却可能是破坏性的。

简而言之，韦伯既看到了科学知识启蒙的一面、也看到了它破坏性的一面，并且因此对已经受到人们充分认识与重视的科学知识

---

① 韦伯对现代社会中科学所扮演的角色的理解，是以他的存在主义观念为基础的。在存在主义观念中，社会世界在本质上是没有意义的，并且全无伦理内容。由于这样的世界在伦理方面是非理性的，所以凡是归于这一世界的意义（或道德规范）都是——或多或少故意地——完全由人类对特定价值观与计划的承诺所赋予的。这一理解强调了人类对他们所作的解释与选择所承担的责任——不论采取何种形式（例如以圣经或科学的形式），这一责任都不可逃脱地要立足于依其申述的绝对权威之上。

的局限性给予了关注。韦伯的关注表现在他所坚持的对以下两种事物的严格区分上：（a）依据科学的事实的产物，（b）关于社会制度优点的价值判断。韦伯认为，科学只呈现事实；如果这些事实与人们信守的终极价值相抵触的话，那么科学就不能要求人们接受这些事实，或者服从这些事实的需要。例如，如何在几个相互冲突的不同目标之间作出取舍，就被认为"完全是选择和妥协的问题，没有任何（理性的或者经验的）科学程序能够就此为我们提供一个决断"（Weber，1949：67）。总之，韦伯的基本立场是：没有任何科学方法，能够对相互竞争的行为规范作出分判优劣的裁定。人生观"永远不可能是与日俱增的经验知识的产物"（ibid.：576；也见于Weber，1948：143）。

　　韦伯的科学观念旨在适应和巩固自我塑造（self-formation）的过程。每个个人都是通过自我塑造过程来对抗互相冲突的价值观的（见Willmott，1993b）。韦伯不想通过指出"对于人类基本的价值承诺困境，存在着权威的、科学的答案"而使科学削弱或者终止自我塑造的过程。对于韦伯而言，承认某种特定信念或实践在科学上站不住脚，但个人却完全受其约束是合乎价值理性（value-rational）的。对韦伯来说，危险就在于：科学知识以阻碍自我塑造过程或使之神秘化的方式，得到（错误的）理解和运用——例如，通过指出"只有一种组织工作方式是'科学的'"，并且暗示对其他的替代选择都必须加以反对。尽管具有诱惑力，但是这种理性却是人们无法接受的。因为从韦伯的立场出发，名副其实的人类行为（即，不只是应激性的、冲动的或者由不理会提供生命意义的终极价值的直接的物质私利所驱使的）总是伴随着人们所作出的评价。这样的评价不能被科学权威合理地加以取代。当科学告知我们作出某种特定选择的可能含义时，它并不能消解个体在互相冲突的终极价值中作出

45

选择时所应承担的责任。

韦伯关于价值中立的科学的特性和局限所持的观念非常重要，因为它直接向支持特定的价值观（或计划）或使之合法化的科学之使用与/或滥用提出了挑战，并且从根本上削弱了现代技术统治论的决策。在这样的决策中，人们总是习惯性地提及并求助于专家的科学权威。例如，以下观念就直接向企业流程再造（BPR）的拥护者们所持主张的一致性提出了挑战：既然 BPR "始于不作假设不予指定"（Hammer and Champy，1993：33），那么在此范围内它就是价值中立的。在论及普遍存在的认为"事实的积累可以解决价值选择问题"的这一误解时，韦伯指出：

> 如果"（价值）立场能够源于'事实本身'"这一观念不断重现，那么这一定是由于某些专家天真的自我欺骗。这些专家没有意识到，正是由于这些有待评估的观念，才使得他们在不知不觉中接近其问题主旨所在，即他们只是从无限多的话题中选出他们自身**关注**的极小部分的研究。（Weber，1949：82）

例如，我们也许会想到一位注视着一份账目的管理者，在力图证明额外的投资需要是正当的，或者为迫不得已的冗余事情作裁决的时候，声称"让事实说话"。或者，我们也会想到这样的政治家或者管理顾问，他们宣称缺乏广泛支持的领导的改革意图，"在决定他们如何对付试图阻止他们努力的那些人的时候，经常别无选择"（Hammer，1994：47）。从韦伯的立场来看，这些宣称都是虚假的。因为，无论就某个特定主题（例如管理）积累多少论据，它们自身都不足以在不同的价值立场之间作出取舍——例如那些抵制这一主题诉求的人们所采取的立场。对选择的否定是权力、而不是理性的一种运用。或者，从批判理论的角度（见下文）推进对韦伯论断的评论，即：当权力关系确保其价值立场的基础未经承认和/或未被发现时，作为"真相"的事实只为它们自己说话。

对韦伯式观念的评价

由于担忧科学观念会被各种各样的狂热分子和煽动者用来佐证和支持他们的个人信念（这让人记起希特勒和哈默……见 Bauman，1989），韦伯力求对价值和事实加以严格区分，他认为事实可以促成价值判断，但是不能合理地对价值判断加以证实或确保其正当性，因为这必将涉及信仰的剧变（a leap of faith）（Weber，1949：55）。对韦伯而言，科学方法（单数形式的）能够测定事实；但是大都事实本身，都不能对某一价值判断加以反证。

"管理能够被变成科学的东西"这一观点，在"管理科学"的理念中备受赞美，并且在泰勒（1911）的《科学管理原理》中得到了最为有力的推进。这一观点清楚地陈述了韦伯的热望：人们能够以某种特有的方式，运用科学术语来"证明"特定观念的客观优势。韦伯相信或者至少是希望，事实和价值的分离将使科学的进步不受价值判断的阻碍。与此同时，它还将为个人发展自身的政治、伦理观争取一个不被科学事实貌似不可抗拒的权威所压迫的空间。我们应当如何理解韦伯关于价值中立知识的可能性观念呢？它们能够经得起批判理论的详细审查吗？

韦伯承认，科学研究主题的选择和构成被"我们作为价值前提的利益歪曲了"（Weber，1949：76）。但是，**他并不承认**：科学的客观性承诺必须通过各种价值承诺才能得以折射出来——这是一个产生各种**不同形式**的科学知识的社会和政治进程。韦伯所持观点的失误在于未能认可和接受这一命题：**不同的价值立场推进着它们各自**

46

与众不同的科学概念。韦伯不认为特定主题的事实的产物总是依赖于一个先在的占主导的价值立场，但是他并未对这一洞见作出批判性的反思（相较于 Habermas，1988：16）。韦伯注意到科学家藉以逼近论题实质的可评价的观念如何使他或她能够"从无限多的话题中选出自己所**关注**的极小部分的研究"（Weber，1948：82，着重号为原文所加），但是他把科学从这一论题中剔除出来。换句话说，科学的特定价值观在科学领域中不可能成为问题。实际上，这意味着科学家作为科学家是不可能向处于优势地位的价值观所设定议程的适当性或意图提出挑战的。科学家只能从事调查研究，无论"现有的具体事实中有多少被我们的价值前提所歪曲"（韦伯，前引书）。

无疑，韦伯对价值中立原则的拥护会在很大的范围内受到欢迎——通过充分利用表面上无可争议的科学权威，这有助于反对非理性的现代主义倾向，以此证明特定价值承诺的正当性并使之得以实现。通过获悉每个个体的价值目标追求，科学（和教条与思辨形成了对照）被认为对一个更加理性的社会发展作出了重要的、并且或许是最重要的贡献。然而，有必要对韦伯所表述的科学贡献加以限定：必须将其从终极价值选择的范围中排除出去。韦伯认为，在这样的范围中，道德哲学也许有助于对不同的终极价值的正确和错误进行甄别与辩论。但是，理性和科学并不能直接决定价值选择。为什么不能呢？因为，在相互竞争的价值观之间进行选择，涉及信仰的剧变，这个剧变在本质上却是与理性无关的。

这个令人困扰的结论受到了一些批判思想家的质疑。这些批判思想家辩称：除非作为一种修辞技巧，对"科学"和"道德"、或者"是"和"应该"的区分本身是不足以令人确信的。因为这种区分无法确保科学家能够使读者或听众参与一个说服、而不仅是证实的过程。正如吉登斯（Giddens，1989：291－2）所说，"我不明白人们何以可能继续进行韦伯所假定的'是'和'应该'之间的区分……无论什么时候，只要我们着眼于任何关于社会问题及相关见闻的现实争议，我们就会发现**通过讨论过程组织而成的事实和价值判断的网络**"（着重号为原文所加）。批判思想质疑这样的韦伯式观点：实际上，科学（事实）领域和价值（判断）领域从来都是分离的或是可分离的；并且，批判思想认为，正是受到"纯粹理论"这种幻想的诱导和欺骗，才促成了这一假设。"纯粹理论"假定了在思考知识的世俗方式中，通过理论的实践嵌入产生无瑕疵的知识的可能性。①

在力图激发科学的揭示能力，而避免使用/滥用科学来证明政治和伦理主张的正当性方面，批判理论和韦伯所关注的问题是共同的。但是，与韦伯不同的是，批判理论将科学的推动力牢牢地定位于启蒙运动的传统中。也就是说，批判理论保持着一种信念：存在着运用理性来化解，而不仅仅只是揭露无知、迷信、教条等非理性形式的可能性。尽管韦伯对科学的潜在滥用的回应是坚持事实和价值的严格二分，但是批判理论则辨称事实总是内嵌于特定的价值立场之中；而且，最终应当根据科学主张对启蒙运动的（动态的）贡献，而不是根据其对社会现实的（静态的）反思来判断其是否充分。

那么，批判理论对在批判理论传统中发展起来的科学所持的态

---

① 批判理论主张，当科学在存在的苦难和沟通的前提中的根源被遗忘时，它就成为一种意识形态了。哈贝马斯（1972：314 – 5）认为，纯粹理论"希望所有事物都源于其自身，它服从于未被承认的外部条件并且变得意识形态化。只有当哲学在历史的辩证过程中发现扭曲对话的反复尝试和多次封锁顺畅沟通的暴力踪迹时，它才得以推进这一悬而未决的过程：人类迈向自主和责任（Mundigkeit）的进化。人们可以将自主和责任宽泛地理解为生命活动中的自治与职责。"

度是怎样的呢？这是难以概括的（见第三章）。但是我们可以说，批判理论不是把理性视为可以从科学工作的纯粹形式中找到的某种事物，而是认为：科学所秉持的这一理想在实践中的实现，有赖于它产生其中的社会关系的变革。从批判理论的立场来看，批判反思的一个基本的、解放性的倾向不是要创造或提炼这个世界的科学知识，而更多地是要挑战和变革那些产生不必要社会痛苦的社会关系。批判理论就理性因素直接与韦伯所认可和维护的中产阶级科学展开了论争。

总而言之，韦伯对于科学的理解假定了这样的可能性：价值中立的科学家存在于他/她工作的社会之外或超乎其上。对于韦伯来说，关键的问题在于：科学知识的价值和局限性怎样才能最大程度地得到特定人群（必然是精英）的赞赏与认可。这些人有机会反思其发现，以便构建和告知他们所作的选择。相反，批判理论则将注意力集中于知识产生和传播的政治环境。其焦点不在于个别决策者的深思熟虑，而在于信息沟通的结构。这些信息沟通的结构阻止或提升着参与这些深思熟虑的真正的机会和便利。

科学的社会成果

我们已经指出，关于"权力关系如何运行以界定科学方法（而且不仅于此）"的任何评价，在韦伯对科学的理解中都是受到排斥的。韦伯的价值中立学说也同样拒绝接纳任何根据主流价值观向这一断言（和科学程序）提出挑战的理性基础。确实，韦伯价值中立学说的一个有悖常理的结果——古尔德纳（Gouldner, 1973b: 63）称之为"拯救的神话"——已经形成对科学至上的思想观念的救援。

科学至上思想描绘了由具有无可争议的权威的科学方法所提出的特殊知识宣言。正如韦伯所指出的，科学至上主义不可避免地要贬损与阻止明晰的过程和责任感的发展，而不是为批判反思留下一片空间。如果科学被等同于价值中立的知识，那么所有其他的知识形式就要么被迫通过遵循其术语以服从科学家式的论断，要么作为"不科学的"东西而受到排斥。正如哈贝马斯不无挖苦地评论的那样，当"科学在指引理性行为中获得垄断地位时，那么与之竞争的所有主张就都必须受到抵制"（Habermas，1974：264）。

相反，批判理论以这样的理解作为出发点：任何被（不管是专家还是外行）认为是客观知识的东西，都取决于权力关系。在权力关系中，相互竞争的观念、方法和发现都可作为权威的知识形式得到发展和支持。批判理论强烈要求调动起人类的理性，以质询与挑战这种知识的合理性，并且不仅仅是调查或完善它的进一步产物。换言之，与韦伯相反，批判理论直接预示和支持着一种批判性科学的可能性。批判性科学专注于、并且努力提升目标的合理性以及手段的合理性。韦伯式的科学观念全神贯注于"方法论"的完善，以期发现关于"现实"的某些部分的"真理"。相反，批判理论所关心的则是展示现实与真理的诉求是怎样由社会关系加以调节和修饰的。通过社会关系，真理的要求得到了清晰的表述与认同。批判理论声称，只有通过对这些社会关系的变革，才有可能发展出较为公正或较少独断的现实诉求——这是理解中的一种转换，它本身就能为社会变革创造重要的条件。

正如我们之前指出的，韦伯式的关于价值中立的知识学说恰是哈贝马斯（1972）所说的"纯粹理论的幻想"的一个实例——这一幻想认为，完美的、历史的、无实质的知识能够由有缺陷的、历史的、具体的（人类）存在产生出来。受到这一幻想的影响，人们假

49

定（科学的）知识能够与推动其生产的政治分离开来。相反，对批判理论而言，相信"事实"可以与价值和利益分离这一观点，却意味着对知识成果与实际的人类关于自觉与自决的难题之间联系的健忘。这些难题起因于"与自然的文化决裂"（ibid.：312），即使科学涉足其中也无法令其终止。我们将在下文中详细阐述这一观念。

科学的三种类型

哈贝马斯（1972）指出，科学知识的成果植根于人类与自然之间的与众不同的关系之中。为了顺应这一关系的展开——即与自然的文化决裂——三种基本的知识得以兴起，并且其中每一种知识都易于受到更为严格、科学的发展的影响。首先，与自然的关系激起了一种认知兴趣，促使人们对难以驾驭的自然和社会力量进行更多的预测和控制。在这种认知兴趣的指引下，各种各样的技术得以发展，旨在谋划和掌控人类行为和自然世界原理。这种知识类型的特征被哈贝马斯概括为"实证分析"，它并不局限于自然科学的范围内，而是深入到包括管理和组织研究的社会科学领域中。例如，那些力图确定偶然性——被认为可以使员工生产力和顾客行为更可预测和更可控制——的研究。

第二种类型的知识源起于人类互相理解和沟通的努力。哈贝马斯认为，这种沟通的目的不仅仅在于推进我们对自然与社会世界的预测和控制能力。他断言，促进对他人生活世界的更充分的理解本身就可以成为一项意义深远而且充实的事业。推动这一类知识发展的认知兴趣并不是预测或操纵，而是一种对增进相互理解的关注。例如，在历史诠释科学（historical-hermeneutic sciences）的外衣下，这种知识建构的兴趣（knowledge-constitutive interest）力求丰富我们对人们从事的组织工作意义的评价，从而提升我们理解其世界的能力，并且使我们能够更容易地与之沟通。在管理领域中，对这种兴趣的动员超出了对调节人类行为的变量（如员工生产力）的确认。不管这种知识可能拥有怎样的工具性用途，它所关注的始终是对人们关于他们被作为生产者或消费者来对待的所思所感加以正确评价。

对他人的社会世界的评价和理解可能是启发性的，甚至具有启蒙的意义。但是它也可能会留下未经检验和未受挑战的历史与政治力量。这些历史和政治力量调节着世界以及对现实的理解内容和过程。对权力的行使与现实的建构和表现之间的联系的关注，属于批判反思的知识范畴。哈贝马斯指出，批判反思的知识成果是受到解放兴趣的推动的。解放兴趣的显著特征存在于对揭露统驭与剥削形式——例如，挫折与痛苦经历和父权制实践与制度之间的联系（总体而言，这种联系是可以改变的）——的关注之中。在批判的科学形式中，知识得以产生，并通过重建从"依赖关系"变为"观念冻结"的过程来揭示这种联系（Habermas，1972：310）。虽然与历史诠释科学有着密切关系，但是批判的科学将焦点放在了——对不必要的压迫、混乱和痛苦的形式加以制度化并使之持续的——权力的角色上。当这种对揭露统驭形式的关注超出了纯粹抽象、理论的趋向时，它就会采取批判的形式（见第一章）。

哈贝马斯和伽达默尔（Gadamer）已经就人们对历史诠释科学和批判科学的赞同与反对进行了辩论。在组织和管理领域中，范·马伦（Van Maanen）和迪兹（Putnam et al.，1993：221－35）也对此作了研究。迪兹采取批判科学的视角，反对像人类学者那样强调为这一研究领域提供一个有说服力的解释。迪兹认为：

批判理论立场下的研究质量不是建立在讲述好故事的能力

上，而是建立在参与人类斗争的能力上——这一斗争并不总是恶意或明显的，而是一直存在于当下。研究应当是更大型的人类斗争的组成部分。这一斗争植根于参与影响我们生活的意义构建的正义之中。(ibid：227)

批判的科学所关注的是要理解管理实践与制度是如何在具备潜在变革能力的权力和统驭关系中得以发展与合法化的（例如资本主义和父权制）。在产生管理知识的传统路径中，人们假定权力和权威的确定联系预示着理性（虽然并非完美）。他们的使命是创造关于管理事实的更准确的知识，从而实现更具效率和效能的资源配置。批判分析将这种理解与目标的合理性置于精密的详细审察之下，指出传统管理理论所支持的合理性把权力关系的主导结构视为理所当然、并且专注于维持现状，以致妨碍了对一个更合理的社会——在这样的社会中，不必要的社会统驭形式得到了处置并且逐渐被消除——的推进。本书对批判分析的这一计划作出了一定的贡献。在这个意义上，批判分析提供了激发或促进个人与社会解放性变革的洞见，它同样为批判作出了贡献。

批判的管理与组织思想的演进

近年来，人们对处理和解决现代社会问题的实证分析科学（见前文）的适当性和价值越来越多地持怀疑态度。这种自信心的减弱在进步论倾向更强的管理与组织方面的专著和评论中表现得尤为明显（见第一章）。人们较少听说"管理/组织科学"，更多的是听到"管理/组织研究"；人们较少听到确定事实的权威，更多的是听到符号和隐喻的说服能力。在这一过程中，已经确定的分析和规则并未被取代，但是它们已经接受了可替代观念的补充并且略微受到一些扰乱。由机能主义理论（见下文）的实践者和鼓吹者发展出来的理论和实践议程已经受到从（包括现象学和马克思主义知识传统[①]在内的）更广阔的社会和政治理论中所提取的议程的挑战——这种发展明确地向那些更喜欢就如何理解管理和组织建立（强加）一种更高度共识的人们（例如 Pfeffer, 1993）提出了警告。

　　布瑞尔（Burrell）和摩根（Morgan）的拓荒之作《社会学范式和组织分析》（1979）（从此以后，paradigm 一词得到广泛运用），在表达和激发针对现有研究路径之详尽彻底性的质疑中产生了显著影响。除了在组织研究的广阔领域中享有声名之外，这本书还激起了一系列拓展营销（Arndt, 1985）、会计（Hopper and Powell, 1985）、运筹（Jackson, 1982）等专业领域之议程的要求。范式的核心理念（先前已有介绍）是：不同的价值承诺——按照它们关于社会和社会科学的假设得以区分——导致不同形式的（组织）分析。在运用布瑞尔和摩根的理论框架阐释批判理论（与许多其他密切相关的研究途径相比）的特质和贡献之前，我们先简要勾勒他们所概括的社会科学分析的四种范式。为此，我们暂不质疑布瑞尔和摩根将社会和组织知识严格划分为四种互相排斥的范式（Willmott; 1990, 1993b），而更看重这一划分的启发价值。当我们将布瑞尔和摩根（Morgan, 1979）的概念与哈贝马斯（1982）的认知兴趣理论

---

　　① 显然，一直存在着来自管理学圈外的诸多批评——比如贸易工会和左、右翼激进主义者所提出的批评。持左派立场者将管理视为资本主义的代理人，其功能就是使工人各安其便。基于右派的立场，管理则因其孜孜建立自我维护（self-serving）的官僚帝国（bureaucratic empires）而备受指责。他们认为，这样的官僚帝国庇护着低效，妨碍了竞争并且扼制着个人的创造力。

理解管理：一种批判性的导论

加以比较和对照（上文已简要论及）时，我们将回到这个框架的一致性问题上来。

关于科学和社会的竞争性的假定

布瑞尔和摩根（Burell and Morgan，1979）运用社会和组织分析的不同传统来确定四个基本的视角或范式。通过这样的视角或范式，社会和组织现实能够得以解释。根据各自对社会科学和社会的假定，这四种范式得以区分（见图 2.1）。与我们所讨论的问题直接相关，布瑞尔和摩根主张每一种范式都有要求被视做科学的合理权利。他们反对那种认为只有一种（价值中立）方法称得上是"真正的"科学的观点，他们宣称：科学的"主观主义"哲学和"客观主义"哲学在各自的语境中都是具有一致性的。同样，"一致的"和"冲突的"社会理论也都各自有效。通过运用社会理论来确定各自的科学哲学，四种各具特色的分析范式得以描绘成型。

主观主义科学哲学与客观主义科学哲学的比较

客观主义哲学假定现实的存在"就在那儿"，人们可以通过运用科学方法来加以如实把握或反映。社会世界的现实被假定为与自然世界相似（如果不是恰好相同的话）。人们相信可以通过使用相近的方法来观察和测量社会现象。值得注意的是，客观主义者所偏爱的方法论包含了"客观"手段（例如调查问卷）的精心构建。人们设计这些"客观"手段以提供关于那些被认为构造了社会世界的变量——例如员工态度或角色类型与种类或管理者所履行的职责——的比较信息。

相反，主观主义科学哲学假定社会现象与自然有着根本性的不同，因此不能通过所谓的客观手段加以反映或把握。在主观主义者看来，自然要素的特性是恒定的，不因人的实际意图的改变而改变。与此不同，社会世界则是通过主体之间的沟通过程不断得以构建、复制和变革的。主观主义科学哲学主张，只有注重那些将事实"客观地"展现为真实的含义，才能对社会世界作出适当的评价。值得注意的是，"主观主义"研究者所偏爱的方法论需要与研究对象建立一种紧密联系，以便弄清"集权化"或"特权"之类概念的含义实际上是怎样由组织中的不同成员进行阐述和解释，以及随着时间的推移，这一含义又是怎样被讨论和改造的。

规制理论与激进社会变革理论的比较

在纵向维度上，布瑞尔和摩根的模型把规制理论和激进变革理论区别开来。规制理论假定，现代社会及其组织的特征更多地表现于秩序，而不是表现于冲突之中。人们把组织和社会秩序理解为对其成员的基本平衡与共识的反映。反之，无序则被理解为一种暂时而必要的重建平衡的手段。人们在事物的表面价值的层面上假定或接受共识，并且将注意力集中于"如何实现并维持整体性和功能适应"的问题上。由于人们将社会秩序视为组织和社会构成要素之间的不受强制的一致性的结果，所以他们将集中关注保存社会秩序的现有机制是如何得以巩固的——例如，通过发展某些机制，使组织和社会中的动态平衡能够得以持续。

相反，激进的变革理论假定：社会关系更多地以改革的反对压力、而较少以连贯和整合力量为条件。共识的存在与社会的统驭形式相联系。社会统驭形式通过直接镇压或通过容忍的压制形式向人们强加或灌输秩序与共识。在容忍的压制形式中，人们会立即适应不同的意见并将其边缘化（见第一章关于泰克公司的讨论，第32—33页）。那么，秩序和稳定性的表现就与——例如，对市场关系

53

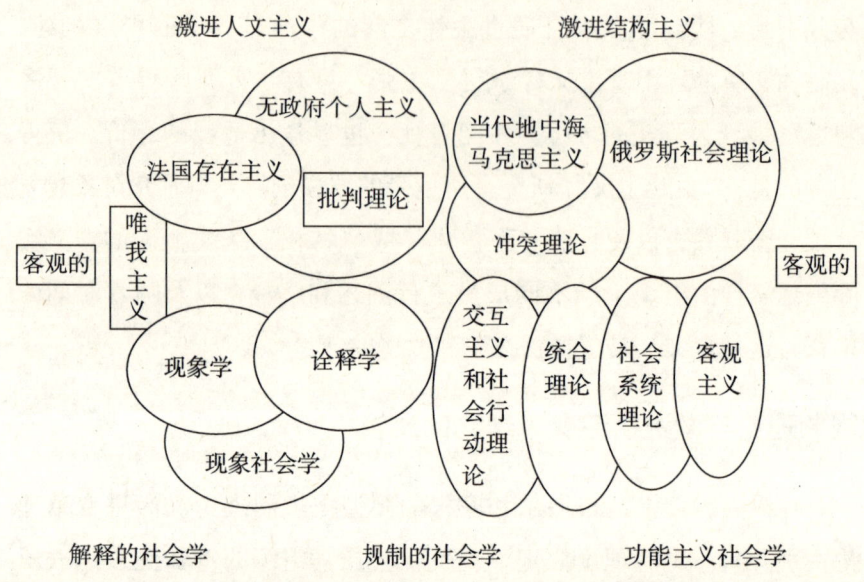

图2.1 四种社会学范式 (Burrell and Morgan, 1979: 29)

54

（例如经济依赖）的个性化规定和/或社会化（例如通过教育和大众传媒所进行的技术统治论的教导）的诱人特性的——大规模服从过程产生了紧密联系。不用说，诸如企业文化之类的"同样的"现象，在每一种传统中都可能成为主题，但是对其价值和影响的表述却大有不同（见 Alvesson, 1991）。

从这种关于人和组织的激进变革的观点（批判理论对这一观点作出了重要贡献，见下文）来看，普遍流行的制度和常规的重复（与改革）可以理解为对根深蒂固的制度化的不平等与不公正的矛盾结果的依赖，并且潜在地受到这种矛盾结果的破坏。那些在传统上似乎是天生的或必然的权威形式（例如父权制）和意义的来源（例如沙文主义）的事物，可能会变得有问题且站不住脚；重建其权威的努力很可能会加速其衰落和毁灭并且同样会抑止那些支持它们的政治—经济压力。当各种各样的压力来源联合在一起，并且证实了对压制或适应的抵抗时，对反抗和激进变革的彰显就可能会发生——例如 1968 年在西欧学生和工人中声势浩大的反抗运动，以及 1989 年下半年中欧的"解放"。①

分析管理的四种范式

到目前为止，我们已经确定了社会科学的两个对照性的概念、以及理解社会的两条不同路径。通过结合主观/客观的科学哲学和规制/激进变革的社会理论，四种分析范式得以确立。在更为详细地考察结构主义和人文主义范式之前，我们先简要介绍两种"规制"范式——功能主义和解释性范式。

功能主义范式和解释性范式

功能主义范式融合了客观主义科学哲学和社会规制理论。布瑞尔和摩根将这一范式视为社会科学中的主导范式，并且评论道，这一范式往往具有"高度的实证取向……在方法上以问题为导向……

55

---

① 东欧的例子可用来表明国家社会主义的矛盾是如何通过武装压制、例行监控以及腐败与含混的教育灌输和神秘化过程来得以被包容的。1995 年、1996 年在俄罗斯发生的动荡显示的是，在面对抵抗时，国家暴力是怎样得以持续和冷酷无情地被运用的。在英国的矿工罢工期间，对军队和警察的强制使用，反映了在现代"民主"国家温情脉脉的面纱下隐藏的铁拳。东欧的例子还表明，由于对极权主义的强制性把持有所松动，其他力量得以浮现并填补这一真空。由于缺乏一个组织良好的工人阶级，崩溃的秩序向各种各样反对的观念和犯罪实践提供了一个维护它们自身的机会，而这通常又伴随着之前的共产主义政工干部（apparatchiks）继续处在关键的职位上。

[而且] ……坚定地遵循着作为社会变革的基本原则的社会工程哲学"（1979：26）。在第一章中，当我们说起基于此类假设的知识是如何充斥管理学教科书，以及怎样深深渗入商学院的管理学教育中时，我们曾提到过这一观点。这样说也许是公平的：在这一范式中进行的许多知识生产与传播，很少考虑韦伯对科学的使用/滥用的关注。因为这种知识的权威在很大程度上源于一种对确定的常识性价值判断与理解的依赖，而这种判断与理解是关于那些被视为值得尊敬的和可靠的科学活动。下面我们将论及它与哈贝马斯的（受到对生产与控制的技术性兴趣引导的）实证分析科学观念的相似之处。

解释性范式关注的是要理解人们如何运用符号（例如语言、姿势）使他们的世界"客观真实"。通过将组织现实想象为"一个假设和主体间的共有意义之网"（ibid.：29 - 31），这一范式与功能主义范式以严格的、可测量的元素或处理社会现实的可能性方式有着显著不同。在 20 世纪 70 年代，解释性范式被认为非常深奥，只是罕见地由"古怪的"现象学家和民族方法学家加以使用。他们与历史诠释科学所表达的交互理解的兴趣产生了最为深切的共鸣。在从对"严格"能力的迷信中觉醒之后，功能主义分析开始着手把握所谓的"组织工作的后官僚政治和后现代形式"（postbureaucratic and postmodern forms of organizational work）的复杂性和欺骗性，全新的解释性范式的多元的管理化版本就此稳定地渗透到管理学教科书和管理大师们的作品之中。

功能主义和解释性分析的连贯性存在于它们共有的对社会规制理论的依赖之中。这最明显地表现为解释主义的如下倾向：从任何关于权力和统驭关系的描述中归纳其对主体之间意义结构的过程的考察。藉此，各种意义在社会层面上得以产生并得以合法化（转引自 Deetz, p. 51）。为了确认和分析这些关系，有必要将注意力从规

制范式转换到激进变革的范式上。 *56*

激进的结构主义范式

激进的结构主义范式因其对客观主义的社会科学哲学和激进的社会变革理论的结合而引人注目。组织行为被理解为以统驭的结构为条件（如果不是由其决定的话）——例如在资本主义生产模式中制度化的劳动力开发。激进结构主义范式的基本原理是：个体所想的和所做的更多取决于结构性权力的实施，而较少取决于其自身的自觉或意图。正如布瑞尔和摩根（Burrel and Morgan，1979：378）所说，"作为一个整体的系统保持着一个未曾减弱的基本原理——即，人们可能力图理解它，但是它却像飘风或潮汐那样，总是超越人们的控制"。在这一点上，激进的结构主义与功能主义同样遵循着客观主义的科学哲学。激进的结构主义与功能主义的分歧在于它假定：确定结构之内，潜藏着致使统驭形式高度不稳定的根本性矛盾。这些矛盾被认为导致了（或多或少公然地）强制性或欺骗性的制度的存在（例如，秘密警察、义务教育、大众传媒），正是这些制度确保了社会秩序的连贯性。据称，这种结构性的矛盾——其中包含了激进变革的潜能，只要社会结构不再能够控制住这一不稳定性，它就会得以释放——同样也解释了组织和社会中周期性的冲突和紧张的存在。

鉴于资本主义的发展与前景，激进结构主义在工厂和办公室内的组织工作（物品和服务的社会化生产）与资本家占有的员工劳动剩余（财富的私人积累）之间找到了一个基本的矛盾——当这一矛盾没有有效地得到福利国家的治理或货币政策的检验，从而带来高失业率时，它就会急剧爆发，表现为产业冲突和公共秩序混乱。在某一范围内遏制这些矛盾的努力（例如增加失业人数以减少工资要

理解管理：一种批判性的导论

求）被认为是在相关领域中制造严重的紧张状态（例如因税收下降和附加津贴的支出而导致的财政危机）。为确保秩序，保守的压制方法（例如降低市民自由度，给予司法和警察机关更大权力等）得以使用。这些方法的效果是在短期内重新建立秩序，但是要冒着进一步破坏资本主义政府的合法性的风险。于是，从激进结构主义的立场来看，社会和环境的问题与无序的根源——表现为生态危机、普遍的心理焦虑、恶化的工作条件、匮乏的住房、青少年犯罪、药物滥用等等——存在于资本主义的结构之中。这些问题或许能够通过改革加以缓和。但是要对它们加以彻底解决，则只有对资本主义制度作出革命性的变革——这一变革主要是由系统性的矛盾、而不是通过人们（个别地或集体地）的努力来推动，从而加速其（必然的）到来。

在管理和组织研究领域中，布雷弗曼（Braverman，1974）的《劳动和垄断资本》已经成为管理和组织的激进结构主义分析发展的一个重要的灵感之源。基于对马克思主义劳动过程分析的复兴和更新，布雷弗曼直接向工作组织和员工意识的传统观念提出挑战。例如，他认为，关于工作满意度的研究成果完全没有考虑到工人的预期是如何受到更广泛的结构性因素的影响的。激进结构主义者声称，"绝大多数工人说他们对其工作'满意'"这一现象告知我们的，更多的是雇员的期望是如何得以形成以应对（去技术性的）工作的，而较少涉及他们被贬低的工作体验（见 Salaman，1981；Sievers，1986）。

随之而来的激进结构主义分析向布雷弗曼提出了挑战，它质疑后者将管理控制行为与对工作加以贬低和去技术化加以等同的倾向。与布雷弗曼相反，它声称管理者力求对任何他们认为能够有效增进收益的控制策略加以部署——包括那些关涉提升和扩展员工自治范围的策略，即使是在十分狭小的限度之内（Friedman，1977；Knights and Willmott，1990）。从激进的结构主义视角来看，这些活动并不是一个"使工作人性化"的过程，甚至不是一个降低管理者与被管理者之间界隔的过程（虽然这可能确实是它们始料未及的结果）。更确切地说，它们要么被当作一种确保和/或扩张管理控制的手段——例如，通过让员工更直接地"参与"到生产活动中——要么被当作一种通过发展更复杂的自律系统、旨在减少直接监督成本的实用的权宜之计。

激进的人文主义范式

最后，在激进的人文主义范式中，主观主义科学哲学与激进的社会变革理论融为一体。和激进的结构主义一样，激进的人文主义范式将社会秩序理解为强权政治，而不是共识的产物。但是它的关注焦点在于意识内部的矛盾，而不是与（资本主义）社会结构之间的矛盾：

> 为这一范式打下基础的最基本的观念之一是，人类意识（原文如此）受意识形态上层建筑的支配。人与意识形态上层建筑相互影响，并且这种影响使得人自身和他的真实意识之间产生认知的张力……运用这些措辞来考察人类困境的理论家们主要关注的，是从现有的社会安排施加于人类发展的约束之中解脱出来。（Burell and Morgan，1979：32，着重号略去）

58

批判理论也许是布瑞尔和摩根在激进人文主义范式中论及的几种研究路径中最有影响的一种。与其他的新马克思主义传统——如那些和卢卡奇（Lukacs，1971）、葛兰西（Gramsci，1971）相关的理论———起，批判理论被视为"激进人文主义范式中最少主观主义色彩"（Burell and Morgan，1979：283），① 而且它也因此与激进的结构主义范式关联密切。但是，和激进结构主义范式中未经修正的唯物主义形成对照的是，批判理论更多地考虑到意识和社会的形成与复制中观念的作用。对于激进的人文主义者来说，激进变革的潜能存在于以下二者之间：一方面，是对主导结构（如父权制）所设定的意识的需求；另一方面，是人类的创造力和自主决定的能力，这些能力在对现状重演的根本性对抗中得以显现。

正如青年马克思（1976）所宣称的，从激进的人文主义视角看，资本主义所拥有的那些与众不同的进步的现代化力量向人们施加了矛盾的影响，使人与人之间、人与自然之间以及他们自身之间彼此疏离。社会被强行分隔，产业工作被社会化地割裂，市场交往将人转变为商品，人们罕有机会得到创造力和精神上的成长。虽然面对颇多批评，但激进人文主义还是吸引了那些**受现代制度压抑、与现代制度疏离的每一个人**，并且不只是被视为无产阶级一员的那些人。激进人文主义分析的任务是：首先，要唤起对"常态"何以被压制的认识；其次，要促进个人从"心灵囚牢"中创造性地、自主地得以解放。在"心灵囚牢"中，他们/我们被认为是备受监禁的。激进的人文主义者相信，几乎每个人都是体制化压抑的牺牲品——这种压抑是如此司空见惯，以致被人们习惯地视为"生活"。但是他们也

---

① 在这一方面，批判理论有别于激进人文主义范式的其他流派———诸如无政府主义（例如 Stirner，1907）和存在主义（Cooper，1990）传统，这些传统忽视行动的历史的和物质的条件。虽然这些哲学家对人的自由问题表现出了直接的关注，但是他们对人类存在的历史嵌入的重要性的边缘化，导致他们转而表现为一个批判理论家在人们心目中的印象：以热衷于自己想法的行话对真实性加以表达（Adorno，1973）。

相信，在面临批判性反思的时候，这一类的体验能够激励和鼓舞对于支配力量加以进一步的批判反思，乃至作出对抗。

在激进人文主义的范式之内，人们最好将批判理论看作推进观念与实践的一种关键的建设性资源。这样的观念与实践承诺要构建一个更加合乎理性的社会。批判理论不是主要地（如果不是专门地）聚焦于凌驾在生产流程控制和剩余价值分配之上的资本和劳动之间的斗争，而是始终如一地强调下列更具韦伯色彩的观点：理解包括组织与管理在内的人类相互作用的关键，在于意义和意识形态。正是通过意义和意识形态，制度得以组织与变革。例如，布洛维（他本人是劳动过程分析学派的重要成员）在责难布雷弗曼（1974）未能正确评价泰勒制作为一种技术统治论（即认为管理者可以表现为公正的专家，其所持规则因掌握了能够增进效率的知识而得以合法化——见 Stark，1980 and Chapter 1）所蕴含的意识形态上的重要性时，就运用到了批判理论，他指出："哈贝马斯和马尔库塞［主要的批判理论家］宣称，在发达资本主义情境下政治问题不再受市场的'自然'劳动所遮蔽，而是折射为科学和技术问题……对'效率'的追求成为一种新的意识形态的基础，一种新的统驭形式"（1985：42）。

虽然批判理论与韦伯一样都关注观念在社会中所扮演的角色及其对大众所施加的潜在的迷惑性影响，但是正如我们之前已经强调的，就社会科学在理解和批判主导观念与价值观的过程中所担负的任务而言，正确认识它与韦伯，立场之间的差异，同样是重要的。与马克思世俗的与民主的推动相比，韦伯更多地受到尼采的禁欲与精英主义倾向的影响。韦伯听命于合理化进程（在合理化进程中，只有那些具有特别道德品质的人才能留下来）。与此相反，批判理论家笃持启蒙时代的观念，认为人们能够运用批判理性来变革社会，

59

而不仅仅是提升社会透明度与社会责任或是支持精英的权威。例如，如果技术会使人类经验得到丰富而不是使之贫乏（相较于 Marcuse，1964），那么就会存有争议了：技术的发展与使用是否必须置于更为民主的控制形式之下。为此，人们将会重视可供替代的和中性的技术所蕴含的价值。这是因为，这些技术可能会呈现为去中心化的手段，使得地方社区能够形成他们自己的解决方案并且决定他们自己的命运。更何况，这些技术还维护着生态的利益。韦伯式的立场主张由知识精英来实行技术专家式的控制，而批判理论所强调的则是自主决定的价值。在自主决定中，物质的和社会的技术在人们对民主决策的反思与支持过程中得以形成和配置。但是，批判理论同样与马克思主义观念存有差异。马克思主义认为，科学分析等同于结构内部矛盾的识别与分解，而这最终会引发大部分已经注定了的革命性变革过程。批判理论对激进的解放革命的必然性所持的信心更弱。现行结构崩溃所导致的社会进步的结果并未被假定。任何不必要的社会苦难表现出的实质性的和持续性的衰减都是有条件的，它取决于批判科学（实践理性）的发展与传播。通过发展与运用批判科学，批判理论力图实现更具实践理性的目标。就此而言，它们与自治和责任的扩展更为一致。从这一视角看，与技术理性或工具理性的优化形成对照的是，实践理性的获得，同时也是目标所含的开放、民主决定的先决条件和预期结果。

不可通约的范式和科学的互补类型

布瑞尔和摩根（Burrell and Morgan，1979）对科学分析四种范式的确认，深刻影响了对社会理论各种传统中组织和管理研究领域的开辟。通过对科学与社会观念多样性的考察，他们为质疑功能主义思想界定什么是（以及什么不是）管理和组织的"科学知识"的权威性提供了一个基础。然而，从批判理论的立场看，布瑞尔和摩根所持的论点也存在着很大的问题。他们认为，这四种范式是不可通约的，而这又是有效保护每一种范式（包括功能主义范式在内）免遭外部批评的托辞。在布瑞尔和摩根的框架中，社会科学所持的二元的形式分析的倾向（例如个人/社会，行为/结构，等等）融入了形而上学的原理之中。因此，试图综合"主观"和"客观"途径的研究的可能性和一致性被否认（Willmott，1990，1993b；Deetz，1994）。

考虑一下批判理论的案例。此前我们提到了布瑞尔和摩根把批判理论放到了社会科学哲学的主观主义领域之中。然而，如果对哈贝马斯的《合法性危机》（1975a）加以考察，我们会发现，这一研究对所谓的客观社会结构的关注并不亚于对激进结构主义主要论题的关注，即使像其标题所表明的那样，合法性危机也关注意识形态和个人动机等隶属于激进人文主义范式的问题。事实上，具有启发意义的是，布瑞尔和摩根（1979：294）也附带承认了，他们的研究框架力求调和批判理论的跨范式的特性。之后，他们又被迫承认，尽管哈贝马斯着意于语言的作用（在布瑞尔和摩根眼里，这标志着他是一个"主观主义者"），他也"努力强调交往能力理论必须与历史唯物主义的基本假设相联系（如果想使这一理论充分而且有效的话）"；并且"为哈贝马斯著作所困惑的唯物主义者和理想主义者总是受缚于巨大的张力关系，以及其注重调和的理论导向"（Ibid：296）。由于为自己设置了二元框架这一负担，布瑞尔和摩根被迫要对批判理论进行某种归类。大概是基于批判理论比结构主义的马克思主义更少决定论与经济主义色彩之类的理由（或许还出于另外的更具权宜意味的原因，即没有了批判理论，激进人文主义大厦的容量将会有所欠缺），他们将批判理论置于激进人文主义范式之中。

在这一点上，有必要简短回顾一下由哈贝马斯为了对科学知识的类型加以识别和区分而发展出的基于构建旨趣的知识理论。正如我们先前所提到的，这一理论将不同种类的知识成果看作是问题与机会碰撞出的火花，而与这样的问题与火花相伴生的正是人类文化与自然的决裂——这样的决裂预示着人类从本能驱动的强制之中解脱出来。与布瑞尔和摩根形成了对比（他们将知识的生产与互不相容的科学和社会观念体系加以联系），哈贝马斯将知识成果与认知兴趣实质性的觉醒加以联系。① 哈贝马斯向社会科学家（包括管理与组织专业学生在内）提出的挑战不仅仅是要越过功能主义范式的疆域，扩展他们的分析。毋宁说，这样的挑战是要使得生产知识和实现人类兴趣之间的联系更易于为人所见（通过流程再造与批判反思），以及由此对去除破坏和扭曲解放进程的惯例与制度的推动。

总之，从批判理论的视角看，布瑞尔和摩根的框架因其对科学/知识和政治/人性兴趣之间联系的有限把握而存在着缺陷。最明显的是，对于以下问题，布瑞尔和摩根失之草率：在运用一个二乘二矩阵来描述组织分析的轮廓时，这一过程本身是如何承载价值或由兴趣导引的。在韦伯式的理论风尚影响之下，他们的框架表现得好似是对组织分析领域的一种反思。这就显现了"纯粹理论的幻像"（见上文）——尽管其主题更多地是针对文本而不是关于这些文本力图报告的惯例。相比之下，批判理论在构造知识的特定形式时，对价值观和政治的存在与价值有着更多的自觉。作为批判科学的一个

---

① 正如我们在第三章所讨论的，这一专注于个体意识的最为原初的模式，后来由哈贝马斯在用语言界定解放的冲动时作出了修正而不是加以抛弃。

典范，哈贝马斯的认知兴趣理论自觉地将自我定位于它努力阐明和
变革的范围之内，而不是游离于知识生产过程之外。

以及——女性主义？

姑且不理会范式理论在概念上的困难，在其关于结构互异和激
进改革的讨论中，也存在着一些主要的实质性的疏忽。特别是，任
何对父权制理论和女性主义理论的认识都因其缺席而引人注目——
这一失误只能归因于其所处年代（20 世纪 70 年代晚期），在某种程
度上显得情有可原。[①] 不过，批判理论未能很好地理解女性主义理
论，并且正确评价其作为一种社会运动所蕴含的意义，承认这一点
则是中肯的。所有主要的批判理论家都是男性这一事实恐怕也与这
种疏忽不无关系。这样的疏忽在哈贝马斯那里表现得尤为突出[②]，因
为他已经显示出了这样的意愿：同众多其他种类的社会理论对话并
对其加以运用。在第三章关于女性主义的论述中，我们简要回顾了
女性主义对批判理论的批评。在第五章中，我们也约略提到了女性
主义的组织理论。在此，我们简短地勾勒反父权制思想中的一些重
要流派。

女性主义者坚称，现代社会的真正结构是男性中心和父权制的。
而且，如果妇女（以及男人）想要从男性统治中得以解放，就必须
进行变革。自由女性主义倾向于赞同结构主义的基本假定，结构主
义专注于对推进机会均等议题（诸如女性管理者的职业）加以精密
设计。激进女性主义者所关注的超越了自由女性主义者对机会均等

---

① 其后，吉布森·布瑞尔对社会性别的研究特别是对组织性别的研究所作的
贡献在一定程度上对此作出了修正（例如 Burrel，1984；Hearn et al.，1989）。
② 妇女运动只在《交往行动理论》第二卷第 393 页中占据了一小段（Haber-
mas，1987b）。

62 的要求（例如，要求妇女必须能够不受歧视地竞争目前被男人占据的职位，并且必须能够根据儿童保育之类的政策和服务条款这样做，因为这些条款使其成为可能）。与其他更为激进的要求（如要求对妇女当前所做的未获酬金的家务给予同等评价）不相干的是，获得同等机会只不过是通过令主导制度表现为非性别化，使其合法化而已（Collinson et al. , 1990）。由于"什么是可接受的'女性'"主要是由男人来加以界定，所以激进女性主义者力求在其自我认同感的结构内部以及通过自我认同感的结构对制度作出变革。

女性主义者对激进的结构主义分析忽视"非经济"权力持批判态度。在此范围内，他们所关注的问题呼应并且支持了激进的人文主义思想。然而，对于激进的女性主义者来说，一个关键议题是对统治的父权制结构的有限而且边缘化的批判，这种批判既存在于激进的"人文主义"，也存在于激进的"结构主义"之中（Walby，1986）。激进女性主义者并不必然否认政治—经济权力的重要性与现代社会组织中的矛盾，他们只是强调并质疑着现代制度的性别化。特别值得强调的是，他们的批判促使人们注意：在这些工作组织中，男人是怎样按照地位、财富和影响占据了相对妇女而言的社会和经济的优势地位的；以及何以由此便能够塑造和巩固制度发展的（父权制）模式。激进女性主义所提出的挑战意义深远：它涵盖了性别实践的全部表现，而不仅是审思那些落实父权制价值的权利。这又包括了显而易见的不带感情色彩的客观中立的领域，如自然（Merchant，1980）、科学（Harding，1986）和市场（Hartsock，1984）。

也许对父权制作出激进抵制的最极端的——或最纯粹的——形式（表面上达到了全面拒斥），是独立派女性主义。在独立派女性主义中，妇女排除男人的参与，致力于创建她们自己的制度。她们这么做的理由是，男人的参与会使得社会关系趋于暴力，陷入压制和贬抑人格。在一定程度上，作为对独立派女性主义过激观念（这些观念有意忽视或否认妇女在父权制形式发展中承担任何积极的角色或职责）的反应，激进后女性主义力图对女性特质的一些方面（例如母爱）加以恢复和重新评价。而其他各种激进女性主义都倾向于否认或拒斥作为女性从属地位标志的女性特质（例如，可参见 Free-ly，1995）。激进后女性主义者为女性主义无意识的、自我挫败的后果感到担忧。这些后果妨碍与其他潜在地支持消解父权制体系这一女性主义目标的团体的交流，起不到任何促进作用（参见 Gore，1992）。例如，后女性主义者就更乐于对性感和教养给予积极评价，虽然这些品质同时也被视为在父权社会中受到了扭曲和利用。在女性主义的一些版本中，这样的品质被界定为"阴性"的通用概念（例如 Marshall，1993），虽然男性和女性二者都在一定程度上具有阴性品质。在其他版本中，被视为"阴性"或"阴性价值"者则不包含实质内容，而是被理解为历史和文化上的偶然（Flax，1990b）。后一种观点为讨论性别关系问题打开了一个空间，它颠覆了这样一种（或许是顽固的）倾向：把"女性主义"视为（并且使之边缘化为）一种专门的女性议题（Flax，1990a）。可以论证的是，这种向男性/女性问题的二元论提出挑战的立场更为接近哈贝马斯的理解，即不同种类的知识是潜在地互补的，而不是绝对不可通约的。

在管理和组织领域内，较少听到女性主义的声音，这也许是因为长期以来管理的理论与实践一直被男人和充满男子气的著述所统治（Hearn et al.，1989；Calas and Smircich，1991）。女性主义对批判组织分析的一个早期的贡献是由费格森（Ferguson，1984）作出的。费格森与韦伯的看法相反，他宣称人们可以拒绝合理化进程，并且早期女性主义的兴起显示了对科层制价值观与实践的潜在挑战。其他一些人则通过展现在工作组织内部统治和命令模式如何再生，

63

来建立并修正这一基础。然而，在批判组织理论的教科书和读本中，对激进女性主义研究成果的引用明显稀少（例如 Thompson and McHugh, 1995；Clegg, 1990；Alvesson and Willmott, 1992）。就我们所知，视野宽广并且深入彻底的女性主义分析和对管理理论与实践的性别化的批评——包括其对情绪的压抑或处理（Mumby and Putnam, 1992；Jaggar and Bordo, 1989），仍然有待发展并且确实值得期待。

概要和结论

在本章中我们考察了知识在社会中所扮演的中心角色：它阐明了我们是如何行动，并证明其正当性。无论何时（出于所有的实用意图），知识都被人们当作真理所接受——例如，当管理者做出决策或已婚妇女为微薄薪酬而工作时——人们会认为这是理所应当的：某些行动方式应得到支持，而另外一些则将受到阻碍。在这一意义上，知识是强有力的，尤其当它表现出并被理解为是中立的和具有权威性（即科学性）时。因为知识是统治的一种潜在媒介，所以它必定是批判分析的一个焦点主题。

在本章的第一部分中，我们对韦伯关于知识角色的讨论加以展开，从而挑战技术统治论的主张。于此，我们并不否认韦伯对指导人类事务中的理性价值的支持。但是，我们也对这样的观念提出争议：唯一的、权威性的价值无涉的科学有效地贬抑和压制着可供选择的替代性的科学知识与科学概念。我们介绍了布瑞尔和摩根的范式框架，以说明科学分析的多样性。这样的范式框架在突出具有不同价值基础的产生组织和管理的科学知识的方法方面，颇具启发意义。这一框架也使我们能够在更为广阔的社会科学的探索领域中给批判理论定位，并为比较和对照其他种类的"激进的"分析提供启发性的工具——劳动过程分析和女性主义理论就是明显的例子。然而，因为鼓励（"纯粹理论"的）二元观念，这一框架也和其他的事物一起受到批评。在这种二元观念中，科学家能够置身于他们的研究对象之外——不论这一对象是管理和组织世界中的事物还是表明对这一世界加以考察的文本。布瑞尔和摩根的著作有效地揭示了"功能主义科学"对管理和组织研究的强有力的控制，并且通过将其主张与其他范式加以对比，为更加激进的问题质询的类型开辟空间。然而，它却同时忽视了在不同的分析种类（或范式）之间如何作出选择这一中心议题，并且相应地也忽视了这种选择根植于被哈贝马斯称为知识构成的（knowledge-constitutive）人类兴趣之中的方式。

因此，尽管布瑞尔和摩根的框架有助于将管理和组织研究推向"激进的"分析，但它需要的是对功能主义分析的全盘肯定或全然拒斥。相反，哈贝马斯的三种认知兴趣模型则在一个更为广阔的作为潜在的解放力量的科学的批判视野之内，允许并且的确积极鼓励着包括功能主义分析在内的经验分析科学的发展。简而言之，批判理论以其对关于权力的科学的一种反思性理解，充实着对科学权力的正确评价。

基于批判理论的立场，理解社会现实（包括管理理论与实践）的核心问题，并非如何清除标准化偏见的那种科学方法。批判理论辩称，这样一种"客观性"野心是无法得到满足的，因为事实是不能与价值分开的。批判理论也不主张在"主观主义"潮流中对认识论问题的抛弃。相反，正如哈贝马斯所宣称的，不同类型的科学是镶嵌在在人类兴趣的不同类型之中的。对批判理论而言，核心论题是哪种标准化偏见会激发知识的产生。批判理论认为，对方法和目的的确认和追求或多或少是理性的，这取决于权力关系的公开度和对称性。正是通过这样的权力关系，围绕目标的决策才得以达成。相应的，较少扭曲的知识形式的发展，取决于对诸如父权制和自我主义之类的制度和心理障碍的消除。当前，正是这些障碍阻止着更进一步的公开度和对称性。

65

第三章 批判理论的发展及其主题

本章将对批判理论中心主题加以概括。然而，在一开始，我们要强调的是，聚焦于批判理论并不表明我们完全信从于批判分析传统。就像我们在之前章节所指出、并将在本章再次表明的，我们并不认为批判理论拥有对真理的垄断。否认劳动过程理论（Knights and Willmott，1990）和福柯式分析（例如，Townley，1993；1994）对管理和组织的洞见和贡献没有任何好处。但是，同样的，我们也认为批判理论为理解管理理论和实践提供了一种有价值的资源。因为这种资源被忽视了——至少，跟劳动过程分析相比是这样——所以我们在本章对它加以解释，但这并不意味着我们认为它是唯一的、甚至是最具启迪意义的智慧源泉。

基于前一章的讨论，我们首先在历史层面上将批判理论与社会哲学的批判传统相联系，例如"青年黑格尔派"所持的观念和（最重要的）马克思的激进思想。在勾勒了这样的文化和学术的历史之后，我们审视了批判理论中的很多同期性的现代主题。这些主题和管理与组织的研究相关：启蒙辩证法、单向度与消费主义、技术统治论和交往行动。最后，通过更直接地聚焦于哈贝马斯的著作，我们回顾了各种直接指向批判理论的批评——既有反对的，也有赞同的。

和前面的章节一样，我们用批判理论这一术语来指涉那些和法兰克福学派的著作紧密相关的或者是强烈赞同这些著作的学者和评论家。法兰克福学派的中心人物包括马克斯·霍克海默（Max Horkheimer）、特奥多尔·阿多诺（Theodor Adorno）、赫伯特·马尔库塞（Herbert Marcuse）、埃里克·弗洛姆（Erich Fromm），以及当代最重要的人物尤尔根·哈贝马斯（Jürgen Habermas）。批判理论的要旨中存在着这样一种关注：通过对现有制度和意识形态的组织和效率进行批判性反思的这样一个过程来形成一个更合理的进步的社会。法兰克福学派繁杂的多样性被整合于一个共同愿望之中：通过"一种非专制的和非官僚的政治"（Held, 1980：16），利用批判性推理的潜能来质疑和改变现代世界的压迫性特质。法兰克福学派的成员并没有主张要逃脱普遍存在的权力关系的调控，而是设想对已有教条进行批判性审查的可能性，并因此开创一个解放性变革的空间。①

法兰克福学派简史

早期发展

弗利克斯·维尔（Felix Weil），一个成功商人的儿子，在1920年构思了支持法兰克福学派最初成员的研究机构。作为一个法兰克

---

① 在概览性的著作中，有许多聚焦于哈贝马斯的作品。其他的还可参见：Jay, 1973；Tar, 1977；McCarthy, 1978；Held, 1980；Freidman, 1981；Honneth, 1991；Guess, 1981；Roderick, 1986；Keat, 1981；Benhabib, 1986；Fay, 1987；Ingram, 1987；White, 1988；Rockmore, 1989；Kellner, 1989；Rasmussen, 1990，等等。还有很多包含了批判理论特定方面的阐述性的文章的汇集。例如，Thompson and Held, 1982；Sabia and Wallukis, 1983；Bernstein, 1985；Wexler, 1991。

福大学的学生，维尔受到了左翼思想的启发。他说服父亲同意提供足够建立一所独立研究中心的最初的捐款。这个中心将雇用多个学科的研究者——包括哲学、社会学、经济学与心理学。最为关键的是，捐款使得这个社会研究机构比那些直接由德国国家资助的研究中心在学术上和政治上更加独立。由此，开创了一个先驱性的、成果异常丰硕的跨学科合作，它注定将产生深远的影响，尤其是在西欧和北美。

在经历了最初的少许不确定和动荡的开端之后，这个研究机构在马克斯·霍克海默到来后得到了更清晰的指引。霍克海默在 20 世纪 20 年代晚期到 20 世纪 30 年代早期担任研究机构的主事者，在他的领导下，法兰克福学派就像它逐渐为人们所了解的那样，旨在将社会科学和哲学结合成一种致力于政治和实践的社会哲学。这一使命涉及对如下主张的根本质疑：社会科学能够而且应该产生客观的、价值无涉的关于社会现实的知识（见第二章）。法兰克福学派的成员并不觉得要以发现社会行为（或者至少用这些术语穿上经验主义的外衣）中普遍的、不变的规则和类似法律的模式为己任，而是试图展示表面上"给定"的活动模式（例如，消费主义，独裁主义）怎样在具体的历史和社会情境中得以形成，以及显示这些模式的方法自身如何不可避免地被这些情境所嵌入。法兰克福学派主张，这些模式和方法应当被理解为人类历史运动的一个瞬间——而不是社会或者科学的最终形式。支持这种主张的，是一种对发达资本主义社会的固有矛盾和局限加以反思，并从中得到解放的辩证的有创见的思考（下文对此将加以讨论）。

正如我们稍后会提到的，有一条具有很强持续性的线索将法兰克福学派的指导思想和左翼黑格尔派的观点联系起来。左翼黑格尔派中最有影响的成员是马克思（见 Jay, 1973）。然而，法兰克福学派的成员没有直接和任何左翼政治的党派、计划或运动相联系。在

68 霍克海默和他的同事们的眼里，无产阶级不大可能成为社会变革的实现者。他们相信，如果说工业无产阶级曾经确实有推翻资本主义、建立真正的社会主义社会所必需的力量和视野的话，那么，现在他们早就已经被分化和削弱了。虽然法兰克福学派的成员削弱了和正统马克思主义者所说的无产阶级利益的联盟，但是却认为他们和马克思主义传统中的批判和解放意图具有一致性。但是，就像我们在前面一章提到的，他们不是聚焦于无产阶级的革命潜能，而是把注意力投向那些——对矛盾的主张、不正当的特权和现代资本主义社会的分化结果感到失望、受到压迫以及备受困惑——潜在地接受关于自治和发展责任公民的启蒙理念的重现的任何个人与所有人。

对独裁主义的批评

在 20 世纪 30 年代的德国，法兰克福学派的成员不必费力就能发现系统地抑制和阻止自治与负责任的公民社会实现的机制和意识形态。注意到纳粹主义和法西斯主义在西欧的抬头和苏联独裁主义的日益扩张，他们问道：理性为什么可能被这种非理性的信念和意识形态如此严重地腐蚀呢？霍克海默、弗洛姆和其他人将很多因素融入他们的解释：由资本主义经济危机发展出的国家主义者的斗争，到压迫性的社会关系，以及培养了独裁个性的大众体制的社会化形式（Fromm，1941；Adorno et al.，1950）。整体上带有偏见色彩的制度化的国家主义，被认为是独裁个性发展的一个条件和结果。法兰克福学派的成员认为，有这种个性的人会不由自主地构建严格的和具体的等级层次，从中获得一种强烈的身份感和安全感。驯服者和忠诚者得到提升，他们无法容忍地位的下降，将其视为惩罚。

由于纳粹控制了德国，知识分子被束缚，很多法兰克福学派的成员最终流亡到了美国。在那里，他们直接见识了最发达的资本主义民主的高度物质文明，并对其留下了深刻印象（如果不是受到创伤的话）。这种经历刺激了对消费主义自由的诱人力量的全新的批判性反思过程。法兰克福学派的成员，特别是马尔库塞和弗洛姆，越来越对大众文化的（总体化）影响产生浓厚的兴趣，尤其对大众文化的工业化生产以及新闻和娱乐的销售更是关注。特别值得注意的是，他们认为媒体对大众意识施加了麻醉和同质化的影响，这种影响抑制了反思，并且使因循守旧得以标准化。法兰克福学派的成员将令人困扰的一致性和独裁政体（他们最近才从这样的独裁政体中逃离）使用的大量宣传相等同，他们研究了由企业和国家资助的媒体在塑造人们思想、信念和需求过程中的力量（Horkheimer and Adorno，1947a；Marcuse，1964）。同时，对一些流亡的法兰克福学派的成员而言——特别是马尔库塞——新文化产业看来也有（虽然还未被承认和认识到）潜质成为教育、娱乐和提升生活乐趣的积极资源。换言之，大众媒体并未被视为具有天然的抚慰性或"邪恶性"，虽然它们能够潜在地提供强大的教育和陶冶的渠道。然而，一般人们认为，首先要有消费资本主义的商业性的和意识形态的，才可能谈及大众媒体的解放。因此，人们发现文化产业主要被当做一种逃避现实和社会控制的工具来运作。这种工具被用来颂扬娱乐、政治和商业界社会精英的价值观与权力，并使之制度化。

　　纳粹被打败之后，霍克海默和阿多诺回到了德国。而其他人，如马尔库塞则留在了美国。在 20 世纪 50 年代早期，关于现代资本主义社会中激进变革的机会，以及关于充当这种过程促进者的批判性社会科学角色的任何乐观主义都褪色了。对霍克海默和阿多诺来说，更是如此。纳粹和斯大林主义政权的恐怖完全揭露了人类是如何的野蛮和不理智。这些极权主义政体也展示了科学、技术和社会组织怎样被控制来达到毁灭性和压迫性的目标。尤其是大屠杀，以及大屠杀使用的群体毁灭技术和有效的独裁主义意识形态的传播，表明了科学和技术的发展在培育更理性的社会经济组织模式的过程中至多只是一柄双刃剑（Horkheimer and Adorno，1974a and 1974b；也见 Bauman，1990）。

批判理论的复苏

留在美国的马尔库塞对解放的可能性没有那么悲观，虽然他大体上同意霍克海默和阿多诺的"被管控的世界"的诊断。在20世纪50年代期间和60年代早期，当资本主义发展到了一个大众消费社会之时，马尔库塞（Marcuse，1955，1964）探讨了人们的内驱力、本能和愿望的塑造和升华。通过对弗洛伊德加以激进的重新解释，他确认了利比多（libido）的原始能量（Marcuse，1955）中负面的（即建设性的）潜能，指出深层本能和内驱力——性的愉悦原则——从来不能被社会的禁忌和控制力量完全驯服。马尔库塞声称，性的在生物学上的锚定，表明人们不能完全从属于大众媒体、商业和政府塑造墨守陈规者的力量。①

在战后经济的蓬勃增长和政治相对稳定的时期，人们很少注意

---

① 马尔库塞对弗洛伊德的解读没有被法兰克福学派普遍接受。尤其是弗洛姆，他是第一个结合弗洛伊德和马克思的见解的人，他不仅挑战了弗洛伊德对性和死亡本能的分析，也批评了弗洛伊德的粗糙的唯物主义和父权制的思想。弗洛姆越来越强调人类自由基础（Fromm，1961）的重要性和危险性。弗洛姆从唯物主义到存在主义的转变最终导致了他和法兰克福学派的分离，随后导致了他和马尔库塞的一次激烈论战。在和马尔库塞的激烈论战后，弗洛姆继续保持了类似的兴趣，并特意撰写那些广大读者容易接受的书（Willmott and Knights，1982；也见 Wiggerhaus，1994）。对于那些怀疑马尔库塞对利比多能力的信念和/或弗洛姆对人文主义喜好的人来说，只有美学（例如像卡夫卡和布莱希特这类作者的作品）还算是一个可能的媒介。通过它，读者的敏感性和解放的实践可能被激发（例如，Adorno，1967；Benjamin，1973）。

马尔库塞对消费资本主义的批判性分析和他对弗洛伊德的激进化的重新解释。然而，随着战后"婴儿潮"中成长起来的受过教育的一部分年轻人在政治上的激进化，人们发现马尔库塞对消费主义的分析和他对性的关注，以及 20 世纪 60 年代反文化运动中的自由主义之间存在着深深的共鸣。紧接着，由于西方的年轻富裕阶层对西方社会的空洞权益和虚假自由越来越不满意，马尔库塞的思想在支持新左派和联合运动（例如志在建立民主社会的学生运动）的发展，并使之合法化的过程中变得富有影响力。由于被普遍的刺激性、精神药物的试验所加剧，他们对单向度社会（one-dimensional society）的醒悟，在越南战争恐怖的媒体图片和对美国年轻男性而言卷入其中的艰难前景中得以形成。从 20 世纪 60 年代中期到 70 年代早期，马尔库塞的著作——特别是《爱欲与文明》（1955）和《单向度的人》（1964）——被数以万计的西方年轻人阅读（至少有人购买了）。他的关于现代资本主义社会（见下文）单向性的论文，被那些享受但是也鄙视战后连续经济增长所带来的物质富裕的一代人所接受。马尔库塞的思想引起了年轻人的共鸣。这些年轻人厌倦了（如果不是说从中觉醒的话）消费主义乐趣的肤浅性，他们已经准备好被简单的快乐和关于鼎盛权力现象的理想主义所俘虏。

　　马尔库塞的思想吸引了大量受众。这一完全出人预料的现象促使马尔库塞审视大众媒介的抚慰力量和解放前景。就像我们之前提到的那样，"工人阶级将成为解放变革的集体代理人"这一观念，早就被抛弃了；人们也没有发现直接的替代观念。马尔库塞（1969）现在开始思考处在大众消费社会边缘的人——特别是学生和其他看上去在物质上和精神上较少依赖大众商品和服务的人们——能够挑战和拒绝其价值观和物质主义生活方式的可能性。事后来看，我们可以说，马尔库塞的激进变革的希望有些过于狂热的（以及天真的）乐观——不仅是因为他没有完全领会大量替代性生活方式试验中的肤浅性和流行性（这些生活方式很少持续到大学生活以后）。此外，马尔库塞在预测和促进各种群体不断增加的"反叛"的表达形式方面——主要是和平、同性恋、女性主义和环境保护运动——值得称赞。尽管如此，公平地说（而且这或许多少有些让人惊讶），法兰克福学派的思想随后并没怎么受到欢迎或者称赞——埃里克·弗洛姆可能是个例外，他的著作一直拥有大量读者。在与马尔库塞进行了一次针锋相对的争论之后，弗洛姆和法兰克福学派疏远了（见第100页注释1）。

在接下来的二十余年中，批判理论的传统由尤尔根·哈贝马斯继续发扬。20世纪50年代，哈贝马斯担任阿多诺的助手，直到后者返回德国（见 McCarthy，1978）。在早期的这些年里，他努力想获得霍克海默的尊重和支持，后者一直反对哈贝马斯更直接地投身于20世纪50年代德国的政治实践。在德国，哈贝马斯一直力图通过接受采访（例如可参见 Habermas，1986）和在报纸上发表文章获得更多受众——例如，他参加了20世纪80年代中期在德国举行的系列讨论，主题是关于国家社会主义与大屠杀的现实和意义[1]，（重新）统一德国的过程和海湾战争的意义等。[2]

在他的祖国德国之外，哈贝马斯的影响大体上局限于他已经有很大影响的学术界之内。关于他的著作的二手文献的泛滥就是很好的证明（见注释1，Gortzen，1982；以及 Nordquist，1986），对此，本书也作出了专业方面的贡献。哈贝马斯极为不满早期批判理论著

---

[1] 英语世界的历史学家关于大屠杀的辩论的概览，见 Holub，1991，第7章。
[2] 针对德国统一和海湾战争的反思，见 Habermas，1994。

作的规范性标准缺乏理性基础，认为不过是自命不凡的说教罢了
（并且，有人会更明确地说，这些说教是由一些享有某些特权的、对
怀念过往时代的知识分子强加给社会的。在过往时代中，人文主义
思想流行，学者富有影响力）。面对这种批评，哈贝马斯着手于一个
雄心勃勃的持续性的规划，打算用这个规划来建立批判理论的理性
基础。在他最近的著作中，这一规划建立在一种推测的基础之上，
即人类交往的结构将立刻预示并激起发展更合理的社会解放冲动。
在这个更合理的社会中，交往不再被权力和统治关系所歪曲。反过
来，这一推测主要使得哈贝马斯能够提供一个更合理的基础，以支
持马尔库塞对反抗现代技术资本社会反面特质的可能性较为乐观的
译估。这与阿多诺和霍克海默后期著作中的较为悲观主义的评估形
成了对比。

　　哈贝马斯被认为是当今最有创意的和最有影响力的西方社会哲
学家，他把批评现代社会的合理性/技术统治化作为主要目标——科
学、技术、管理和专家组对公民生活世界的统治（见第一章）。哈贝
马斯对交往角色和自由对话的重要性的强调，及其主要著作的抽象、
广博和复杂的特质，使得他的著作本身不太可能拥有和马尔库塞
（以及弗洛姆）一样多的读者。马尔库塞（以及弗洛姆）直接处理
备受欢迎的试验性议题，诸如消费、自由、性等等。尽管如此，在
为各种各样的解放运动提供急需资源的时候，哈贝马斯的著作可能
具有永恒价值。我们稍后在本章中更为充分地探讨哈贝马斯的思想。
在这之前，我们首先来看看批判理论的历史传统和批判理论对解放
变革承诺的特殊性。

72

批判传统

正如我们在第一章所提到的，批判理论源启蒙运动。在启蒙运动中，基于经验主义调查研究的知识开始向由传统和宗教保护与神圣化的确定教条提出挑战（McCarthy，1978；Schroyer，1973）。受宗教改革运动的刺激，主要的启蒙思想家们（例如牛顿、笛卡儿）力图把自然世界的知识置于一个更"理性、科学"的基础之上。对科学知识的理解以及由这些思想家发展出的理性是实证主义或非思辨性（non-dialectical）的。也就是说，现实被概念化为一个非历史性的（ahistorical）对象化世界（object-world），这一世界外在地、并且独立地存在于科学家们展现这种现实的方法之外。在自然科学中，这种二元论的理解最终受到爱因斯坦和海森堡的挑战。在此之前，黑格尔辩证法已经在哲学上提供了关于笛卡儿二元论的第一个系统的西方式的质疑。然而，黑格尔对笛卡儿主义的批评只是局限在观念领域之中。直到青年黑格尔派哲学家——著名的有费尔巴哈以及后来的马克思——向黑格尔的唯心论提出挑战。青年黑格尔派认为，一个关于社会现实的辩证产物或再现的、在物质上和历史上基础坚实的概念，可以得到清晰的表述。在这样的表述中，主体和客体互相纠结，并且相互构成对方。正是这一观念，为批判理论提供了基础（参见 Horkheimer，1972）。

在批判理论家们建立左派黑格尔主义的唯物辩证法的同时，他们已经对关于新世纪的主要历史发展和知识创新的反思进行了整合。新世纪的历史发展和知识创新包括资本主义在世界范围内的扩展、法西斯主义的兴起、马克思主义向斯大林主义和毛泽东主义的退化，甚至包括对大众社会的右翼批评（Friedman，1981）。就学术而言，现象学和精神分析已经促成了对唯物主义、决定论和理性主义的左派黑格尔主义残余的批判（例如 Marcuse，1955；Fromm，1970）。批判理论面向知性传统领域的开放，最初受到了人们对正统马克思主义在深入理解福利资本主义的发展和消费主义扩张过程中所遭遇困难的正确评价的推动。尤其值得注意的是，马克思对劳动剥削的关注，已经由于对作为社会—经济统治的媒介的形象和观念——更一般地，以及交往和消费——的角色考虑不足而显得有所欠缺（Marcuse，1964；Habermas，1979；也见于第二章）。正统马克思主义受到批判理论的批评，因为它未能正确评价文化和通信形式何以能够为传播否定的潜能，或者确实为能够被动员起来（正像苏联、中国和古巴那样）创造优于成熟的革命而服务。马克思把革命视为作为社会主义改革的必备物质条件（例如一个大型的、组织完善的工人无产阶级的形成）。

简而言之，批判理论专注于揭示和纠正马克思主义分析中对文化与意识形态的相对忽视，而不仅是作出从马克思唯物主义向黑格尔唯心主义的转变或循环。正像哈贝马斯所观察或主张的，就他自己从生产向交往的焦点切换而言：

> 向着交往行动的范式转换并不意味着我愿意或必定要放弃生活世界的物质生产。我将依据资本主义积累过程来继续解释资本主义现代化的选择模型、片面合理的生活世界的相应症结。资本主义积累过程大体上与致力于使用价值的取向是背离的。（1985：96）

在此，哈贝马斯宣称了社会世界的"物质生产"的基本重要性。

73

他指出，资本主义积累过程的要求，大体上是创建现代世界的缘由所在。在现代世界中，生产行动直接指向商品的产出。商品的产出主要拥有作为一种交换手段以及资本积累的效用，而不是指向对人类幸福和发展带来直接利益（或"使用价值"）的行动。这意味着充分理解现代化的过程需要对维持"片面合理的生活世界的相应症结"并使之合理化的组织实践加以批判性分析。反之，这表明哈贝马斯对批判理论的重构为批判的管理和组织研究的发展提供了相关资源，虽然他未必将其当作唯一的批判思维的资源，甚至不将其视为最丰富的（Alvesson and Willmott, 1992）。

批判理论中的一些主题

我们现在来更详细地思考一些相互重叠的主题和论点。这些主题和论点曾经是法兰克福学派传统的中心，并且和管理与组织研究直接相关。它们包括：（a）启蒙辩证法，（b）发达资本主义社会的单向性与消费主义，（c）对技术统治论的批评，以及（d）交往行动。这里面存在着一些不可避免的主题重叠，但是如果要作出解释的话，分别对它们加以考察也很方便。

启蒙辩证法　启蒙运动的一个核心计划是用表面上更合理的思想和实践形式来批评和取代早先建立在传统、常识、迷信、宗教等基础之上的信仰体系。然而，就像我们在第一和第二章提到的，这个计划本身可能就包含着教条、依附和剥夺的全新的和凸显的形式——特别是在诉诸科学以建立统治形式并使其合法化之时。启蒙计划的矛盾——它在造成破坏和压迫的同时也催生解放和进步——在批判理论中与一种科学主义的和技术统治论意识的扩张和统治联系到一起：在这种意识的导向下，人们寻求为达到目的而采取的工具理性手段的发展。相应的目的（由价值无涉的科学）被看作是凌驾于理性评估之上的（见第二章）。

被描绘为启蒙思想实现者的科学所拥有的光明的、实证主义视角，在《启蒙辩证法》中受到了霍克海默和阿多诺（1974a）强有力的挑战。他们认为，现代文明逐渐地被单向度的、工具主义的理性概念的力量所迷惑。由于受到征服和驾驭自然的成功的欺骗，现代社会的人们被发现困陷在一张科学的网络之中。霍克海默和阿多诺指出，这张网不仅有限制性，在很多方面甚至比科学进步所要取代的前现代传统中的短视更具有毁灭性："在进步思想的最普遍意义上，启蒙运动总是以将人们从恐惧中解放出来、建立他们的主权为目标的。然而完全启蒙的地球却充斥着灾难的蔓延"（ibid.：3）。或许，这种灾难的最明显的症状就是统治自然的坚韧努力，以及对稀有自然资源的无情开发与广泛的环境破坏和污染。虽然霍克海默和阿多诺没有直接提到要把生态危机看作否定力量，但他们的分析当然对此有所指涉。对他们来说，文明注定无法避免地将我们和自然的关系工具化。①

批判理论认为，无论何时，只要科学知识不能正确理解其自身在其生产背景中的历史性嵌入，那么科学知识就会置身于现象自然化的危险之中。现象的自然化所遵循的方式是将某些现象的出现神秘化，使其超出社会之中的竞争和矛盾力量之间的动态斗争过程。就像哈贝马斯所说的，当科学被非辩证地设想和应用时，科学所具备的双重能力在效果上将蒙上意识形态的色彩：

---

① 批判理论将这种工具主义与交换准则紧密联系到一起。交换准则假定所有的东西都可以转化成（作为任何其他东西的抽象的等价物）货币。对（与资本主义的交换需求相联系的）所有现象的测量和量化，迫使质量上不同的、不相等的现象进入到数量同一的模式中。通过使用标准化的、可量化的工具，个人各自不同的定位和价值观被人们按照一套明显客观的标准和事实来加工和测量。

科学作为一种生产性的力量能以一种有益的方式工作，当这种方式受到科学的鼓舞而成为一种解放力量之时……启蒙思想没有辩证地打破这个（神话的）魔咒，反而用不彻底理性化的面纱更紧地缠住了我们，使这个世界自己摆脱了神，变为了一个神话（1974：281）。

当科学知识和解放的利益的联系被丢失或者被忘却时，科学变成了一种意识形态：一种政治和经济统治的工具。在技术统治论的形式中，科学专家有效地冻结了社会现实并使之服从于现实合法化（见第二章）。

当社会现象被自然化时，它们就被描绘为"凌驾"于人类力量之上的存在，而不是被描绘为社会和政治的史前古器物。例如，批判理论指出，如果不能正确评估信仰、观念和价值对管理者和管理过程的社会类别的界定以及使之合法化的方式，管理的理论和实践就不能被充分理解（见第一章）。批判理论认为，（管理）知识的产生，取决于权力和统治的关系。这种关系能够即刻激发和约束我们批判地反思确定"真实"的能力——诸如我们关于人和组织的知识（就像这些知识在管理学文本和管理学科中的表现，以及为管理专业学生所吸收和运用）。对于批判理论来说，很多科学和管理知识是一个辩证过程（见上文）的一种片面表达。在这个辩证过程中，对它的历史嵌入性成果的评估是模糊的。相反的，批判理论辩证的想象力图揭示和批评了管理主义主张中的矛盾。这一主张声称其理论（意识形态的）是客观的，它的（压迫性的和毁灭性的）实践是有效率的和有效益的。批判理论藉此揭示了被人们普遍接受的智慧和实践的有限性，从而展现了更具理性、更少矛盾的社会和经济发展路径的可能性。

单向度和消费主义　马尔库塞（Marcuse，1964）提出术语"单向度的人"，用以强调发达资本主义社会的组织怎样有效地打消和破坏反抗运动中的解放冲动。马尔库塞分析的核心是对消费主义的批评。马尔库塞宣称，在富裕的西方社会中，人们接受命令，纷纷成为消极的和草率的消费者，他们无从想象不同于现在的生活方式。尤其是美国，更被认为是拥有巨大生产力的社会。然而，社会发展不是被用来推动公民生活质量的改进，而是被资本主义逻辑地——或者非逻辑地——驱动着。资本主义经常散布着浪费、毁灭、肤浅的满足和传播着不必要的痛苦。[①]

批判理论的拥护者直接挑战了"大众消费实际上满足了人类需求"（见第五章）这样的传统智慧。批判理论不认为需求是由人性客观地给定的，而是将"需求"理解为由强大的力量（例如广告）所塑造——相应的塑造方式是：通过在感情上将人们作为消费者，使之束缚于拥有越来越多的商品，因而增加他们对商品社会的物质和精神依赖。马尔库塞（1969）认为，这种依赖的深度，会产生一种自我感觉。这种自我感觉被作为一种目的的消费本身所占据（如果说不是被迷惑的话），也因此"反对任何可能干预甚至消除这种依赖的每一个变革"（ibid.：19）。对于马尔库塞来说，大众消费主义

----

① 马尔库塞的分析和丹尼尔·贝尔（Daniel Bell，1974）提出的"意识形态的终结"颇有类似之处。贝尔预测了"后工业社会"的时代，在这个时代中阶级冲突和制度危机将会消失。然而，像贝尔这样的后工业社会理论家，只是对这个趋势进行了描述和赞许，而批判理论则一直反对这种发展。从批判理论的观点上看，"问题"是现代的、富裕的社会在"分配商品"上太成功了，至少对大多数人来说情况是这样。它们的成功阻止人们发展出一种批判性的观念，以远离消费主义的统治性的意识形态。对于大多数人来说，反抗或者抵制主导价值观（如果不是完全不可想象的话），是不理智的。

76　提供的娱乐形式本质上是去人性化和"压迫性的"。它们的主要效果是使人类的感觉麻木，而不是增进或者满足这些感觉。

相似的，弗洛姆（Fromm，1955，1976）认为，（有辨别能力的）消费过程能够、而且应该形成一种更快乐和更令人满意的生活的一个完整部分。然而恰恰相反，一种不断膨胀的对更多商品的"需求"破坏了这种快乐，并且持续地驱使我们满足这种消费主义的习惯。个人以同样遥远的和异化的方式"消费"着体育、电影、报纸、杂志、书籍、演讲、自然景观、社会形势、甚至其他人。就这样，其他的日常商品被消费殆尽。被异化的消费者不是积极地或者赞赏地参与这些活动，而是想"吞"掉所有的东西。通过赞美消费的自由，工业的调节力量充斥和控制着可能被用于反思或者交流的自由时间。然而，和我们前面提到的一样，人们并不认为大众媒体是不可补救地反动，或者具有压迫性。如果接受民主的控制而不是被赞美现有的价值观和实践的商业力量所驱动的话，大众媒体可能会成为教育和解放的动力。

对技术统治论的批评　技术统治论的一个明显特质就是它否认个人和社会发展过程中的伦理——或者道德实践意识（Habermas，1979：148）的适当性。人类和组织存在的目的被认为是理所应当、或是不证自明的，或者最终是被断定为毋需理性讨论的（见第二章）。在选择实现目的的手段时，伦理考量也被排除在外或者被边缘化了，因为，确定最有效的手段注定是一个纯粹的技术事务。决策被认为是专家的职责范围，因为他们被认为最了解这个领域，并且能够确定达到（表面上）既定或者应有目标的最有效率和/或最有效益的手段。①

在前一章中，我们提到：使用和/或滥用科学来渺视、而不是彰显在相互竞争的价值承诺中做出选择的担忧怎样地刺激了韦伯坚持把事实（科学）领域和价值领域分离。韦伯最担忧的是，科学不应该侵入价值或者伦理领域（或者借用哈贝马斯的术语来说，不应该向价值或伦理领域"殖民"）。然而，也正像我们提到的那样，支持"真正的社会科学是、或者能够成为单一的和价值无涉的，而不是多面的或者是政治性的"这一观念，所导致的一种矛盾的结果是：它对产生作为"积极"任务的更准确知识的限制，而这种更准确的知识又恰恰有助于确定达到现有目标的最有效率和/或最有效益的手段。视这些目标为当然或毋需讨论，只不过是要接受和复制某些集团的价值观和优先性。这些集团已经通过政治斗争，成功地将他们的目标建设为那些目标。技术统治论未能认识到，这种方式远不是无关政治的或者中立的，它本身就是由一种特殊的社会秩序构成。在这种社会秩序中，它绝非"凌驾"于伦理之上，而是将自己的"后伦理"印记铭刻于个人和社会发展的过程中（参见 Macintyre，1981）。

韦伯试图通过努力划分科学（事实）领域和价值领域来阻止技术统治论对科学的滥用（参见第二章）。相反，哈贝马斯区分了目的理性行动（以有效率和有效益地实现既定目标为导向）和交往行动（以理解为导向），并且认为前者总是被后者所嵌入，而且依赖于后者提供的规范框架。这可能是支撑哈贝马斯重构批判理论的最基本的假定。除了提供一个批评马克思的相对忽视交往的生产偏见的基础

77

---

① 普遍的看法是，这清楚地表明了科学应该做什么。而科学应该做什么又解释了为什么科学（或关于科学的普遍观念）如此紧密地和那些（声称）更具生产力的组织和管理创新方法的不断产生相联系。

（参见上文以及 Habermas，1974）之外，这个假定也将他的兴趣导向关注日常生活的相互影响和现象学（Habermas，1984）的带有中产阶级色彩的思想观念中（例如，那些由米德发展出来的思想观念）。这也表明了他为反复批评技术统治意识和（最为显著的）技术统治系统理论（Habermas，1989）所作出的不懈努力。就像我们在前面提到的那样，哈贝马斯对在社会互动和发展过程中规范框架的核心和相对自治作用的强调是他对历史唯物主义建设性批评的关键要素：

> 我想提出以下的几点："类"（the species）学习的不仅仅是决定生产力发展的技术上有用的知识，而且包括那些决定互动结构的道德实践意识。交往行动规则的发展不是对工具性和战略性行为领域变革的反应，而是在此过程中遵循着它们自己的逻辑（Habermas，1979：148）。

在这个方面，过度的唯物主义分析庇护了技术统治的趋势。例如，在苏联式的社会主义中，我们可以发现关于技术统治趋势的表达。哈贝马斯声称，技术统治论依赖于对工具理性在社会规范框架中的历史嵌入性（在下一节中会作进一步讨论）的一种否定或遗忘，它的兴盛也来源于此。技术统治意识越是促成和主导个人和社会的发展过程，人类相互作用的道德实践才能（包括科学知识的生产和应用）就越会模糊和下降。在将技术统治论描述为一种意识形态（恰恰因为它伪装成凌驾于伦理之上，而实际上并非如此）的基础上，哈贝马斯（Habermas，1971：105 - 106）提到了技术统治论的力量是怎样取决于其能力的。这种能力体现为"从交往行动的参照框架和符号互动的概念中分离出来的社会自我理解，并用一种科学模型取而代之。于是，文化上定义的社会生活世界的自我理解被目

的—理性行为和适应行为的自我具体化所取代。"在此，哈贝马斯注
意到了在西方的当代趋势中，社会的规范框架被一种技术统治的改
进目的—理性行为的亚系统的偏见所取代，如果说不是吸收的话。　
"老式"政治试图使人们运用一种关于"好生活"的既定的（经典
的）伦理资源来证明其合理性，而现代政治则更专注于有关如何维
持或者更新（资本主义的）系统要素的狭隘的工具主义路径问题。
对手段的技术统治式的集中关注取代了目标的民主辩论。哈贝马斯
认为，传统进路导向"由互动模式所界定的实际目标"。相反的，当
代的（技术统治的）政治进路"仅仅以一个被操控的系统机能为目
标"（Harberma，1971：103）。民主机构存在着，但是，这种存在实
际上使得"行政决策很大程度上与公民的具体动机相分离"（Har-
berma，1973：36）。这些机构为决策提供合法性，但是公民极少参
与关键的决策过程。

　　行政决策过程对公民具体动机的远离与其对公众的信心和支持
的腐蚀影响（自我欺骗的）结果联系紧密。旨在使资本主义系统获
得新生而制订出来的政策（例如，更严密的劳动法规或约束公民自
由的法规）可能会直接与备受珍视的中产阶级自由、平等相冲突
（例如，集会和机会的自由和平等）。在制度框架（例如，自律和信
任）之内发展起来的意义和标准有可能被系统需求（例如，削减的
公共支出和高失业率）所削弱，使得它无法支撑起压在它上面的政
治和经济负担。但是哈贝马斯也提出警告，"我们没有形而上学的保
证"（Habermas，1979：188）令这种腐蚀终止，或者令它的结果朝
向民主而不是走向技术统治。

　　为了阻止（中产阶级）民主的退化及其向技术统治的蜕变，哈
贝马斯强调了区分工具理性和交往理性的重要性，并认为必须尽可
能多地把注意力放在以**"消除交往上的限制"**（Habermas，1971：

118，黑体为原文所加）来实现制度框架的理性化上面，就像关注目的—理性行动系统的理性化那样。否则，道德和民主的前景就会被日益削弱，最后"消失在扩大我们的技术控制力量的兴趣后面"（ibid.：113）。在理想的情况下，技术统治意识的扭曲和破坏效果注定将受到在所有领域——家庭的、组织的和公共的领域中——展开交往的促进与支持行动的挑战和扭转，并且因此推动了一个民主理性社会的发展。或者，就像哈贝马斯所表述的：

> 79 　　公共的、无限制的讨论，（按照发展目的—理性行动亚系统的社会文化反响而制定的）行动导向原则和规范的适宜性与合意度免受统治影响——这种交往在政治的和政治化决策过程的所有层面上都是唯一的媒介，其中任何像"理性化"那样的东西都是可能的。（ibid.：119）

总之，由于各种目的被给定而且方法的改进变成了目的本身，所以当决策被改进方法的技术兴趣主导时，关于政治和伦理的基本问题就被边缘化了。通过凸显交往行动的首要地位，哈贝马斯的著作对技术统治提出了质疑，因为它强调制度框架的实践理性，将其当作一种被限制在工具性行动领域中的争取（技术统治的）理性化过程的资源。

交往行动　就像我们此前提到的，交往行动的概念挑战了传统上认为工具理性或者策略理性是唯一的、或者是最纯粹的关于人类理性的表达。哈贝马斯（Habermas，1984，1987b）声称所有的交往都取决于一种认识结构——例如认识到对话是真实的——这些仍然可以在互动过程中被怀疑；并且这种普遍的结构通过一种可以达成的理性共识使对话和争论的过程成为可能。他声称，嵌入交往结构的是一种"普遍的范式",这个范式预示了一种"理想的言说情境"。在这个情境中,一种关于目标的自然的理性共识会出现,并且人们追求恰当的行动模式。这个理想在实践中没有被认识到的话,交往的扭曲就会变成挫折和痛苦的强有力的源泉,正是它们持续激励着解放变革(下文将会详细讨论)。

哈贝马斯很清楚在日常生活中无论什么时候约束——以批准或者反对的形式——阻止非强迫性共识理想的实现,交往都会被扭曲和破坏。他从不认为人们已经摆脱了这些约束。因此,他的交往行动理论本身也许、而且确实很有可能被这种理论形成的背景以还没被认识到的方式改变或者歪曲。哈贝马斯提出批判的目的不是赞同纯粹理论的幻想(参见第二章),而是要以一种不要求占据真理的实用的和肯定的方式(Kortian,1980:134,着重号为原文所加),挑战和取代未经反思的、意识形态的话语。我们可以将这种批判的意图理解为参加辩论的邀请,而不是维护主题不明的结论的权威运动。

"交往行动的扭曲所造成的挫折和矛盾激发了解放行为的动力"这一论题,被当代社会运动的兴起和实验形式的表现——生态运动,和平运动,动物权利运动,等等——所证明。其中,质疑和争论的过程被强烈鼓励和推动。[1] 从新保守主义者和反对改革者的立场来看,作为一群道德退化者和天真的理想主义者,这些运动的参与者受到摒斥,他们证实和加速了中产阶级高生活标准的不断衰退,而只有稳固的领导(例如,独裁和新法西斯主义)才能扭转这种趋势。相反,在哈贝马斯看来,对标准化行为模式的质疑和对传统中产阶级规范的拒斥,是一种面对面相互影响的充满活力的生活世界的证

80

———————————

[1] 哈贝马斯著作的这一方面尤其在怀特(1988)那里得到了很好的讨论和批判性的考察。尤可参见第五章和第六章。

明。在这样的世界中，尽管存在着大众媒介的抚慰作用和接受公认智慧的压力，人们也表达和增进了批判性反思和自主决定的能力。①对公认智慧和价值观的质疑（例如，将自然环境视为处理有害垃圾的无底深坑）被认为是构造建立在交往伦理基础上的共识的先决条件。这些伦理规范不能依赖已确立的教条和原则，而必须经由一个对话过程方可形成："赢得理解的需求较少依赖于传统上免受批评的合理解释。在完全偏离中心的认识世界的层面上，由于受理性的激励，达成共识的需求必须越来越频繁地通过大胆的协议来满足"（Habermas，1984：304）。

早先我们提到了哈贝马斯关于现代性活动中的解放趋势的乐观主义观点被"每天面对面的生活逐渐被技术统治的理性所殖民化"这样的担忧所调和。为了详细说明这种担忧，哈贝马斯（1987b：151 等）对整合的"社会"和"系统"形式进行了区分。社会整合通过那些将它作为直接协调者的即时交往的相互作用来实现，它涉及决定其生活世界的规范秩序的积极的和原则上的自由参与。相反，系统整合通过要求参与者遵从某种规范秩序促成协调。这种规范秩序通过各种各样的专家和非个人化的媒介（钱、官僚规制、法律等等）向参与者施加影响。系统整合通过运用激励和制裁、而不是通过面对面的参与者积极的认可来实现。生活世界的相互交流关注"文化传统，法律秩序和社会化的个人"（ibid.：182），反之，系统媒介的运作，特别是钱和权力，促进一种：

---

① 这可能很想说明哈贝马斯对这类群体持有的观点过于乐观，并且没有充分认识到在他们自己的身份保护的顾虑中出现的对交往的限制。其中，遵从各种各样"政治更正"形式的社会压力和尊重禁忌的话题阻碍了公开的辩论。虽然这总是一种危险，但是读了他对 20 世纪 60 年代后期的学生抗议运动持高度怀疑态度的作品，又让人感到相当放心（Habermas，1971，第 2 章）。

为着可计量价值的目的理性态度，以及使之能够对其他参
与者的决策施加普遍的战略影响，同时又**避开**了共识导向的交
往过程。因为他们不仅使语言交流简单化，而且用奖励与惩罚
的符号性概括（symbolic generalization）来**取代它**，所以嵌入了
认知过程的生活世界的背景被低估，以利于媒体掌控的互动，
人们由此不再需要生活世界来协调行动。（同上：183，黑体为
原文所加）

哈贝马斯称，通过系统整合而达成的协调效果，将贬低和削弱
面对面的生活世界中的道德秩序。在维护这一系统的努力中，由于
功能理性对（在日常生活中得到发展和评价的）意义和理解的倚赖
与侵蚀，由脱离传统权威的现代主义觉醒所开启的改进生活世界理
性的可能性遭到了压制，并且仍然无法践行。例如，通过设计强势
的公司文化、甚至是通过向公民拓展（消费者）权利（例如，在英
国所谓的公民宪章运动）所形成的休闲活动的商业化，使得生活世
界的价值观被削弱和被殖民化了。即便是这种公民权利的扩大也有
可能对生活世界造成负面的影响，因为它（进一步）增强了公民作
为消极的政治和商品的消费者的意识，而不是强化现有的规范。在
公民宪章中，一系列由专家所决定的标准被强加给公民/消费者，这
些人被鼓励用这些标准来取代那些他们在生活世界中发展起来的标
准。个人越来越变为消极的角色——作为雇员/消费者/顾客/公民/
等等——这些角色主要由系统中技术的、工具的理性所塑造，而不
是形成于生活世界的实践的、交往的理性之中。

哈贝马斯认为，当生活世界被殖民化时，由于各种专家设置了
标准和包装观念，会有一个文化上的贫困化过程——哈贝马斯（同

81

上：330）首先将这种贫困化归因于"**一种精英主义的专家文化从日常生活的交往行动背景中的分离**"（黑体为原文所加）。然而，这种殖民化的过程不断遇到合法性问题。为什么？因为正像哈贝马斯所说的那样，"钱和权力既不能购买也无法强迫团结和意义"。系统理性最多能导致对新的技术统治论的行政标准的戏剧性遵从。例如，在新的技术统治论中，企业文化便是由人力资源专家所管理的（见第一章）。它并不培育将系统理性转化成有效的合作模式所需要的信任和相互尊重。由此，批判思想家的主要任务就在于揭露技术或者功能理性的不稳定根基和压迫性效果。通过这样做，就有可能打开一个空间，在这个空间中，生活世界被进一步理性化——承担这一责任的不是专家、而是那些群体与运动，正是他们以要求和支持自治与责任和价值观这种方式，挑战着专家政治，捍卫着民主。

对批判理论的批评

如果不涉及那些对批判理论的批评，就对本章加以概括，那么这就和批判理论的批判意图以及自我批评的主张无法一致了。我们可以列出很多种批评，但是当前我们还是进行了严格选择——虽然我们还将在第七章中另作讨论。在这里我们把对批判理论的批评划分为两类：一类相对于批判理论而言是"外部的"，因此所挑战的是批判理论的基本假定；另一类基本上同意批判理论，但同时也发现了批判理论进路中的一些困难。

外部的批评

对于那些认为社会现象是调查研究的中立对象，是自然科学的等价物的人来说，批判理论的主张当然是没有希望的，背负着价值包袱和政治性。批判理论被当作左派的宣传而迅速受到摒弃，被那些缺乏认识事实—价值二分的感觉和/或科学承诺的疯狂或反叛的知识分子四处散播。作为回应，批判思想家倡导对这些教条式的摒弃进行反思。然而，尽管那些反对社会科学中立性和客观性的声音不断扩大（见 Bernstein，1976），很多人仍然对那些质疑科学是价值中立主张的有力论据漠不关心或者固执己见。

有些人虽然同意批判理论对科学和社会的传统图景所持的怀疑态度，却并不接受它关于人类自治和历史发展过程的观点。他们认为批判理论的这些先入之见是一种失败的症状，即不能把握历史引擎何以要么独立于人类意识之外运转（例如，Braverman，1974），要么使批判理论意识降格为一种"认为任何正当的东西都是骗局"的愤世嫉俗（1980：546）。后一种主张的变体是：批判理论对自治和民主观念的呼吁在现代社会情境中几乎没有任何意义或作用。在现代社会中，这种 19 世纪的想法很大程度上已经行不通了（也见 Crook et al.，1992）。例如，卢曼（Luhmann，1982）就认为，哈贝马斯对技术和实践理性区分的基础是历史性的，现在它的时代已经过去了——具有讽刺意义的是，这一观念未能更充分地支持早先曾提到的哈贝马斯自己作出的审慎观察。哈贝马斯指出，"我们没有形而上学的保证（Habermas，1979：188），当代生活世界的腐蚀将不会再持续下去并且将逐渐更得完整。

从另一角度看，批判理论的成果被认为是一群心怀不满的学者的著作，这些人的特权阶级背景阻止他们对劳动人民利益的确认。对于支撑批判理论假定的历史的和精英主义的基础，有人已经提出怀疑。例如，保图摩尔（Bottomore）就曾经指出：

　　读罢法兰克福学派关于个人自治的失败的文章（特别是阿多诺和霍克海默的作品），人们很难逃脱这种印象：他们首先表达的是一个特定社会阶层的失落感，这种感觉属于受过教育的上层阶级（或者更具体一点说，是"达官贵人"），以及他们对传统的德国沙文主义的怀旧。（1984：42–3）

83

　　这种反对和那些批评哈贝马斯对批判理论的重构过多地专注于文化和意识形态问题而忽视社会的物质基础相关联（见 Roderick，1986）。哈贝马斯备受责难的原因是他对交往的专注，这些交往试图将人们的注意力从它们的前提条件——资本主义再生产活动——转移开去。正如我们在前面提到的那样，哈贝马斯通过论证生产关系由交往和特性形成过程（这一过程在唯物主义分析中并未得到充分正确的评价）所塑造并且以之为媒介，对这些批评作出了回应（Habermas，1986b：332 et seq.）。但是，对那些认为生产过程中的矛盾和斗争是社会根本变革的主要引擎的人来说，这种辩护没有什么影响。

　　后结构主义者也对批判理论提出了根本性的批评。他们质疑知识是否能从权力中分离出来，并由此拒斥批判理论为其标准化提供理性根据的主张，他们将这一主张看作是不连贯的和危险的（例如，Foucault，1980；Lyotard，1984）。批评者声称，这种主张是不连贯的，因为所有的知识形式——包括关于理想言说情境和交往行动的观念——都是权力的表达，并且不可避免地对那些将其视为事实的人施加一种征服效果。这里所要反对的，是批判理论对其前提没有充分地自我反思和自我批评——特别是它关于"自治"和"责任"对人类确实有益的假定。后结构主义的批评者声称这种观点是危险的，因为它暗示了以人文主义和解放的名义所做的事情或多或少会

免除一些（它本身的）压迫性效果。这样的风险是某种"理性"被
激发出来，对它表面上声称要揭露和去除的征服形式加以否认和神
秘化。哈贝马斯承认批判理论不能避免这种风险，以此作为对这种批
评的回应。但是，他随后又力图将话题推给结构主义者（见 Poster，
1987），邀集他们反思：倘若抛弃区分真实和虚假、理性和非理性的基
础，那么什么是更为严重的后果。哈贝马斯（192：209）辩称，"所
有有效的主张对于特定话语来说都是主观的。它们被同时吸收进盲目
发生的话题中的某一个的全体之中，并受制于这些话题中"每一个都
压倒另一个"的"冒险游戏"。哈贝马斯似乎对后结构主义者的论题
作出了建设性的回应：注意力必须放到采用特定话语的后果上，而不
仅仅是针对其主张所依据的方式。在这样做的过程中，批判理论在这
一基础上得到了辩护：区分真实和虚假的努力，与拒绝这样做和/或承
诺要展示这些区分何以"对于特定话语而言是固有的"——而不是以
某种方式作为所有话语形式的一个条件——相比（Freundlieb，1989；
Power，1990），在其明显带有保守色彩的影响中破坏性更小。

84

内部的批评

现在我们来看看那些大体上赞同批判理论的人所提出的两种批
评。首先，女性主义者批评了批判理论对父权制作为压迫的一个普
遍来源的忽视。其次，有人批评批判理论、尤其是哈贝马斯，没能
把握住人类存在的嵌入性以及与之关联的解放性变革的障碍。

激进女性主义经常关注什么是批判理论的（可获论证的）最大
盲点（Fraser，1987；Meisenhelder，1989）。它强调了将父权制理解
为一种基本的统治资源的极端重要性，并且认识到妇女运动作为反
对压迫性的、以男性为中心的价值观和实践的来源的重要性。然而，
妇女运动在这一方面的重要性时常被忽视。此外，后女性主义的观

念也和批判理论、特别是哈贝马斯对交往的强调有着潜在的相关性，因为它们察觉了被边缘化的与性别相关的征服形式，并对此形成交流（见第二章）。有意思的是，一些后女性主义者不是简单地将批判理论贬斥为"性别盲（gender blind）"，而是以承认他们共同关注的问题和试图增进各自的理解的方式，利用并且重构了关于批判理论的洞见（例如，Benhabib, 1992）。

例如，弗雷泽（1987）评论和回顾了哈贝马斯式的对"生活世界"和"系统"的区分：一方面是"生活世界"——和家庭以及私人领域紧密相连，并且逃离了技术理性所作的直接规定——另一方面是"系统"，在那里技术理性是占主导地位的，而且它和工作世界以及公共领域紧密相联（像前文所讨论的）。在某种程度上，对"生活世界"和"系统"的区分"乍看起来和经验社会现实是相符的"（ibid.：37）。至少，它承认了一种作出区分的共同经验，这一区分存在于个人领域（例如，家庭）和经济关系（例如，付薪雇佣）中更加非个人化的领域之间。但是，弗雷泽认为，正确评估这种划分何以使这些领域之间的连续性变得模糊也是很重要的——例如，通过掩盖或者拒斥这样一种状态：家庭是"一个劳动场所，虽然没有酬劳并且经常未被认识到"，这种家庭劳动大部分由女性承担（ibid）。如果这种观点被接受的话，那么就有必要——以认识男性作为家庭首长的（父权的）地位，是怎样通过优先获得作为运行"系统"的首要媒介的钱和权力来得以巩固这样一种方式，修正哈贝马斯的分析。实际上，哈贝马斯承认在紧密的、个人的关系领域之内这些媒介的存在和压迫性的影响。但是，它们明显被认为是一种"殖民力量"，而并未在现代"生活世界"的构建中形成直接影响。相反，激进女性主义者所强调的是"生活世界"和"系统"的相互依靠、相互渗透，以及男性对二者进行统治的程度："现代女性的斗争和愿望没有得到某

85

种在系统和生活世界之间划出一条基本战线的理论的充分阐明。从女性主义的立场看，在连接'系统'到'生活世界'的男性统治形式和我们之间有一条更为基本的战线"（ibid：55）。

然而，如果批判理论承认它的相比较而言的性别盲（gender‑blindness），而且激进的女性主义者准备向批判理论学习的话，那么是有可能整合它们各自的洞见和所关注的问题的（Benhabib and Cornell，1987；Luke and Gore，1992）。确实，这种批判理论和女性主义的联合被认为是必要的，如果激进女性主义不陷入后现代主义泥潭（Nicholson，1990），而且批判理论更充分地投身于当代斗争中的话。[①] 在哈贝马斯的社会交往理论中，有很明显的原因将父权制作为歪曲交往的首要媒介包括进去——不仅存在于性别关系之间，也存在于性别关系之内。因为男性和女性都努力从已有的（以及，或许还应当加上"激进的"）关于男性/女性智慧的压制性（例如"侵略性的"/"顺从的"）需求中认识和解放他们自身。

另一个受到批评的目标——有些激进女性主义者（例如，Gilligan，1982）也持有同样的受批评的观念——是批判理论对忽视了人类嵌入性的认知过程的关注。认知过程被认为在将人们从压迫性条件中解放出来的实际过程中起到的作用相对较小（Fay，1987；Keat，1981 and Lukes，1982）。这种批评汇集了那些认为批判理论夸大了意识在激进社会变革中所起作用的人们的反对（见第二章）。然而，这一批评的意图并不是要质疑意识的中心作用，而是认为意识嵌入了身体和无意识的过程中（McIntosh，1994）。费（Fay，1987）认为，压迫的力量

---

① 哈贝马斯远离意识哲学、注重语言哲学（参见下文）的转向，推动了这个任务的完成。语言哲学不是在人性本质——不论是无关性别的、男性的还是女性的——异化之中探求解放冲动的所在，而是关注（包括那些性别关系的构成在内的）相互作用是怎样在非系统的权力关系中例行公事地得以形成的。

存在于身体之中的同时，也存在于思想之中。或者，就像他所说的，"改变一个人的自我观念可能不足以改变那些深深地融入其肌肉、器官、以及骨骼中的感觉、知觉和情绪。人类不仅仅是积极的生物，他们也是具体的、传统的、历史的以及被嵌入的"（ibid.：207，209）。

这种反对所要强调的批评意见是：批判理论（思想）和解放实践（行动）之间的联系是相当松散的。一个人可能对批判理论的（理性重构）好处相当熟悉，但是这种知识或许只能对他或她的行为发挥很小的影响。在我们看来，这种批评很好地找准了目标（见第八章）。并且，正像我们在第一章和第二章提到的，这确实是一个哈贝马斯需要通过承认两种批判性反思有所不同来作出回应的批评。一方面，存在着在观念领域中进行的反思（例如，关于言说和行动的普遍设想），并且对更广泛的自我形成（转变）过程没有必然的影响。另一方面，还存在着合并且超越了"理性重构"过程的反思，以消解破坏性的思维习惯和那些未必"限制知觉和行为模式"的其他强迫性冲动，从而获得"从他自身中解放自己"的能力（Habermas，1975：183）。哈贝马斯未能成功阐明的是，重构怎样在实践中转变为批评。这个问题涉及一种更进一步的内部批评，这种批评所关注的是，批判理论中缺少一个能够取代中产阶级作为解放性社会变革行动者的另外选择。

批判理论的主要倡导者们试图从现代历史的教训中学到点什么，因此他们对中产阶级革命的前景持高度怀疑的态度。在大多数情况下，他们没有彻底否定未来被工具理性完全掌控，也并不完全怀疑那些对解放的可能性保有信心的言论。与其他更容易理解、但是也更粗糙的批判思维模式相比，哈贝马斯发展出了一种更为抽象的、但是依然模糊的渐进变革的思想。就像布瑞尔（Burell，1994：5）对哈贝马斯所作的评论，他"反对所有导致绝望的全面批判。对他来说，哲学家既是'理性的守护者'，也是人类希望的哨兵"。对于哈贝马斯而言，变革起因于虽然历经坎坷、但却不断汇集的对现代资本主义社会影响的觉醒。人们所体验到的现代资本主义社会常常表现出对个人、社会和生态的破坏性影响。哈贝马斯声称，这种不抱幻想潜在地产生抵抗和转变，对此，批判理论想提供相关的分析途径和解毒剂。哈贝马斯指出，这种觉醒潜在地促成抵抗和转变。批判理论希望为此提供相关的分析线索和矫正方法。

然而，需要说明的是，批判理论的主要流派对理性重构过程的关注程度，远远超过了对"批判思维如何契合和支持集体性的自我形成（转变）的实际过程"这一议题的探讨。由于在现代社会中管理和组织颇具重要性，所以批判理论对这些体制的悬而不论表明这一趋势存在问题。虽然如此，任何对批判理论的实践的、解放的适用性及其潜力的挥之不去的怀疑，都不应该妨碍对它在提出重要议题和为批判性反思提供启发方面所起作用的正确评价。当然，对已有常规和思维习惯的批判性反思仅能引发导致僵局的怀疑、担忧和焦虑，特别是在缺乏提出和解决这类问题的文化支撑的情况下，更是如此。但是，所幸的是，批判理论还能够有助于更进一步澄清和抵抗那些将社会上不必要的限制强加在开放交往和个人满足之上的压力。还有一点也很重要：不要对批判理论抱有过高的期望和要求——批判理论本身不能承担解放的实际工作。

结 论

批判理论的主旨在于达成如下认识：在批判反思的形式中，理性可以成为人类解放的一种媒介和刺激。批判理论的核心人物——

霍克海默、阿多诺、马尔库塞以及哈贝马斯——在对现代非理性的分析和对去除这种非理性的前景的评估中所持的见解各有不同。但是，他们在利用这种理性的转变力量去促进和指示解放性变革的可能性上有着共同观念。在试图阐明批判理论的焦点和范围的过程中，我们简要探讨了一些关于社会再生产和社会变革的相互重叠的论题和观点，表明了批判理论的目标和关注的问题直接和检验发达资本主义国家中管理和组织的发展相关。例如，对消费主义和大众媒介的影响的关注直接和分析市场营销相关（见第五章），对技术统治和工具理性的批评对于所有管理学科都有着广泛的适用性。在管理学科中，知识被改进和应用，从而对现状加以支持和更新（见第四至六章）。

最后，值得一提的是，除了极少数的例外，绝大多数社会分析的传统是高度抵制（如果说不是对抗的话）批评的。这些分析努力地忽略或者反对相应的批评。与这种情形相对照，批判理论，尤其是哈贝马斯（Habermas，1982、1984、1987a、1991）却积极地从事批评并力图从批评中学习借鉴，甚至与之合作——即使是像尼克拉斯·卢曼这种最激烈的批评者。然而，还存在着一种较为微弱的倾向（甚至是而且尤其可能是哈贝马斯本人所持的倾向），要提出这样的问题：批判理论传统何以可能被扩展和应用于对当代社会中的特定机构或广泛实践的分析之中（Forester，1982，1993）。特别是在哈贝马斯的（1984，1987b）交往理论中，如果假定金钱和权力作为殖民化和文化贫穷的关键媒介占据了中心地位，那么这种无奈的状态当然是令人失望的。因为对于批判理论的主要支持者而言，以一种更直接地聚焦于管理和组织（技术统治）领域的基础和优化理论来提供理念上的补充，看来是十分恰当的。而在管理和组织领域中，金钱和权力的媒介确实派上了极大的用场。本书其余各章的目的就

是要对此进行分析，以对这一理念作出回应。

第二部分

批判视角下的管理专业

第四章　批判性的管理概念

在本章和接下来的两章中，我们将借助在本书第一部分中提出的观念，详细介绍管理和管理专业的一种视角。我们通过对大范围的隐喻（metaphor）的讨论来介绍这一章，这些隐喻被用来发展、显现或者想象管理和组织的世界。这使得我们提出和讨论一系列关于管理的可供选择的隐喻，这些隐喻的灵感来自我们阅读批判理论的经验中：作为被扭曲的交往的管理、作为迷惑玄虚的管理、作为文化糅合的管理，以及作为殖民力量的管理。在每种情况下，在表明它们与理解特定管理专业的相关性之前，我们考察了这些隐喻和理解管理的总体联系。在第五章和第六章，我们更为直接地聚焦于一些管理的专业学科，并且尤为关注那些受批判理论影响的、对其性质和发展的理解。

关于隐喻和隐喻式理解

与社会科学一样，日常语言和政治语言中也包含着丰富的隐喻意味和隐喻式表达。例如，当丘吉尔谈到在第二次世界大战后，东西欧之间出现了一张"铁幕"的时候，他便使用了一个充满政治色彩的隐喻。同样，在第一章中，我们提到了术语 maneggiare——意思

91 是驾驭和训练马——被首次用来理解管理现象。隐喻被广泛地（以或多或少自觉的方式）使用，以便展示和/或（重）构现实："隐喻的本质是运用一件事情来理解和体验另一件事情"（Lakoff and Johnson, 1980：5）。然而，当使用隐喻被人们视为理所当然的时候（例如当人们惯常地将参照运用于组织结构之时），语言随之显现为对现实的反映，而不是提供本质上不完善的和不认真的对其指代现实所进行的描述。而且，当一个隐喻被断定是用来反映现实的时候，其替代选择的可信性也被有效地去除和减少了。

语言和隐喻的运用

由于世界是经由语言作为媒介而得以解释的，因此我们在形成现实感觉的框架和结构中有着历史和文化上的特殊方式（见第二章）。这种构架不可避免地涉及隐喻的运用。确实，"构架"和"运用"本身就是隐喻，这一隐喻被用来说明我们对很多交流的隐喻品质的理解。将隐喻作为一个关于分析的主题（而不是将其当作一种不被承认的用于分析的资源），可以强调意义是怎样得以形成的——例如，通过将组织描述为"社会"或者"战场"。由于对研究范式的评价能够拓展研究领域（见第二章），所以就根本而言，关注日常交流中隐喻的存在及其影响，将会展开一种关于"不同的隐喻如何以大致相同的方式塑造、增强和转变我们的意识和行为"的评估和讨论。

在管理和组织领域，很多隐喻被广泛但并不自觉地应用着——例如将组织描述为"机器"、"机体"和"文化"等（对这些隐喻和其他隐喻的讨论，见 Morgan, 1986）。这三个隐喻，尤其在从业者、咨询师那里得到运用和巩固，并在理论界获得合法化（例如，Burns and Stalker, 1961）。基于第一章中所讨论的原因，那些运用这些隐喻的人，总是被这样的观念所吸引：人类世界应该反映（如果不是模仿的话）那些表面上一致的、平稳进行的自然的或工程的操作过程。而他们作为这些"系统"的专业分析家或管理者，则对于这些操作过程具有主导资格。

每个管理学专业（及其分支）都将系统思考的语言作为一种修辞，以证明本专业程序和需求的重要性和（系统的）贡献。例如，《人力资源管理》教科书的作者用以下术语来阐述人事/人力资源专业的训练和发展要素：

> 训练和发展（T&D）是人力资源管理系统的一个子系统。这一子系统的主要目标是改变公司中人员的行为，以便作为一个整体的公司业绩得到改进……**被加工的输入数据是公司雇员**……你将会对这个系统的有效性感兴趣。所谓系统的有效性，指的是训练和发展系统所达到的系统目标的程度。同时，你还会对系统收益和成本之间的关系加以关注。（Klatt et al. ，1985：337，370 - 71，黑体为原文所加）

92

当我们使用机械的和有机的隐喻来研究组织时，存在着一种危险和可能：把管理的语言和观念当作一种资源来加以研究，而这些语言和观念本来应当是研究的主题（见 Bittner，1965）。单个的隐喻可能会或多或少地被认为是深奥的或是新奇的。但至关重要的是，它们植根于这个世界的特定思想和前提之中；我们对它们的认可也是和它们所充当的角色相关联的，它们所充当的角色使得特定的（权力嵌入的）世界观得以合法化和维持下去。此外，它们的使用不仅影响我们理解世界的方式，而且还影响我们维持或转变我们的行为和思维的方式。如果不对这些隐喻的形成和（广泛）使用进行批判性反思的话，那么，只能默认：研究者、学生和从业者将在他们的思想和行为中受制于使管理和组织概念化的一些主导性隐喻以及与之配套的价值取向。

隐喻式理解的缺陷

在过去的大约 15 年间，很多机敏的论辩吸引人们注意到以使用隐喻来代表和理解社会和组织现象（例如 Brown，1976；Johnson，1980；Alvesson，1993c）。与使用隐喻概念相关的一个主要问题涉及对各种隐喻（机器、组织、文化等）特征加以关注的倾向，但是并不充分留意它们被选择性地吸收和利用到管理理论和实践政治中的方式。很多隐喻是有发展可能的，虽然它们之中得到广泛使用的数量相对较少。当一个特定的隐喻被断定为"捕获"到现实的某些方面的时候，隐喻的客观属性更多地显示了促成这种属性的人或群体的价值取向与社会地位，而较少地展现隐喻和它想要捕获的现实间的任何的一致。隐喻的使用和更大议题之间的关联——涉及到现代社会中的权力、知识和责任——很少受到人们的重视，如果实际上不是被忽略的话。当隐喻的概念被包装到一个更简洁、更容易被同化的模式之中的时候，这种危险性更大。

摩根（Morgan，1986）颇有影响的畅销书《组织的想象》（*Images of Organizations*），在这方面所起的作用有好有坏。正面地看，它提供了一个关于各种不同的隐喻取向的易于理解的概览——包括一些通常没有被人们注意到的。不幸的是，它也怂恿和默许了一种非批判性的"现成的"态度：读者们被鼓励着去尝试和融汇相互竞争的参照框架以达成一个更"总体"的对组织现象的理解。为了融合我们的隐喻，摩根的超市进路（supermarket approach）将隐喻看成是一种普通拼版玩具的组成要素。摩根暗示，一个人知道或者掌握的隐喻越多，他就越发有知识或者更有力量。分析的超市态度（su-permarket attitude）不是努力评估使用和推广特定隐喻的政治和历史意义（Alvesson，1993a；Jackson and Willmott，1986；Tinker，1986），而是认为一种更完全、更综合的理解可以简单地通过纠合更多的视角到知识的手推车中来实现（见 Reed，1990）。

　　这种超市态度并不考虑隐喻何以经常处于一种冲突的、或者至少是不协调的相互关系之中（Heydebrand，1980）。例如，"根隐喻（boot metaphor）"文化观念作为一种自反性的不容置疑的过程（Smircich，1983b），就尚未和官僚机构作为独立于个体成员意愿运行的机器的形象取得相互协调。更进一步来说，"协调"经常是一个殖民化的过程（见第三章）。机械式的观念继续统治着企业文化的话语和实践。在企业文化中，价值和意义被看作是组织设计中的建材，由公司的领导策划和操控。因此，在关于 7 - S 框架发展的论述中，彼得斯和沃特曼（Peters and Waterman，1982：11）声称，"7 - S 框架事实上提醒了专业管理人员的世界，'软的就是硬的'。它使我们可以说，在本质上，'所有你们当作难处理的、不理性的、直觉的、非正式的组织加以丢弃的材料都可以管理'。"简言之，这种 7 - S 框架的"软"要素被当成了变量，后古典理论的洞见可以将这些变量变得易于预测和控制（见第二章）。

　　这并不是要否认，使用传统的隐喻可以服务于重要意图。例如，认识到一个公司作为一台机器有提供公共运输的责任，可能会强调和促进对诸多紧密相连的操作进行仔细整合，这些操作对于将乘客和他们的行李安全地和可预期地带往世界各地是必不可少的。作为乘客，我们很可能希望确证车轮被安全地装配，并且发动机得到了良好保养。但是，作为雇员和乘客，我们也不想仅仅被当作是被系统处理的数字或者商品。数字或商品被系统以某种方式进行加工处理，在这种方式中，系统被设计为"便利顾客的（customer-friend-ly）"，但只是在这些便利被视为与赢利性和/或增长量相关时。虽然也许只是极端的例子，接下来的对企业流程再造（BFR）的赞同——20世纪90年代对变革技术的那种管理——很好地吻合了这种操控思维的机械主义精神："在本质上，再造所说的是：这种强大的机器（即现代组织）——重建它，让它变得更好。并且人们也是复杂的工具，改变他们，给他们感情上和精神上的运作提供新的电路，释放出新的、更好的联系"（Leigh，1994：51）。

从批判理论的视角上看，问题在于：由功能主义的思维方式所形成的隐喻（见第二章）已经统治了组织内部和组织之间的机械式联系的产生、改进和合法化过程。

功能主义隐喻的统治地位

设计的与有机体的隐喻和这样的现象保持着密切联系：即人们总是将组织描述为强健的、稳定的、非政治的和基本上是无冲突的。这一功能主义的隐喻有效地抑制了人们对组织作为社会权力媒介以及作为所有组织成员在其维持和变革中的参与（虽然是被疏远了的）的觉察和评估。

就像西弗曼所评论的，"由于背离了行动者（即组织成员）对情势以及他们可获取的选择的定义，我们经受着使我们所构建的系统具体化的风险"（Silverman，1970：50）。或者，如哈贝马斯所论：

借助系统理论，现象……以一种独立于行动者的语言和自我理解的方式被描述。理性态度中对变革的客观化引发了一种孤立的效果，伴随着此前从参与者视角中领会到的对某一现象的每一个别的系统理论的描述，这种效果不断地得以重复。

（1991：254）

人们普遍对使系统操作具体化和使它们的"生存"获得特权的隐喻情有独钟，这并非偶然。① 就像在前面提到的，不论是故意还是默认，那些假定一致的隐喻撤换和拒绝了对更具吸引力的替代选择的使用。从批判理论的视角看来，与"再造文化"或者"涡轮增压机器"的观念相比，其他的隐喻——像专制、神秘化和殖民化，在其对现代组织的分析中更具有穿透性和更符合实际。管理理论和实践现在被否认或者无视它们模糊特质的狭小范围内的隐喻所主导。例如，在市场营销方面，最有影响的概念化是将营销当作一种"需求满足者（need satisfier）"，好像市场营销在构造它自称要满足的需求时毫无作用一样。为了评估这种未获承认的作用，就相应地需要运用其他隐喻，例如将市场营销视为操纵。将组织概念化为统治工具（Hochschild，1983），或者将其概念化为生态毁灭场所（Shrivastava，1993）驱散了传统智慧的自鸣得意，因为这些企业的"生存"和它们对人类价值的贡献之间的被假定的联系受到了挑战。

概括地说，强调各种各样的隐喻的存在，对于理解管理和组织而言，会潜在地起到积极作用。至少，在动摇那些经常被使用的隐喻所具有的显而易见并且理所当然的统治地位时，这种强调时有帮助。然而，为了评估一个隐喻的意义和局限性，有必要认识其根本

---

① 生存观念和自然选择理论有很强的联系。像很多表现出中性和单纯的词汇那样，生存的概念不是中性和单纯的。因为它唤起了自然世界的思想，在那里适应行为和部门利益无关，并且不以社会地构建的（以及可转变的）阶级、性别和种族划分为媒介。同样的，不是（研究）各种各样的组织话语和实践，而是对"组织"甚至"组织研究"的关注，倾向于将对行为、冲突和压迫等论题的考虑边缘化（Willmott，1996b）。

95 的价值取向和相关约定（参见第二章）。如果没有对权力结构以及对特定隐喻的形成和使用的批判性反思，隐喻超市（supermarket of metaphors）的引入（例如 Morgan，1986）就会诱使人们不经批判地选择熟悉的"商标"。这种商标大体上肯定、而不是挑战消费者的预想和偏见。可供选择的替代方法是形成和经验相协调的隐喻，只不过这样做是要提供一种新颖的、更具挑战性的对管理和组织现实的解释。

批判理论对管理的概念化

我们已经提及隐喻的广泛存在并认识到了使用隐喻的一些问题。接下来我们将介绍一些关于管理的主要隐喻的相应观点。为此，我们确定了一些由批判理论在阐述社会和组织现实时广泛运用的隐喻。在前面几章中，我们已有相应的概述。

扭曲交往的管理——交往和理性的工具化

就像我们在第一部分中所讨论的，管理的理论和实践总是赋予工具理性某些特权。在工具理性中，交往专注于并在很大程度上受限于手段的改进——包括"强化"企业文化——以至于对方法的关注有使自身变成目的的危险性。我们认为，当取消为完善方法而进行的关于目标的争议，目标便被视为理所当然，和/或目标被断定为不需要理性辩论。我们也提到，对方法的完善怎样不可避免地被其他方面的考虑——诸如局部（例如职业）价值和管理者的优先选择——所歪曲、妥协，以及时常被取代。然而，正式的企业语言常常是一种对表面上非政治性的工具理性的坚定的遵从。公司以及越来越多的其他组织（医院、学校等等）乐于扮演一种工具理性措辞的承担者和支持者。这在公司章程、新闻稿和年报中得到了证明。

应当清楚的是，工具理性或者它所运用的隐喻没有什么本质上是邪恶的或是令人不快的东西。相反，正像我们在第二章中所指出的，工具理性基本上是对人类有益的：通过那些可以减少不必要的分离、损害或者浪费的途径，它使我们能够组织自然的和人类的资源。当工具理性被应用于组织成员，使之达到明确的和非强迫性的一致意见时，它对人类福祉献益良多。但是，如果离开了实践理性——即由政治—伦理灌输所促成的判断，工具理性就会无从考虑其无意造成的影响，这种影响包括"外部成本"，例如，人类社会和自然环境的毁灭（Shrivastava，1993）。倘若不经批判理论的审思，工具理性就容易产生手段—目的式的糟糕情况。在这种情况下，随着时间的推移，甚至目标的相关性和价值都变成要依据可利用的手段所能达到的结果来评定。那些被断定为不符合逻辑或/和未作贡献的信念和实践都会被认为是过时的。

在现代社会中，工具理性意识形态的统治——当和其他的价值、目标和话语（例如民主的、生态的等等）相比较时，通常被假定为更高级或者更理性——对交往理性（与工具理性相比较而言）的发展起着主要的制约作用。确实，迪兹和姆贝（Deetz and Mumby，1990）曾经说过，"通过技术利益支配所达到的管理理性的合法化必定系统地产生扭曲的交往，只要所有的话语形式都要依据技术理性知识的解释来理解（即被判断为有效）。在第三章中，我们提到了哈贝马斯（1984，1987b）在他的社会交往理论中，重新塑造和详细说明了对工具理性的批评。根据这个理论，交往行为有四个条件：真实、合法、真诚、清晰。例如，如果从根本上就不断怀疑交往的真实和/或真诚，交往行为就不可能进行。在这个意义上，这四个条件

96

都是必不可少的。虽然一般来说，任何形式的交往条件都是给定的。如果不对这些条件有所预期并且给予尊重，交往将很快被破坏。这样，就可以按照和这些标准的近似程度或者歪曲程度来对交往进行评估。相应的，组织中的交往究竟是接近于信条（封闭式交往）还是接近于对话（开放式交往）也得以确定。扭曲的交往隐喻的价值在于它直接强调了自由对话的限制，正如福雷斯特所论：

> 当组织或政策被结构化，以至于组织成员没有受保护的资源来检查权威和生产的现成结构对他们所作出的要求的真实性、合法性、真诚性或者清晰性的时候，我们可能会发现这样的情形：是教条主义而不是社会学习，是专制而不是授权，是控制而不是合作，是精神涣散而不是反应灵敏。批判理论通过这种方式指出了（实践地和正常地）理解如何介入并参与议题——无论在理论上还是在实践上——的重要性是怎样被系统地构建起来的。（1983：239－40）

这一观点强调，组织不仅生产商品和服务。各种组织也是——而且更基本地是——交往媒介的生产者和再生产者。在组织之中，雇员们经常被诱使着去关注十分有限的范围内的组织活动和结果（见第一章）。确实，现代企业可以被看作是集权机构，只要它们对所有贡献的价值和相关性主要是按照顽固的"技术理性知识的模板"来进行评估（Deetz and Mumby，1990）。现代企业的再生产不是积极地促成交往互动，从而鼓励更多不同的世界观和消解传统的权威等级形式，而是倾向于要求和保持被系统地扭曲的交往（Deetz，1992a和b）。

企业流程再造的案例 最近所有为推进公司业绩而提倡的主要

思想与技术（例如追求卓越，全面质量管理，企业流程再造）的共同之处，在于同时支持对雇员进行授权和进行强势领导。通过主张稳固领导的训练将会产生更多的自治，这一循环得到了调节。或者，像彼得斯和沃特曼（1982：322）所论述的，"一系列共同的关于训练、细节和执行的价值观和规则能够提供实际自治惯常出现的框架"。换句话说，一个雇员可以自由地做他或她希望做的事情，只要这是老板想要他的雇员所希望做的（Willmott；1993a）。

我们来看看最新的管理技术：企业流程再造（BPR）。企业流程再造的特征是确定和推进新的信息和通信技术，并将其用作一种进行根本性变革的工作方式。例如，再造工作使得消费者能够和某一个别代表（single representative）/视频显示装置（VDU）操作员进行交易，这些人对消费者的要求仅需激活相关的数据库和网络，然后就可监视进程了。企业流程再造不是将组织设计成一条生产线、由一系列雇员承担一连串任务来使产品和服务得以完成，而是希望通过转变为平行处理来使劳动生产率得到涡轮增压。大体上，所有的活动随即会得到显著加快，没有成效的复制性工作将被消除（Alvesson，1994b；Grint，1994）。

虽然有"授权"和"团队"之类概念的悦耳承诺，但几乎不用怀疑的是，企业流程再造的意图是要强加和维持一种集权式的解决方案。企业流程再造的重要倡导者哈默和钱皮（Hammer and Champy，1993）宣称：

> 不言而喻，再造从来没有自下而上地发生过……再造必须自上而下的原因是在一线工作的人缺乏再造所需的视角……其次，任何商业过程都不可避免地穿越了组织界限……一些受到影响的中层管理者无疑将感到害怕：激烈地变革已有流程可能

理解管理：一种批判性的导论

会减少他们自己的权力、影响和权威。……**如果激烈变革有从下层冒上来的危险，他们可能会抵制和限制它。只有来自上层的强硬领导才能促使这些人接受再造所带来的变革。**（ibid.：207－208，黑体为原文所加）。

最近改进企业业绩的处方，例如追求卓越和全面质量管理，在人文主义的温和语言和赞同渐进变革与持续改进的员工参与中得以表达。相反，企业流程再造则由工程学的语言来描述，高级管理人员被敦促将旨在作出革命性变革的流程再造方案强加给雇员，这些雇员被"诱使"接受其要求。高级管理人员可能会通过再造短暂地包容利益的受损，但是他们必须"消灭反对者！"（Hammer in Kalggaard，1993：71）。哈默和钱皮大胆地认识到"独裁者"（而不是拥护者）的要求，这些人无情地推行再造程序，而不考虑涉及这个强迫性的组织变革方法的个人、社会甚至经济成本（Grey and Mitev，1995a）。

从批判的视角看，这些发展被理解为新生的技术专制主义。不论多么隐蔽或低调，那些由专家们根据竞争优势或产出最大化断定为有效的任何事物，都会被认为是合法的。据说，这是因为领导者们致力于改变"无从选择如何应对那些试图阻止他们努力"的状况（Hammer，1994：47）。当工具理性被提高到理性本身时，它将成为一种意识形态，这是由于，为达到这些目标而定的那些基于价值的目标和承载价值的手段，都被拒斥在反思和批判性评估之外了。

人力资源管理中的技术专制主义 人力资源管理（HRM）详细说明了一系列用来管理雇员的选择、激励和晋升（Hollway，1984；Steffy and Grimes，1992；Townley，1993）的"客观的"技术，它主要和组织的战略目标相联系（Legge，1989，1995）。人力资源专家并未——通过倡导去除阻止员工为他们自己获取知识的障碍（这对他们而言无疑是意义深远的）——触及问题的根源。相反，他们通过试图增加雇员积极性、灵活性和生产率的方式来设计工作，并为之付出报酬。在人力资源的语境中，雇员只要是有生产效率的，就是被"激励"了——不管他们所做的工作对他们个人而言有没有意义。在这个意义上，就像西弗斯（Sievers, 1986）所说的，在一个专家主宰决定着组织和工作应该怎样被设计、工作总是缺乏任何有深远价值意涵的世界里，激励观念便是一个"意义的替代品"。

在人力资源管理中，"使工作更富积极性"的观念适合于使逐个完成的社会工程（例如人际关系）合法化。作为意义的替代品，关于激励的文献允许人们通过技术的视角来解释没有意义（non-meaningful）的工作，这使得"人力资源"成为一种可由管理控制的操纵的对象（Rose, 1990）。通过系统化的遴选、招募和培训程序的设计，管理领域被人力资源专家扩展至训练雇员怎样思考和感受其工作，以及怎样更有效地工作。这些经常由咨询顾问引导的人力资源程序的目标，被置于对潜在地具有破坏性和颠覆性的外在组织价值的系统控制之下。这些外在组织价值是由雇员带入他们的职业之中的（见第一章及下文）。同样，市场营销专家当前正在推行"内部营销"和"关系营销"的观念——这种发展旨在提供一种形成和维持社会纽带的技术（也可参见第五章）。会计将他们的专业称为"商业的语言"，而他们自己则是公正的"数字监管者"或者是"图形绘制者"（也参见第六章）。

金钱和权力提供媒介，用来设计和重新设计规范，以管制雇员与其内部及外部顾客的互动（Wilkison and Willmott, 1995a）。理性被工具化了，虽然是以授权的名义甚至是以爱的名义，但涉及目标、价值和伦理的重要问题却被排除到公司议程之外了（见 Alvesson,

1987, Carter and Jackson, 1987；Reed and Anthony, 1992）。管理者个人仍然专注于职业目标和组织政治。但是，管理被公然地描述为一项公正的专业主义事务，而非政治。这样一种意识形态得以发展：在这种意识形态中，管理被看作人们是对"客观"因素作出的内行而且冷静的反应。交往行为时常被扭曲，这是由于问题被限定，而且要通过运用专业技能来解决。这里，专业技能指的被设想为致力于实现社会公益的竞争力、技艺和技术（见第一章）。

神秘化的管理——需求和理解的选择性构建与迷惑

神秘化隐喻可以用来吸引人们注意到某种方式：在这种方式中，管理者通过对象征符号和典礼仪式的精心安排，力图构建对他们自己和（或）其组织起促进作用的形象（Rosen, 1985；Alvesson, 1996）。值得强调的是，神秘化隐喻并不一定表明研究人员或者其他分析家占据了一个有利位置，这一位置允许他们优先接近和发现处在神秘气氛背后的"客观"现实（虽然一些人可能会成为这种错觉的受害者）。相反，神秘化隐喻被用来引起人们注意管理者是怎样力图塑造人们——雇员、消费者和市民——理解社会世界和参与其中的方式的。这种隐喻将管理理解为一种制度，这一制度的代理者塑造和影响着人们的信念、意义、价值和自我认识。

解放和创造的困惑　时下流行的观念允诺将管理者和雇员从传统工作模式的苦力中"解放"出来（例如 Peters, 1992）。但实际上，这些观念将一种新的控制方式强加到了雇员身上，因为它们促使雇员将他们的工作同伴当作顾客（Oakland, 1989），这些人被鼓励将解放和创造过程等同于对企业价值和目标的倾力奉献。尤其是全面质量管理的"软"版本，吸收了人力资源管理的思想。这些版本声称："全面质量管理是获取发展的整体路径的一部分……在管理和劳动中存在着巨大的待释放的能量……**这些能量使工作中的人们得以解放，并且使他们成为更加真正的自我并且更具创造性"**（Bank，1992：195，黑体为原文所加）。这些主张的根本问题是：它们将解放和创造假定为管理者施予雇员的礼物，但解放和创造却不可避免地是个人和集体努力战胜各种形式的依赖的结果。如果没有这些努力，那么将是其他人——例如管理者——来决定怎样和何时人们才是"真正的自我"，以及什么算是"更有创造性"（Alvesson，1993a）。

基诺和安东尼（Keenoy and Anthony，1992：243）认为，人力资源管理有志于像一种文化过滤器那样来工作，这种过滤器"包含了雇员的各种不确定性，强加了秩序和意义在他们身上，并且给他们提供一种可预测的、安全的、被仔细设计的和有报酬的对组织生活的理解"。然而，就像他们所看到的，组织生活（还）不是符号或文化意义的唯一来源。不仅职业和专业的亚文化可能会抵制人力资源管理的要求，而且雇员也会将公平、正义之类的（道德）观念带到工作场所中，但这些观念却未必与人力资源管理政策的内容和用来贯彻它们的步骤相容。基诺和安东尼（ibid.：249）指出，有效的管理更多地是取决于对一种具有更基本的和更连贯的道德性质的社会纽带的维系，而不是由人力资源管理顾问和实施者所构建。换句话说（将这种对人力资源管理的批评转换成哈贝马斯的语言），这种公正的专业主义的系统逻辑可能会和"生活世界"对公平和合法性的理解产生冲突。

科层制的困惑　在现代管理理论和实践中，有很多关于将官僚层级扁平化和减少（如果不是消除的话）中间管理层次的讨论。接下来我们来看看下面的例子（引自 Alvesson，1995）。在一家瑞典的电脑咨询公司，公司高层花费了相当多的时间、精力和资金来鼓励它的雇员接受公司的规范和价值观。雇员被反复告知，公司的管理层级非常扁平化，只有两个层级——分公司经理和顾问，没有中间层。公司里面的社会关系在雇员那里通常显得是没有等级的、紧密的、友好的、像家人一样的。

公司的顾问被要求对这个公司和他先前所工作的思想公司进行比较。在比较的过程中，他不断重复着包含在公司意识形态中的一些主题，特别是等级层次的相对缺乏。在他先前的工作的公司里，有一群管理人员作为他的直接上司；而在他现在工作的公司中则只有一个扁平的结构。他说，"我唯一的老板是阿尔夫（Alf，分公司经理）"。在之后的一次访谈中，研究者向他询问对任务分配施加影响的可能性。结果是，他最近的任务是斯坦（Sten）指派的，并没有人问他对这项任务是否特别感兴趣。研究者接着问，作为顾问的斯坦是否负有管理责任。得到的回答是："是的，他直接在阿尔夫的领导下工作。"这实际上表明了斯坦像一个中层管理者一样工作，他占据着作为第二长官的半正式地位。只要这位被访者——一位大学毕业和有着几年工作经验的工程师——处在考察之列，那么毫无疑问，斯坦就是他的上司。

这个案例表明了这名雇员没有充分反思"组织是扁平的"这种官方描述的合理性。或者，至少他愿意忽视"阿尔夫是他唯一的老板"这一官方观点中的异常，这种异常只需通过回想即可发现，无需任何专门训练。当然，直接提及斯坦的管理责任好像和他早先对公司的描述自相矛盾。然而，他却并未察觉到这种不一致。① 尽管对

---

① 也有可能斯坦察觉到了这种不一致，但他只是在某种程度上成功地掩盖了所察觉的事情。然而，如果赞同这种解释的话，那么就会存在（为了隐藏对在开放交往中获得拥护的公司意识形态和对外部研究者的认知）调和某种趋势和压力的困难。

这个案例的任何解释都（幸运地）可以争论，我们仍然认为它表明：持续不断地处在一系列支配性观念下，是如何造成不加反思地重复这些内容，并且确实麻痹着对那些可能潜在地破坏和揭穿其权威的经历的敏感性。[①]

消费者的困惑　也许管理中使用神秘化隐喻最明显的领域是市场营销，特别是当这一隐喻选择性地构建"作为消费者，我们的'需求'怎样被识别和满足"之时。市场营销本身作为一种技术理性的工具，是通过识别并且满足"顾客需求"的方式，来缩小生产者和顾客之间的距离的。"市场营销全然关乎交换关系的相互满足，其催化剂是生产者对更好地定义和满足顾客需求的意愿"（Baker，1987：8）。然而，具有争议的是，人类需求的性质和范围是基于社会归因和社会协商的，而不是客观地给定的（Knights and Willmott，1974/5；Willmott，1995c）。这样，市场营销就纠缠于"何为人类需求"这一问题的构建和迷惑之中，而不是简单地对给定的需求加以报告并予以回应。

我们来看一下广告图象。这些广告图象时常履行着寓意暧昧的符号功能，具有包含各种不同意义、激发各种不同冲动和欲望的能力（Leiss，1983；Sahlins，1976）。汽车和香烟的商业广告被置于一幅荒野图片的对面，或是：一只利口酒瓶被搁在一个满是手工制作家具的农舍中。围绕着这些产品的符号运用的流变，被用来鼓励个

---

① 对英国大学来说，一个更切近的关于感知麻痹的例子涉及较近时期的对所有大学院系的研究和教学表现的评价。就研究来说，所有院系的评价等级为1—5；就教学而言，评价档次分为不满意、满意或优秀。虽然最初人们对此怀有疑问和敌意，但这些评价已经逐步得以制度化。对诸大学而言，已形成了按照这些具体化的标准、而不是按照它们不同的优势、特殊倾向和弱势的区域性知识来评估院系的趋势。参见维尔莫特（1995a）和普里查德和维尔莫特（Prichard and Willmott，1997）对这些发展的更充分讨论。

人将购买这些产品和一种"需求满足"的满意水平联系起来——如地位、身份、自尊等等。特别值得注意的是，不仅市场营销，而且总体上的管理也都参与了制造神话的过程，它运用暧昧和不安全感来获取和扩大它的影响。

用来塑造和控制消费过程的群体说服技术现在正被应用于组织的"内部市场营销"任务之中。当人们提到在生产领域中，全面质量管理程序怎样试图促使雇员将他们自己看作是一条供应链中的消费者时，对操纵消费者的批评就颇为中肯了（Wilkinson and Willmott，1995a）。

这些程序处在企业施加的当代攻势的中心，通过确保对每位雇员"灵魂"的控制来提升生产力、品质和适应性（Ross，1990；见下文）——例如，通过直接介入工作文化的设计，并由此求取一种工作身份意识。其意图是：雇员应该从向这个链条中的下一个人提供的服务中、而不是从他们所做的工作相联系的意义中或乐趣中获得自尊的感觉。在这儿，顾客满意是意义的首选代理。在这样的程序中，"团队"和"顾客"的隐喻被或多或少有意地用来掩盖或者迷惑它们对统治和控制关系的影响和贡献（Kerfoot and Knights，1994）。

总之，神秘化的隐喻强调了正在进行的如下过程：对人们怎样理解不确定现象（计划、变革、行为、生产质量等等）的影响，对批判性评估怎样被拒绝、被规范或被抵制的呈现，以及"积极的"感知和态度是怎样得以发展的。为了进一步探索这方面的困惑，运用文化调和隐喻将是恰当的，这暗示着一个深深渗入自我认同的形成之中的过程。调和是一个确保人们具有"正确"定位的重要议题。

文化调和的管理——作为社会化机构的公司

文化调和隐喻将管理描绘为一种社会化的机构。社会化是一个过程，人们通过它获得、识别他们生活、生长其中的社会群体的价值观、风俗和期望。也可以将社会化定义为文化学习。文化调和在人力资源管理和启动（全面）质量管理的议程中牢牢占据了一席之地，并越来越被视为这些议程得以成功的关键（Wilkinson，1993）。在招募和发展的进程中，雇员（或多或少明确地）被告知，他们必须怎样感知和联系既定的组织现实，以及应该怎样参与组织活动。正是在组织现实和组织活动中，"正确的"价值、美德和理想得以交流。这种影响经常在下意识层面中得以发生，使得雇员们难以认识到它并让它接受批判性的审查（相关批判性讨论，见 Kunda，1992 and Willmott，1993a）。

被反复灌输到管理教育之中占主导地位的技术主义取向是这种调和的典型例子（也见于第一章）。很多对管理者的教育和训练同样、并且更多地致力于获取管理工作的"正确"（例如，自信的和"积极的"）取向。例如，人事部门专家越来越被鼓励采用人力资源管理的术语和定位——这是一个主张将人类与其他生产因素相等同、并且使之合法化的标签，它进一步侵蚀了人事专家所充当的传统的福利取向的角色（Watson，1997；Keenoy and Anthony，1992）。在市场营销领域，文化调和的隐喻强调了人们怎样被培育成（超乎一切事物的）"自主"的消费者，以至于达到了这样一种程度：大量的个人的主观因素——价值观、感受和思想——得以和消费的水平和内容相联系，并且根据它们来接受评估。

在富足的社会中，拥有和消费成为两个核心要素。伴随着市场的划分和对获取生活方式的充分强调，市场营销试图增加其吸引力并使其影响制度化，特别是当它通过对体育的赞助，以及对娱乐或教育与环境之类公益事业的贡献，表现出为公共产品（public goods）买单的时候。在教育人们如何理解生活的商业化过程中，企业和营销者强化了他们的地位，而家长和文化传统则失去了阵地（Lasch，1979）。

上个世纪中对"人类生产"的变革的历史性研究已经阐明（尤其参见 Rose，1990）。弗洛姆（Fromm，1941）和雷斯曼（Riesman，1950）将市场导向的、"受人支配的（other-directed）"的人看作是美国最为普遍的人格类型（也见于第 3 章）。这种人的特征包括具有适应性、从众心理，以及乐于追随时尚和社会变革等。在更为晚近的研究中，拉什（Lasch，1979；1984）将西方资本主义社会和杰出美国人的个性类型描述为自恋——其特点是处于不稳定水平的自尊和不断的自我怀疑的结合，在热衷社交的、自信和具有坚定信念的外表掩盖下（无论是面对自己还是面对他人）的易波动的混合（也参见 Goffman，1959）。自恋者相信（或者竭力想要相信）他或她给其他人留下的印象。然而，在自恋的中心地带，人们可以敏锐地体验到自信和自我怀疑之间的分裂：一方面是（公开表达的）满意和浮夸的感受，另一方面则是（私下抑制的）空洞的和脆弱的感受。广告和消费形象被理解为使自恋得以正常化的手段，它们刺激了浮夸的幻想，这种幻想同时唤起和抵销着不快乐和不满足的感受。拉什认为，其结果是怨恨和自卑：

> **现代广告力图推进的，与其说是自我放纵，不如说是自我怀疑。它试图创造需求，而不是满足它们；试图产生新的渴望** 而不止是消除旧的。通过使消费者身边充满了美好生活的形象，以及将它们与名誉和成功的诱惑力联系起来，大众文化鼓励普通人培养非凡的品位，将他自己等同于相对其他人来说具有特权的少数人，然后加入他们——在他的幻想中，在高雅舒适和感觉精致的生活中。然而，商业宣传同时也使他非常不满意他

的命运。通过培养宏伟的渴望，商业宣传也培养了自我贬低和自我蔑视。(1979：180—1，黑体为原文所加)

市场营销作为文化调和（社会化）的隐喻使人们注意到，当营销者影响商品需求的时候，他们是怎样影响着品位、需要、理解和义务的；他们也影响着从事生产和治理的人们，他们对个人身份的感受与他们拥有和消费的那些东西的联系越发紧密，并且取决于它们。时下关于使商品和服务适合个体消费者的态度和要求的营销观念宣称，领域营销（niche marketing）和商品定制将使得现代消费者能够表达和保护到他们的个人身份，而无需质疑大众消费的结构（例如，McKenna，1991；Pine，1993）。然而，正像拉什（Lasch，1979）所强调的，试图利用和殖民化生活世界的程序和技术本质上是存在问题和不稳定的。它们可能加剧（现代）身份的不稳定的和不固定的性质，并刺激那些挑战其合法性的阻力（例如社会运动和抗议群体）的发展，而不是为自我形成和再生产的过程发展出较为稳定的基础。

作为殖民化力量的管理——对生活世界的侵蚀

殖民化描述了这样一种方式：一系列和（在复杂系统的组织和管理中占据主导地位的）工具理性有着紧密联系的实践和认识是如何得以支配和排斥其他（在"生活世界"的日常文化媒介中显现的）实践和话语的。在"生活世界"中，人类发展出不同社会身份的有目的、有意志的主体的基本感觉（就像在第三章中所讨论的）。工具理性将这些社会现象描述为事务性的、可互换的系统要素，而不是从参与者的文化视角来理解这些现象。"系统"指涉了在现时代由金钱和（正式地基于）权力所支配的更为抽象和正式的关系结构的存在和运作。在系统的理性观念中，个人被当作是数字或者种类（例如，由资格证明所决定的雇员等级或由市场划分所决定的顾客类型）以及——更为普遍地——被当作是物体或者工具，这些物体或工具的价值就在于对"系统"的再生产。哈贝马斯（1987b：309）声称，绝大多数工作组织，"不仅和它们文化上的承诺、而且和既有个性特定的态度和取向相脱节；它们还通过对非正式的、惯例的、道德上被规定的行为情境的标准化背景加以中立化，使它们自身独立于生活世界之外"。哈贝马斯指出，"这一系统"对在生活世界之中发展出的关于自我认同和价值的感知造成了一种潜在的挑战。这是一种趋势，本章此前部分中所讨论的三种隐喻都以不同的方式予以关注。由于对当代的发展进行解释，殖民化的隐喻可视为将上述三种隐喻的洞见融汇到一个更为广阔的框架之中的尝试。

在指出由系统思想和价值观造成的生活世界的殖民化的同时，哈贝马斯认为，在发达的资本主义社会，生活世界绝大多数时候被认为是一个对系统完美属性的非理性的阻碍，或者纯粹被当作是一种将新生活吸纳到疲惫的官僚结构之中的一种资源（Willmott，1992）。这种对生活世界属性的贬低并没有被看得和不正当一样"有害"。说它不正当，是因为系统的工具理性有赖于生活世界的交往理性，即使它表现出在生活世界中发展出的理解和竞争的独立功能。至少，"系统"依赖于能够有效交流的人们，以及那些没有被限制和降低道德水准、仍然具有合作和生产能力的人们。正是由于"系统"和"生活世界"的联系被否认或者歪曲，在生活世界中发展而成的对规范和道德的敏感才被削弱和侵蚀。时下关于"商业伦理"和强化企业文化以推进授权、信任和团队工作的讨论，可以看作是一种——在很大程度上是缺乏真诚的——对其自身施加于生活世界价值观和实践的腐蚀效果的"系统"反应。

也许最明显的殖民化案例还是发生在消费领域中。在消费领域里，个人越来越受到鼓励，将"系统"形象和"美好生活"的包装等同起来。由于被迫要通过消费来得以生存，消费者接受各种各样的广告商和专家的劝告，去了解应该怎样界定他/或她的生活世界，包括休闲甚至是性别身份。对生活世界进行面对面的构建和控制的空间，已经从"系统"压力中分离出来，并逐渐变得越来越小。界定自我的意义和身份的过程，正被那些由"内行"促销员和商品、服务的包装者发展起来的技术——包括鼓励新员工用"系统"价值观（或者，至少学习如何表现出这么做的样子）替代生活世界价值观（见第一章和第八章）的教育和培训程序——加以殖民化。已设计好的、自上而下的意义，行将取代那些雇员和消费者从生活世界中带来的自下而上的意义。

每个管理专业现在都争相表明它们和殖民过程的相关性和有效性。至少在英国和美国，会计通过为个人和组织绩效提供客观、量化的测量，历史性地将它自身建设为管理控制的专业，它也正在忙于提升它和将"金钱价值"带入公共部门——如医院和学校——的相关性（Ezzamel and Willmott, 1993）。同样，信息系统（IS）的重要性日益得到提升，被当作急需引入生产和消费所有领域的事物，以便电脑可以随时调控我们日常的交易和交往的方方面面。[①] 用电脑组织和管理的数据库经常被断定为"更好"或者"更权威"（同时也更快），就像电视新闻也被广泛地认为比相应的报纸报道更为中立和更为直接。然而，对新技术的使用并不是持续不断的殖民化过程。

106

---

① 例如，有人就发现，购买旅行和保险产品的顾客更可能被说服相信"交易"的可靠性和真实性，如果这些交易是被展示在一个电脑屏幕上而不是被书写在一本小册子上的话。

卫星通信（例如传真）、特别是互联网还没有被大规模地管制（而且确实非常难以对其进行有效的管制或者监查），因此它们是各种颠覆性工具和个人间交往的（事实上的和潜在的）载体。

使雇员和消费者完全臣服于"系统目标"，可能是管理理论和实践的一个未被阐明的（虽然是有悖常理的）愿望。但令人怀疑的是，这种（专制的）想法能否得以实现。这一观念在接下来提及的英国最大的一家连锁超市的雇员的例子中得到阐明。连锁超市从个体商店和小型连锁那里抢夺市场份额并实现了扩张之后，在这个行业中出现了供不应求的市场局面。取代基于价格的竞争——对于已经建立了最大的边际利润和（或）最高运营成本的连锁来说，这当然是一个最糟糕的选择——的一个颇具吸引力的方案，是通过改善顾客服务来谋取与竞争对手的差异。在接下来的例子中，一名受训要面对顾客微笑的雇员——她工作的营业区的所有入口处的海报上都装饰着"微笑，你站在舞台上"之类的指令——评论道，"公司不得不现实一点……让你微笑当然是没问题的，但是你总不能对一个叫你愚蠢婊子的人微笑（Ogbonna and Wilkinson，1990：12）。这个公司期望它的雇员有礼貌地对待顾客，这一期望和已有的生活世界的价值观当然是一致的。在生活世界中，不讲人情、不顾礼节的行为总是被当作例外而显得不合常规。[①] 在努力传达"顾客应该被当作一个人来予以尊重，而不是被'关照'"这种理念——这种理念仅被当作保持市场份额和增进利润的一种手段——的过程中，生活世界的价值观（例如，关于品质和关怀）被有所选择地动用，以引进"顾客关怀"、"全面质量"和其他相似的东西，并使之合法化。然

[①] 就像加芬克尔（Garfinkel，1967）恶名远播的违规试验所表明的那样。在那个试验中，住在家里的学生接受指示扮演寄宿者的角色。

而，当"有礼貌地对待顾客"的观念和已有的生活世界的价值观达成广泛一致时，这个策略就受到了限制。尤其是当雇员在遭遇顾客（依据生活世界的价值观）不讲道理、甚至人身攻击的过程中，仍然被要求保持微笑的时候（也见 Van Maanen, 1991）。面对蛮横和敌视而采取礼貌、老练的姿态可能一直和保持的习俗相一致。但它同样也违反了生活世界的价值观。更普遍而言，就像哈贝马斯所说的那样，对生活世界的价值观的开发、滥用和殖民化会产生紧张和对抗：　107

> 新的冲突在系统和生活世界之间的裂缝处出现……一方面，是私人和公共领域之间的相互交换；另一方面，是经济和行政的行动系统……它在雇员和消费者、公民和政府委托人的角色中被制度化了。这些角色正是抗议的目标。作为替代选择的实践集中于对劳动力的利益激励……它也将目标定在了对服务、关系和时间的货币化之上（1987b：395）。

雇员对雇主"礼貌且老练"要求的顺从——即使在面对最严重的挑衅时——很可能是勉强和虚假的（"我微笑是因为我被要求这样做"）（见 Hochschild, 1983）。例如，当"做一个微笑店员"的指令被发布到一个人员配备不足、工作负荷过重与被顾客和雇主贬低的冲突背景中，顺从可能会消失，然后转变为怨恨。阻力起因于（可能和那些被人们感觉为强迫性的和控制性的要求相冲突的）生活世界的价值观。殖民化也会受阻，因为它自相矛盾地依赖于生活世界的中心要素的尊重和保护。如果自我形成和社会整合的进程被削弱，那么道德就会沦落，伴随着激励和合法化危机的关联风险（Habermas, 1973；1987b）。每种新的管理哲学——从科学管理到全面质量管理——在管理者试图从身体（工作的设计）到灵魂（雇员的社会化）扩展他们的统治范围时，都可看作是对各方面冲突的处理。"人们对新的管理控制技术的需求不断上升"这一事实表明，"系统"的专家通过管理对生活世界的殖民化远未获得保障或者完成。

结　论

本章所讨论的四个隐喻（或类似隐喻的概念化）——扭曲交往的管理、神秘化的管理、文化调和的管理和殖民化的管理——表明了组织和管理是如何受批判理论的启发而被概念化的。我们当然并不认为在这里运用的隐喻能够完美地反映或充分阐释组织和管理究竟是关于什么事物的。隐喻只是提供了理解社会现实的可替代选择。隐喻并未反映社会现实，甚至也没有去捕捉现实的某些方面，以便汇总之后提供一张完整的图片。我们的反隐喻（counter-metaphors）仅关注意那些经常被主流管理观念所否认或忽视的论题。我们同时也强调，神秘化和文化调和隐喻的形式虽然诱人，但它们对自我形成的问题和焦虑却只能提供暂时的和部分的解答。就像吉登斯评论的那样，当挑战一种趋势、将其影响夸大到这种程度——人们是（对他们的意识加以殖民化的）媒体权力之下的消极、无助的受害者——的时候，"在评价晚期现代性中自恋的流行的过程中，我们必须仔细地把商品化形象的世界……从个人的实际反应中分离出来……虽然商品化的影响无疑是强大的，但是它们几乎从未不加批判地被那些受它们影响的人们所接受（1991：178－9）。

我们的任何一个隐喻都为主流的管理形象提供了一个替代选择，并且为进一步的理论和实证工作准备了一个跳板。通过挑战传统智慧的权威，这些隐喻可能会激起一种对现代工作组织的更具批判性

108

的理解，并由此促进和引导它们进行解放性变革。人们有必要回忆一下，历史上的帝国主义殖民者是怎样（或迟或早地）遭遇到当地人对他们压迫性野心的抵抗的。可以期待的是，在现代社会中将发展出一个类似的对立和反抗进程，并且将从各种社会运动和抗议团体那里获取支持。这些社会运动和抗议团体的成员也对由专横的系统心态所造成的交往理性的腐蚀和扭曲深恶痛绝。这是一条共同的思路，它可以潜在地将（围绕于旨在作出根本性变革的政治议程四周的）反对团体的联盟集合起来。

109

第五章 管理专业的批判性评估之一：
组织理论、市场营销和战略管理

在本章和下一章，我们将利用先前对批判性思想、尤其是对批判理论（CT）的讨论来考察各种管理专业。受篇幅的限制，我们无法对全部的管理所属专业都进行考察。因此，我们的评论不可避免地会就其关注焦点及所涉范围而有所取舍。① 在探讨市场营销和战略管理之前，我们先来关注组织理论。由于这三个专业都非常明确关注管理的"较柔性的"、人性的一面，所以它们是联系在一起的。通常，它们都较少专注于管理的量化，也很少执着于全然客观的测量表格。在下一章里，我们将考察会计学、信息系统和运筹学的领域，那里的量化倾向会更为明显一些。

当然，我们很难在各管理专业的研究领域和研究方向之间作出严格的划分。例如，服务管理就包含了市场理论和组织理论的元素。在更注重量化的学科（如会计学和运筹学）中，由于融入了行为（组织）元素，近来已经产生了一些"软化"的方法。并且，当今朝向团队协作和网络协作发展的趋势，确实鼓励和促进了专家之间

---

① 例如，当我们在前几章讨论隐喻时，我们并没有提供人力资源管理领域所涉及的更广阔的范围，而我们的解释性说明却是从人力资源管理开始的。

更加紧密的合作，并培育着"复合型"的管理者。一般来说，从组织理论发展而来的对工作行为方面的研究，对其他管理专业的发展正产生着越来越重要的影响。

最后，值得强调的是，我们并不刻意对关于各管理专业的批判性研究、乃至对那些与批判理论所关注的问题有着深切共鸣的研究作出全面评论。相反，我们旨在对每一专业进行广泛的讨论，为那些因这些专业的传统表述而受到挫折或心怀不满的人们提供一个新的出发点，并且冀望于提供一种灵感的来源。为了重述我们在第一章中所说的内容，我们将我们的评论视作对管理理论和实践的解放形式的一种刺激，而不是对每一专业如何服从批判审查所作的权威陈述。

110

组织理论

组织理论是最基本、最具普遍性的管理专业领域。对所有管理专业来说，组织都带有地方性。并且，组织确实经常被视为管理的真正媒介（Hales, 1993）。由于组织理论已经对其他管理专业产生了最强烈的影响效果，所以它对批判管理理论而言也是最为重要的。[①]

超越古典组织理论

在第一和第二章中，我们对主流（功能主义）组织理论和实践

---

① 最明显的例子就是，布瑞尔和摩根的《社会学范式和组织分析》（1979）通过对其他专业的概念化产生的影响。

所作批评的基本轮廓已经勾勒清楚，在此我们不再重复。① 我们将简要回顾一下使组织理论从泰勒（Taylor，1911）和法约尔（Fayol，1949）所建立的古典模式中脱离出来的两种趋势。第一种趋势是：人们已经重新评价这样的信念——现代管理关注组织结构和工作实践的设计，以便消除传统和情感中具有破坏性的和违背预期目标的影响。这一趋势已经明显地表现在人际关系（Mayo，1949）和社会技术系统思想（Emery and Trist，1960）的多样化发展过程中。在梅奥、艾默瑞和特瑞斯特那里，情感被看作是确保提高承诺和效率水平的未曾利用的资源。而且，这一趋势也表现在新人际关系思想中（McGregor，1960；Argyris，1964）。新人际关系思想认为，集体目标的达到通过个体员工需求的实现得以保证，同时自尊和自我实现被拥戴为"关键的激励因素"。在组织理论最近的表现形式中，古典思想的重塑所采取的形式是建造强大的企业文化。在构造企业文化的过程中，通过发展更加"有机的"组织系统，谨慎地赔制了获得自尊和自我实现的机会（参见第四章）。将其与这一关注文化的管理焦点和充当控制的强势、有机媒介的符号体系联系起来，就在这一领域产生了敏锐的学术兴趣（Weick，1987；Frost et al.，1985，1991；Alvesson and Berg，1992）。

第二种背离古典理论的趋势伴随着一种假设的变化而产生。这

① 特别是，一直以来有很多研究突出强调权力和政治的重要角色（Frost，1980；Clegg，1989）、等级关系和对劳动过程的控制（Braverman，1974；Knight and Willmott，1990）、组织内部的意义模糊，混乱和理性的缺乏（Brunsson，1985）、社会生活和组织的主观性和解释性本质（Silverman，1970；Czarniawaka-Joerges，1992）、文化和象征主义（Alvesson and Berg，1992；Martin，1992）以及性别偏见（Mills and Tancred，1992）。有兴趣的读者可以去查阅里德（Reed，1985，1992），克雷格（Clegg，1989），尤其是汤普森和麦克休（Thompson McHugh，1995）的看法。

一假设认为，组织成员怀有共同的兴趣（例如，对科学管理原则的运用），去理解（包含了大量利益相关者，如员工、消费者、供应商、政府、法律、当地社团和财政来源等等）组织（Cyert and March，1963）。组织越来越被认为是为了"满足"多元群体的"需要"，职业管理者的任务则是保证重视这些群体的多样需求，以协调相互冲突的利益，保证维持动态的均衡。为了强调不同形式的理性甚至是"非理性"的存在，现代的组织分析已经做了很多工作（Brunsson，1985）。然而，对多元趋势的强调表明，利益相关者之间的权力关系或多或少是平等的（如果不是完全对称的话）。① 这在某种程度上忽视了多元理性是媒介和财富与影响力不平等的制度化结果，并且也忽视了多元理性是不同群体间正在进行的冲突的产物（参见第一章）。② 例如，如果从多元理性是不同群体间正进行的冲突的产物来考虑，那么建立强大的企业文化与其说是促进多元利益相关者之间平衡的一种方法，倒不如说是对遵守者的态度和价值观加以诱导的一种策略（参见第四章）。

　　为了结束对组织的多元论理解，有必要转向更加激进的立场

① 例如，福克斯（Fox，1974）已经解释了为"维持高度不平等的权力、财富和优先权的现状"作为一种复杂意识形态，从"一元论"到"多元论"的转变（同上：282）。他主张，人们普遍接受现状与其说是人们自然的一致性的表现，倒不如说是对少数人的权力形成多数人的观点和优先权的一种反映（参见第一章）。这并不只是因为雇员被迫通过出卖他们的劳动谋生，还因为有权力的少数人控制了"社会化的诸多领域，通过社会化过程而形成了墨守成规的态度和价值"（ibid.：284；还可参见第四章）。

② 管理主义的拥护者已经开始使用多元主义的分析，他们认为，冲突是功能性的，我们能够处理这些冲突。并且确定这些冲突对策划进行更有效的决策是至关重要的（Pascale，1992；Robbins，1983）。于是，组织内冲突的有限形式被描述为"多元主义"的健康标记，多元主义使管理权威合理化，并对证实工具理性确确实实是有帮助的，或者有潜在的帮助作用（参见第一章）。

（比如那些在马克思主义和激进女性主义传统中发展出来的立场）。通过展开在第二章和第三章中介绍的对女性主义思想的简要讨论，我们开始以下论述。

性别化的组织理论

就像在第二章中所概述的那样，对性别和管理的大部分兴趣起初出现于自由女性主义阵营，并主要集中在女性管理者身上（例如，根据领导风格和其他问题与男性管理者进行比较）。它包含了这样的考虑：由于反对女性出来工作的偏见和抵制情绪，使得女性在谋求管理职位时遭遇到种种困难（例如 Marshall，1984）。就像我们在第二章所指出的，这一视角受到相当大的局限：它主要关注（与那些期望成为管理者的女性有紧密关联的）组织和心理条件。尽管这种视角向偏袒男性的实践和信念提出了挑战，但是它并没有质疑企业组织更广泛的制度安排或整体逻辑（Alvesson and Billing，1992；Collinson，1990；Calas and Smircich，1992，1993）。

一个更加广阔、性别化的组织视野，使得我们理解：现代组织的各个方面，都被灌输了带有深刻性别偏见的价值观、规则、优先选择和目标。例如，这就说明了企业和公共官僚机构是如何传统地由男性把持和掌控的（Mills and Tancred，1992）。由于女性已经承担了繁衍后代的主要责任——照顾孩子以及由繁衍后代而衍生出来的其他的"逻辑规则"（Gilligan，1982），组织的很多特征可以理解为将女性拒之门外和令其举步维艰。此外，当女性适应了组织环境以及管理要求时，人们又指出了一种风险，即"服从和放弃批判意识是成功完成任务的代价"（Ferguson，1984：29）。

正像我们在前面章节中指出的那样，在批判理论和许多不同版本的女性主义思想之间有着不少相似之处，包括它们各自对工具理性（及其具有的优势）作出的批评（Alvesson and Billing, 1992; Hearn and Parkin, 1983）。然而，尽管批判理论主张，说工具理性的统治与性别无关是有问题的，但女性主义依然倾向于认为"反对官僚制的女性主义案例超出了……（对批判理论和马克思主义的'传统批判'），因为它构建的替代选择乃是基于其自身关于女性的具体的共同经历，而非基于前资本主义生活的浪漫想象或关于人性的抽象理想（Ferguson, 1984：27）。对此，批判理论作出的回应是：很多男性与很多女性一样，也经历着类似的与官僚制相关的挫折；尽管男性通常可能在官僚制组织的非人格文化中显得更加游刃有余，这也是一件喜忧参半的事情；而且，只有相对的小部分精英男性才是当前工作组织形式的主要物质受益人。有人可能还会对女性的经历和价值观的一致性提出质疑。女性在本质上是各不相同的，这不仅表现在政治观点和职业兴趣方面，而且也表现于她们在组织中所经历的不满中（Billing and Alvesson, 1994）。如果把关注点放到女性工作者最敏感的问题上，那么令人费解的是：在不考虑性别的情况下，众多员工共同的东西究竟是什么。至少在这一方面，女性主义和批判理论之间可结成更加紧密的联盟。

　　的确，近年来关于男女之间存在着明确分类的二分法的观点逐渐受到挑战（Flax, 1987）。人们已经在怀疑，这种二分法是否反映、而不是构建了因为生物性别差异而形成的截然不同的两个群体，或者是否体现了稳定的截然不同的社会化模式的存在——这些社会化模式使关于男性与女性的意义和观点更加明确。人们关于"男性气质和女性气质如何得以社会性地形成和转换"的兴趣在不断增加。性别特性及性别关系被看作是不确定和不稳定的，而不是取决于天性或历史。与这种对性别的解构形成联合，是一种不仅关于女性、而且也关于男性和男性气质的兴趣（Collinson and Hearn, 1994），这种兴趣还延伸到社会和组织进程中。正是通过社会和组织进程，女性气质和男性气质类型在企业框架内得以形成。例如，关于两性关系的比喻及笑话（Cillinson，1992；Hearn et al.，1989），以及对企业战略和领导能力的讨论，都融入了强烈的男性气质要素。这些男性气质要素有助于加强男性特性并进而再次形成组织生活中不对称的性别关系（卡拉斯和斯默西奇，1991；Hearn and Parkin，1987）。

批判的组织理论

113　　在第二章里，我们纵览了批判思维在组织研究中所采用的多条线索。在本章的以下部分，我们将聚焦于批判理论（CT）的贡献。我们将回顾一下由批判理论所作出的分析，这些分析冀望于超越那些（寻求员工对组织现象的解释）历史解释学的研究计划。此外，它还对一些支持（或许同时也妨碍）了发展和表达特定解释能力的条件进行审查。与此同时，批判理论导向的研究远离了这样一种观念，即研究者能"客观地"捕捉其他人的解释，而不是用他们自己的理解覆盖于这些发现的意义之上。尽管我们对涉及"错误的推断"和"欺骗"的轻易和危险的自大深感不安，但我们依然同意斯蒂芬和格瑞恩斯（Steffy and Grimes，1986）的观点。斯蒂芬和格瑞恩斯认为，批判理论的研究者"不是被动的观察者或者参与者"，而是"一个'重构主义者'……他在经验结构和组织成员的解释中发现了通常反映组织意识形态的虚假理性……研究者应该提高组织成员对他们所处环境的了解，并随后创造进行组织变革的条件"（同上：333-4）。一直以来，人们都认为从研究设计中消除偏见是个严重问题，现在这一问题可能会被重新解释为具有积极的作用，它们使发展对话成为可能。在对话中，关于权力如何决定解释，包括研究者在内的个体时常仅模糊意识到的问题被发现并接受批判性审查。总之，批判理论力求从根本上对组织生活进行新的理解。这种新的理解具有促成（表达和促进批判性反思与自治的）新工作模式的潜力（Benson，1977；Heydebrand，1977；Jermier，1981）。

　　受批判理论启发的组织理论主要有两个版本。第一种进路聚焦于个体意识的异化，并在（基本的人类自由和因压制性社会制度造成的对人类自由的否定之间的）冲突背景下理解人类的解放行动。第二种进路自 20 世纪 70 年代早期以来，就受到哈贝马斯的启发，这一进路从交往语用学（pragmatics of communication）发展而来（对交往语用学的违背被看作对解放行动的激发）。

人类意识的异化

　　如第二章和第三章所说，批判理论家（例如马尔库塞）主要关注的一件事情是，人们在心理上可能更加依赖现代制度并被"囚禁"其中。工作狂以及由于失业或缺少提升而带来的心理（相比于身体而言）焦虑就是这种依赖的症状。就像我们在以前章节中提到的那样，管理者对于人际关系和企业文化的管理兴趣，可以解释为通过设计法运用员工焦虑（例如，关于自尊的焦虑），以为其提供企业矫治方法的举措。

　　这一解释可以与传统的心理分析理论相对照。传统的心理分析理论认为，人类精神的非理性是人类本性所固有的。从这一视角来看，理性是一种靠不住的成就，总是容易受到无意识的动机和幻想的冲击（Freud，1917；Fenichel，1945）。而这些动机和幻想又仅仅受社会和文化环境所具有的渐弱或渐强的影响力的边缘性侵扰。与此形成对照的是，批判理论主张，文化在人类精神的发展过程中扮演了核心角色——例如，通过增加本能驱使与文明标准和约束之间的冲突，以及/或者通过加强不成熟幻想的力量（Marcuse，1955；

114 Fromm，1970）。依照这一观点，现代人所具有的神经过敏和自恋的特征与其说是对男性或女性根本心理问题的纯粹反映，倒不如说是文明的特定形式所具有的一种功能（可比较：Lasch，1979；也可参阅第四章）。

于是，站在批判理论的立场上，（合乎所谓的"理性"理想的）阻碍个人和社会生活的组织进程的困惑、焦虑和情绪混乱，大部分是在社会上和组织之中得以产生的（Forester，1980）。独裁的社会关系、糟糕的工作环境和低下的判断力——所有这些都被认为是对雇员的心理健康有害的（Fromm，1955）。上下级之间严重的不民主和不平等被认为导致了雇员的（或多或少的）依赖、焦虑和脆弱的自觉感知。正是由于这一原因，对层级和独裁关系的调和可能具有很大的危险性。这种（无意识的）倾向虽然带有被压制的愤恨情绪，但却迎合了他们的要求（Sennett，1980；Knights and Willmott，1989）。提供较少判断力和较少智力刺激的工作，与对生活的呆板态度、消极情绪以及广泛存在的保守和独裁观念被联系在一起（Kohn，1980）。不是努力净化生活环境，然后投身于变革生活环境的行动，而是形成了一种为了消极适应和实施补偿性消费而被追捧和支持的趋势。

这并不意味着人类心理的发展是朝着解放单独进行的，也不表明人类心理的发展必定要默认现状，而不管存在多大的问题。相反，与否认自主和责任相联的紧张状态被看作为个体和集体对各种统治形式的抵制提供了基础。正如我们第三章和第四章谈到的，马尔库塞（1955）认为，人类本能通常是无意识的，它潜在地反对着现代组织和社会的压制性规则。按照马尔库塞的看法，冲突来自两个方面：一方面，是现代的自我管理。它通过教育、培训和大众媒体对人们实施规划，使他们生产和消费；另一方面，是不断寻求快乐和满足的性欲驱动。当性冲动并未与压制性的升华机制的丧失发生冲突之时，在快乐方式被强加到企业服务［例如，以竞争、聚会、奖励为幌子的"喧闹（hoopla）"和提升绩效的"锣声（gongs）"的地方］，性冲动再次向现状提出挑战，并可能因此带来解放性的变革。①

　　与马尔库塞不同，哈贝马斯对太过强调本能冲动以推进解放表示怀疑。他认为，本能冲动的归属从历史和文化方面来看都是一个有待调适的过程。或者，像他所说，本能的概念"源于生活世界的意义结构，不论这些结构可能多么的初级"（Habermas，1972：256）。哈贝马斯不是专注于人类意识的异化——要么产生于对生产方式（马克思）控制的缺失，要么来源于因超我意识（弗洛伊德）的形成而对本能冲动（本我）的否定——而是将注意力转向作为所有人类理解媒介和人类自主与责任之源的**语言**：

　　　　人类对自主和责任的兴趣不仅仅是喜好，它还可以理解为一种**先验性**。在自然之外，我们能够知道的东西只有一样，那就是**语言**。通过语言的结构，自主和责任得以为我们确立。我们的第一句话就明确地表达了这样的意愿，即达到普遍而又无约束的共识。（ibid.：314）

　　在他的后期著作中，哈贝马斯通过说明如果不作出（未作清晰表达的）假定——人类是自主和负责的，而且可以预期不受强制的共识（也见于第三章），那么交往就无法进行下去。现在，我们回过头来进行在批判理论中已经受到"语言学转向"影响的管理和组织分析。

_115_

---

　　①　关于组织中色情、爱欲和愉悦的多种观点的讨论，可参见布瑞尔（1984，1992）。

作为交往互动结构的组织 作为交往行为的结构、而不是社会心理的监牢的组织分析，显示了批判理论中的一种（哈贝马斯式的）转变：它把关注的焦点从对**个体**意识的异化转向对**主体间**交往中的扭曲的考察（参见第三章）。不再假定人类拥有一种基本的自主性——这种自主性由于压制性组织结构的要求而受到阻挠和扭曲，对交往的关注焦点回避了这样的问题——在运用对人类交往基本状况的理解时，什么是人类本性中最基本的东西。接下来，批判的议题就变成：特定的交往结构是否允许这些基本状况得以充分实现，或者：权力关系——以资本主义、技术统治论、用户至上主义、男性至上主义、种族主义等形式——是否系统地阻碍了这一可能性。比如，通过这样的阻碍描绘成是天然的或功能性的，而非社会性的和束缚性的。

利用哈贝马斯关于交往互动和理性的思想，福雷斯特（Forester，1983，1989，1993）指出了四种信息误传或者交往扭曲，这对理解组织运转有着特殊的作用。他的分析关注两个维度。把这两个维度结合在一起就是图 5.1 所表示的模型：第一个维度关注的是交往扭曲的必然／未必的特征，第二个维度则关注这样的问题：这种扭曲是否是**特例**（其中，这种交往扭曲更多地与个体行为发生关联，而较少作为社会结构的一种反映），或者否是结构性／系统性的（其中，这种扭曲是特定的社会秩序所固有的）。尽管必须考虑引起交往扭曲的所有因素，但对交往互动的聚焦表明，方格 1（认知局限）对分析管理和组织理论与实践所起的作用最小，而方格 4（结构合理化）则是意义最为重大的。

116

交往扭曲的偶然性	造成交往扭曲的因素	
	社会性的**特例**（与人相关）	社会性的系统/结构因素
必然的交往扭曲	认知局限： 复杂性，随机噪声，干扰交往的个体特质 （1）	劳动分工： 由于使劳动分工合理化而导致的信息不对称，意义传输过程中出现的问题 （2）
非必然的社会性交往扭曲	人际操纵： 欺骗，讨价还价，故意不负责任 （3）	结构合理化： 对交换的垄断式扭曲，对需求的意识形态的创造 （4）

图 5.1　交往扭曲的类型（改编自 Forester，1982）

在把我们的注意引向交往扭曲的各种形式（原则上，这些扭曲是可以抵销的）上的同时，这一模型也承认解放计划中普遍存在的问题的重要性。例如，人类的情感和认知状况就为交往理性（方格 1）设置了种种限制，就像社会生活难以预测的动态性和不确定性所带来的限制一样（方格 2）。为揭露权力和扭曲之间的联系并由此促进解放性的变革，我们所提倡的的方法首先是，通过考察它们的直接特征（根据它们必要或不必要的范围）来评价经验现象；其次，在既定社会背景下检验其结构性或非结构性的特征。当我们发现这些现象在社会上并非必然，并且在结构上是非基础性的时候，对此我们一致的反应是质疑这些现象，并对事物是怎样的和应该是怎样的达成基本的一致性意见；然后，为促进对现存结构实施解放性的变革而行动。正像福雷斯特（1988：9）所表述的那样，这种观念"向任何我们感知的这些抑制的'必要性'或'自然的'或具体化的特征"提出了挑战。在此，我们拥有了意识形态批判和政治活动的传统与先前所有对行政和计划理性所有的去政治化理解之间的联系纽带。

哈贝马斯的交往理论鼓励我们时刻准备着对有问题的论断说
"不"，并且在必要时做好准备投身于挑战这种论断的交往进程之中。
理性和合法性的标准是，表述有关价值、目标和方法立场的陈述能
通过对话来确保它们的"真实性"（这些陈述很好地建立在我们确
117　认的事实基础之上吗?）、"合理性"（它们表达了可以接受的价值和
规范吗?）、"真挚性"（它们是在一种真诚的或是受控制的方式下被
谈论的吗?）和"明确性"（它们是否已经得以传播，它们能够被阐
述清楚吗?）（Forester，1993；也可参阅第四章）。可以设想一下由
哈贝马斯交往理论引导的批判组织分析的两种版本——强的版本和
弱的版本。强的版本认为，通过批判审查可以对陈述的真实性、合
理性、真挚性和明确性进行准确检验。但进行这一检验又存在一定
危险，那就是对（预先安排好的）判断的偶然状况可能没有给予足
够重视，从而由此滑入独裁主义。同样，像后现代结构主义（参见
第三章）已经警告的那样，哈贝马斯交往理论的强的版本并未鼓励
人们对其本身的预设所带来的学科影响进行反思。

因此，重要的是探究哈贝马斯的思想如何可能以一种更为弱化、
批判地注重实效的方式来得以使用。在这里，工作原理并不是要试
图消除对交往的各种扭曲，或者确实是为了要形成一种理想的交往
情境，而是为了给不断增加的有关信仰、共识和信任的交往行动开
辟一片天地，从而必须质疑和扭转使工作组织贬低、侵蚀或滥用生
活世界价值（如家庭、邻居、志愿协会等）的趋向。质疑和讨论重
要论断合理性的已获发展的能力，必然会改变那些试图以话语维持
主导和管理的精英地位的方式。这一能力还可为组织实践的批判和
改造提供一个基础（Alvesson，1996；Forester，1989，1993）。对这
一努力的支持可能来自于这样一些研究，即尽管用的是目的理性的
官方措辞，但"交互作用仍然通过相互理解的机制得以联系起来"

（Habermas，1987b：310）。对所谓的"非正式行为"，不仅存在着相当大的研究空间，而且组织的有效运作也在很大程度上依赖于它。或者，像哈贝马斯对此所作的说明："如果真正达成理解的所有过程都被排除在组织内部以外，那么我们可能就无法维持正式规范的社会关系，而且也无法实现组织目标"（ibid.）。

尽管如此，现在的趋势却是，组织剥夺了家庭和社区伦理的有效性，每个雇员都被合法地强令使他或她的价值观服从于系统权威，而在系统之中，"根本不存在通过交往方式来达成共识的**必要**"（Ibid：311，黑体为原文所加）。然而，出于同样的原因，也存在着加大以下两方面分离的管理风险：一方面，主观上什么是有意义的；另一方面，按照"行为机能上固有联系的客观意义"（ibid.），什么被认为是必须的。与这一分离联系在一起的（处在诸多因素之中的）紧张状态和认同危机，被哈贝马斯理解为产生批判反思进程的动力，而批判反思可能会质疑和颠覆为维护系统逻辑而贬低和取代由家庭和社会培育的生活世界价值观的趋势。

118

小结

批判理论所引导的组织理论同后古典组织理论一样，都强调了压制生活世界价值观（如情感和传统）所作贡献的不正当影响。但是，它也分析了组织中的权力关系如何运作以阻止公开的交流（在多少有些微妙的形式或强权压制得以应用的时候）。站在批判理论的立场上，研究组织和组织实践的目的并不简单地是为了"绘制"组织的轮廓，或是评价多种多样的（由行动者归结于他们的组织行为、或归结于——通过减少不满和道德匮乏的形式——确定提高生产率的方法的）意义。相反，它的目的是为了刺激和促进对话过程，在这一过程中，人们质疑并去除着与更强大的自主和责任的发展无法共存的话语和实践。

市场营销

  市场营销学或许是最引人瞩目、最具争议的管理专业。并且，它的学术地位也非常不稳定。例如，布朗（Brown, 1993: 28）就谈到"市场营销对学术品位的不懈追求"，以及"在以学术论等级的系统中，这一学科所具有的低下地位"。更值得注意的是，人们普遍怀疑市场营销对社会利益所作的贡献。然而，关于市场营销的可信度及其社会贡献的争论却往往发生在市场营销学的专业领域之外，或者至少发生在这一领域的边缘。确实，似乎可以公平地说，市场营销学是管理专业中自我反思最少、看来最为自满的专业之一。作为一门学科，市场营销学的理论发展通常处在较低水平（Arndt, 1980, 1985）。在理论发展的过程中，"市场营销学是否具有科学地位"这一问题每隔一段时间就会被提起。——但另一方面，它看来仅仅是为了得到一个积极的答案而争论，并进而使这一学科的主张合理化（Hunt, 1976）。不过，有迹象表明，在这虽小但是日益发展的市场营销学的弱势领域中，人们对它的批判性和反思性工作逐渐产生兴趣。①

  主流的市场营销学权威声称，市场营销学关注对消费者需要的满足（也见于第四章）。例如，科特勒（Kotler, 1976）将市场营销

---

  ① 例如可以参阅阿尔维森（Alvesson, 1994）、安德森（Anderson, 1983, 1986）、贝尔克等人（Belk at al, 1989），布朗（Brown, 1993）、费拉特等人（Firat et al., 1987），芒茜和费斯克（Muncy and Fisk, 1987），彼得（Peter, 1992）以及彼得和奥尔森（Olson, 1983）的著作。

定义为"通过交换来满足需要和愿望的人类活动"（ibid.：5）。这是一个非常宽泛而且不严密的定义，它赞成并鼓励市场营销学向社会和经济生活的各个不同领域的（殖民化）扩张（Morgan，1992）。我们对市场营销学的考察开始于对其关键主张产生疑惑的回顾与评论。随后，我们将注意力集中于消费者市场营销在社会中的关键角色。在社会中，大量资源都被信托给对产品和服务需求的管理。因为如果不这样做的话，主顾就可能很少。

119

作为交换行为科学的市场营销

市场营销理论与研究坚持其实证主义的立场，但它同时也忽视了它所研究的"客体"的历史性和政治性结构。按照布朗的观点（1993：28），市场营销学声称，它是服务于（而不是欺骗）消费者的，它低下且名誉相当不好的地位与人们对它这一声称的怀疑是紧密联系在一起的。这意味着，市场营销学始终感到必须通过采用"严密的方法"来证明它本身"比科学还科学"。这一行动已经引来批评。有人指出，大多数市场营销学是保守的、消极的、枯燥无味的，并且在概念上也吸呐了经验主义和微观经济理论（Arndt，1985）。确实，市场营销研究和主流的市场营销杂志主要关注的是经验主义和微观经济理论进路的应用及如何使其合理化。他们最为关心的是对用来衡量不断增加的变量的工具进行科学的提炼和测试，而这些工具据称能提高人们对消费者行为的预测能力。这一观点已经得到了"科学现实主义"的辩护（例如 Hunt，1990），"科学现实主义"很少去关注知识和更广泛的议题（包括历史、文化和权力问题）之间的关系（Willmott, 1996a）。①

当我们寻求矫正市场营销学对实证主义的依附时，阿尔恩特（1985）建议，从布瑞尔和摩根（1979；参见第二章）确定的非功能主义范式中发展而来的观念能使营销人员挖掘出市场营销理论和实践所忽视的各种维度，其中包括主体经历、冲突和解放力量。近年来，对这些方法的兴趣一直在慢慢地增加——特别是在对市场营销和消费者的解释性研究方面（例如 Belk et al., 1989；Hirschman, 1990）。这些不太客观的方法（如人类学方法）形成了各种形式的知识，这些知识——通过更直接地考虑消费者在决定购买何种商品和服务时表现出的实践理性——向传统智慧提出了挑战。然而，尽管出现了从市场营销知识固有的实证主义范式之中觉醒和背离的迹象，但可供替代的方法论仍未（认真地）开始对市场营销理论与研究加以重塑。

尽管以"交换行为学科"（Bagozzi, 1975：78）面目出现，市场营销学却拒绝考虑不对称的权力关系是如何调和各种"交换"的。为了捍卫市场营销学，贝克（Beck, 1987：8）宣称"市场营销学讲的就是相互满足交换关系，满足这种关系的催化剂就是生产者更好地确定和满足消费者需要的意图"。市场营销学把交换看作它的中心概念，它为人类交互作用的复杂性提供了一种极为简单的、浅显易懂的表达公式，并且不去讨论控制和经营的结构是如何形成和调节关系的。

当然，所有这些关系、包括那些最私人和最秘密的关系，都能

---

① 和经济学家、政客、商业和协会主席一样，对市场营销有研究的那些人也受到行为规则的束缚，在这一行为规则中，优先考虑最容易与可计量的测量方法联系起来的目标（Offe and Wiesenthal, 1980），尽管我们冒着缺乏远见的危险——尤其是根据生态学突变而引发的（Shrivastava, 1993；Stead and Stead, 1992）。

够用交换语言来描绘。并且,迄今为止,由于更多地把这些关系作
为研究对象并使之受到营销实践的影响——市场营销实践认为"交
换形成了市场营销研究的核心现象"(Bagozzi, 1975: 32),因此这
些关系可能确实更加紧密地遵从"真实性",也正是这种知识传达了
这些真实性(Foucault, 1977)。把社会交互作用概念化为交换的现
实,其结果就是,这些关系失去了个性并且被商品化。在这样的关
系中,个体通常受到鼓励,相互把对方看作市场中的商品并且把自
己与商品联系起来——这是(由交换理论和相关学科积极促进的)
一种发展(参见第三章)。

交换这个概念具有一定的欺骗性,因为它暗示每个个体都是独
立自主的消费者,他可以在市场中自由地挑取和选择。交换话语则
要求一种普遍意义上的人文主义和自愿主义,这进而加强了个体的
自主感觉,并为市场营销的专业意识形态提供了一个重要支撑。交
换话语的承诺是通过市场关系这一媒介,去认知和扩张个体的自由
意识。这一承诺使(在市场化交易中赋予特权或排斥参与的)不平
等的社会关系变得模糊,或者至少未能将其表述清楚。或者,像吉
登斯(1979: 272)所表述那样,交换理论的主要缺陷是它"没有把
权力纳入其中……并且倾向于维系和实用个人主义框架的关联"。借
助于(意识形态化的)交换概念,社会交互作用被描绘并被移植为
(利己主义的)党派之间相互操控的过程。其中,每个党派都各自从
这样的交易中获益。

人们已经在争论,很多在学术著作中所颂扬的市场营销方法远
远不是为了实现消费者的自主权和满足感,而是阻碍或者甚至是破
坏这一理想的实现(Jonsson, 1979)。例如,人们已经注意到,市场
营销专业的学生是如何展示这些理论和方法的——这些理论和方法
主张通过诱使消费者以一种惯常的方式(如通过鼓励品牌忠诚度)、

或以一种煽动的方式（如通过将消费冲动合理化）等等来弱化或包围消费者的意向。更明确而言，琼森（1979）对市场营销学教科书内容的审查，揭示了书中所倡导的以下几点：

- 使用不同的外在装饰，使消费者难以辨别出产品之间的更具实质性的不同。

- 使用背景音乐以分散消费者的注意力，并使其更难对售货员的建议提出相反意见。

- 通过赠送小礼品而使消费者感到内疚，这使得消费者倾向于购买商品作为回馈。

121 　　琼森（1979）主张，市场营销实践的特定形式阻止并抵消了消费者既定的需要和愿望的满足。琼森的目的是要发展更少受控、更多自主的消费模式。然而，仅仅聚焦于营销方法旨在削弱消费者自主性的倾向（这本身并没有什么问题），便引出了对市场营销和消费过程的一个有限的批评。站在批判理论的立场上，伴随着消费过程的问题不应该被局限在市场营销管理的特定形式上，而是包括了由消费资本主义精神推动的更加显著的社会动力（这一动力又促进了消费资本主义精神的发展）。更加尖锐的批评必须说明这样的问题，即消费者如何开始意识到他们的偏好，以及他们的决定是如何通过——包含了市场营销产品和服务过程的——社会过程得以形成的。

　　为了反驳对消费主义的盲目崇拜，有必要回顾一下各个群体（如环境保护论者）的存在。这些群体或多或少明确地对持续增加消费的合理性提出了质疑。加勒特（Garrett, 1987）对市场营销政策的效力进行了研究——这些政策联合抵制着那些一直进行着不道德行为（如污染环境等）的企业。加勒特的研究指出了对市场营销领域进行学术研究的一种前进方向。从这样的研究中获得的知识不仅对联合抵制的组织者有用，而且对联合抵制的其他潜在的对象（企业）

也是有意义的，因为这可能促使他们变革其运作模式，以避免那些他们不想面对的种种关注。然而，从批判理论的立场来看，加勒特的研究对联合抵制效果的重视是有限的。例如，他的研究并没有说明企业对改变其政策的兴趣是如何形成的；并且为了说明不道德的政策或组织联合抵制，他的研究也没有在那些规范立场和交往立场之间作出明确区分。虽然如此，这一研究还是指出了通过某些方式能够锻造出关于市场营销和消费主义的批判性知识，因而使市场营销人员能够摆脱狭隘的、技术性的研究和乏味的教科书的束缚。

市场营销、需求和消费主义

就像我们已经指出的那样，大部分市场营销人员——无论是研究者还是从业者——通常都假定，市场营销理论和实践主要服务于消费者的利益，因此对个体和社会的福利作出了贡献。直观而言，一个人可能的确希望消费量的增加将促进满意度的增加。然而，如果我们假定一个生活舒适的物质标准，那么消费量的增加是否带来持久的幸福感和不断增加的满足感肯定是有争议的。很多对富有国家的调查表明，事实并非如此（Scitovsky, 1976；Wachtel, 1983；等等）。这些研究表明，当物质生活标准充分提高时，满意度的水平并没有增加，甚至可能会下降。

对这一悖谬现象的一种解释是，很多消费者努力满足的所谓的"需求"是未经思考地产生的。对产品和服务的需求可能是由于其他人而引起的，这些人有意向我们建议，除非我们满足了本属于我们的需求（可能是物质的或是象征性的），否则我们的生活或自我认同感就是不完全的或是贫乏的。对此，彭德格拉斯特（Pendergrast, 1993）特别提到，可口可乐在1990年足球世界杯决赛球场中央的广告牌被世界范围内的250亿电视观众看到；另外，可口可乐公司在

122

1988 年奥林匹克运动会上投入的宣传推广费用是 8000 万美元。"不管是什么运动——曲棍球、篮球、排球、体操、相扑摔跤、摩托车追逐赛，可口可乐几乎对世界上每个国家的运动都给予赞助"（ibid.：389）。这种行动的结果加强了这样的一种观念，即这种商品的消费不仅是值得的和时尚的，而且也是完全正常的。这一例子给我们带来的信息并不是商品的消费满足了一种物质需求（对这些需求，还有很多更加便宜的替代品），而是消费是在一种令人格外满意（身份提升）的方式下进行的。

雷斯（Leiss, 1978）认为，大众消费社会——这种消费社会是由其最大的拥护者市场营销人员所促成的——导致了随后的心理问题："需求"的分裂和不稳定；难以把"需求"和商品的性能匹配在一起；不断加剧的对更为基本的需求和愿望的忽视。例如，当可口可乐或里维斯（Levis）牛仔裤把产品与年轻人或者至少看起来显得年轻的人们的"需求"联系在一起时，便产生和加强了需求（温暖的衣服）和商品（牛仔裤）之间的虚构的联系。对衣食的"需求"开始与时尚和年轻的形象（和价值）更加紧密地联系在一起，而不是与免受自然环境的伤害或减轻口渴的效用联系在一起。在这样的方式下，由于人们夸大了不朽的理想，所以商业力量在很大程度上凭借着人们被压抑的对年老和死亡的恐惧得以形成（Willmott, 1995c）。

根据批评家的评论，广告所带来的负面效应包括：对社会（例如性别）陈规的强化、语言的琐碎；对一致性的促进、社会竞争、妒忌、焦虑和不安全感；渴望新奇和年轻而不尊重传统（Pollay, 1986；也可参阅 Holbrook, 1987 和 Pollay, 1987 关于这一论题的争论）。正如学者所指出的，对把消费看作商品的关注本身导致了道德上的真空，广告同时又坚称能填补这一真空。由于各种愿望被不断地激起和利用，人们变得更加愤世嫉俗（例如，他们变得习惯于不完备的信息、真假参半的陈述或欺骗），更加不理性（例如，他们变得对消费表现出一种强迫症症状），更加贪婪和自恋（参见第四章）。① 其他的努力和愿望（比如个性、团结）或是与刺激占有欲的个人主义以及资本积聚过程相冲突，或是抵制这一过程。它们注定是肤浅、天真的，或者以其他的方式被边缘化。拉什指出：

> （消费的宣传材料）把自己呈现于现代生活的精神孤独之中，并企图把消费当作治疗方法。它不仅承诺减轻所有过去承受的苦恼；它还导致或加剧了苦恼的新形式——个人的不安全感、身份地位的焦虑、父母能否满足年轻人需要的能力焦虑。站在邻居旁边，你看起来寒酸吗？你的车比邻居的车差吗？……广告使嫉妒及其附属品——焦虑——得以制度化。（1979：73）

123

通过大众传媒（并且，最近是通过更加精选的对象，如发送个性化的邮件）而做的广告，在刺激消费及使消费合理化的过程中扮演了核心角色 [参见（Harms and Kellner, 1991）就批判理论和广告所进行的讨论]。通过对复杂的广告和市场营销技术的使用，大量（大规模）消费商品和服务总是被看作是对普遍的不安全感、挫折感、迷惑和生活无意义感的解答——或许是唯一的解答。消费成为"困境"。通过抑制更具价值理性的消费，这一困境（虽然只是暂时

---

① 例如，《观察者》（*Observer*，1994 年 10 月 16 日）报道，对《企业》杂志 1000 名读者的调查显示，"提供的多种选择中，如用 2000 美元买衣服、工作提升、度假、陷入爱河以及减肥，多数人将优先选择购物"。

地）减轻了关于存在的痛苦——而原本不必经受这样的痛苦（见下文）。根据满足的短暂属性，以及（更为根本地）根据困境对它努力加以缓和的那些感觉的强化，评判这一困境的效用很明显是可以实现的。但是，从传统的市场营销学立场来看，这两种影响当然都应该受到重视，因为正是它们使得消费和积累的轮子得以持续运转。

当市场营销学获得尊崇并被制度化时，它开始被应用到人类生存的越来越广阔的领域。由于市场机制成为监控和评估社会关系的首选方法，所有社会关系都成为这一学科潜在的研究对象。正如摩根所观察到的：

> （它包含了）社会关系的货币化和商业化。在这个世界中，市场营销学能告诉我们"每一样东西的价格，但却不能告诉我们任何东西的价值"！任何东西都能在市场上交易，它不必是非常显而易见的商品和服务；它可以是"好的理由"、"政治党派"、"观念"等。整个世界都是一个市场，我们是这巨大糖果店里的消费者。休息一下，享受它吧！（1992：142-3）

市场营销学的理论和实践产生的最重要的影响不是让个体购买一种**特殊**的产品或服务。相反，它更重要和难以捉摸的影响是建立了这样一种**普遍化的理解**，即越来越顾客化和个性化的消费是完全正常的，并且毫无疑问地是令人满意的。如范泽斯通（Featherstone）所说：

> 在当今的消费者文化（生活方式）内部暗含了个性、自我表达和风格上的自我意识。一个人的身体、衣着、言谈、休闲、吃喝爱好、家庭照料、假日选择等等，都被认为是所有者/消费

者的时尚感和个性嗜好的指示器。（1991：83）

　　在这一点上，市场营销学被认为是社会控制的有力而诱人的力量。它所产生的普遍影响是，将大众消费作为我们的意识和自我认同感的中心，以至于为维持我们的生活方式/日常生活，我们变得更加依赖于商品消费，就像上瘾了一样。就像 20 世纪 80 年代 T 恤衫以极度幽默的风格讽刺性地宣称的那样："我买故我在"或"购物直到倒下"。

124

消费，地位和价值理性

　　广告和包装绝不会显示消费的不利后果，它们所带来的潜意识层面的信息就是，消费无论是从美学上来讲还是从物质上来讲都是一件令人愉快的事情（Haug, 1986），并且，通过消费也将提高个体的社会地位和/或自尊。商品和服务从"主要是愿望的满足者"转变到"主要是意义的传送器"（Leiss et al.，1986：238）。由于市场营销学希望把我们的注意力固定在它给我们的"困惑"提出的"解决方案"上，因此它转移并偏离了我们对于那些较难从市场中获得满足的价值和商品——比如工作质量、更加令人满意的私人关系，以及诸如对空气质量和水的纯净度等生态关怀（Haug，1986）——的注意。市场使各种各样的个人服务商业化、或者说由市场进行调节——从"聊天热线"到电脑约会代理。然而，不管满足消费者需求的方式变得多么复杂，消费和满足感之间的联系依然很弱——满足感最多也只是一闪而过。

　　对消费和满足感之间的微弱联系的一种解释集中于消费品的相对的或地位上的特征（Hirsch，1976）。据称，产品本身并不必然是实际满足的来源。相反，重要的是与其他人相比，一个人拥有什么或消费了什么。甲在村庄里拥有一辆自行车而别人都不得不步行，乙在城镇里拥有一辆较小的轿车而别人的轿车都比他的大——甲所获得的满意程度可能比乙所获得的满意程度要高。人们很快就习惯于拥有新的商品，他们认为这是理所当然的。然后，他们开始渴望得到别的一些东西——例如，用一辆小轿车来替代自行车。类似的事情通过模拟竞争这一概念可以加以说明（Asplaund，1991）。这一现象涉及这样一个问题，即人们偏向于希望得到别人想要得到的价值和愿望。还有人认为，中产阶级和上层社会通过大量消费与别人不同的产品和服务来获得其所带来的价值（Hirschman，1990）。因而，满意在很大程度上是使自己与他人区别开来并使自己超过别人的问题——通过地位、声望、以及随之而来的权力加以实现（Veblen，1953；Bourdieu，1984）。这种地位的竞争有利于促进经济的增长，但能达到比平均水平还高的地位的人的数量是一定的，因此，尽管（正如可提出证据加以证明的那样）期望和挫折的水平往往是增长的，但获得满意的水平却是相应不变的。

从批判理论的视角看，消费主义以及支持这一理想的社会和意识形态过程存在的主要问题是，它限制并扭曲了交往和自我塑造的过程。通过诱使人们全情投入到对商品流通的维持中，以及依靠其巨大的生产和分配能力，消费主义把人们与现有的社会秩序联系到一起。

借助韦伯（1978）对四种行为模式所进行的理想类型的划分，我们可以说，市场营销通常促进了一种全情投入并使之合理化：伴随着确认和满足当前主体需求的意愿，人们全情投入到对**情感的**追求（如为得到心理上的满足而购物）之中，或者投入到对物质私利**的理性计算**中。在情感占据主导优势的地方，不论是什么愿望，只要它碰巧感染到消费者的意识，那么消费者们就会完全纵容他们的这些愿望。消费是由强大力量（例如广告）所驱动的，个体消费者对这些力量几乎没有任何有意识的了解，并且，他或她也不能理性地控制这些力量（即，极端的情况是——已经有了一个专门术语称之为"强迫性的购物紊乱"）。在工具理性行为占优势的地方，消费者能够计算出众多消费形式中的哪一种可能产生最大的满足感。由于不受终极价值（ultimate values）或预定承诺（predetermine commitments）的限制，个体能够全方位"自由"地进行消费（参见第二章）。只有边际效用法则阻碍着消费的欲望。正如杜盖伊和萨拉门（du Gay and Salaman，1992）对（工具理性的）消费者的信仰（文化）的刻画，它是这样一个世界：消费者在其中被构建为从表面上看是自主的、自我实现的参与者，他们"通过在商品和服务的世界中的个性化选择行为来寻求他们自身价值或自身存在的最大化"（ibid：623）。

对于情感理性和工具理性的可能性，韦伯（1978）把它们与**价值理性**行动进行了比较。韦伯认为，价值理性行为使个体令他或她的选择服从于终极价值。与情感理性和工具理性的消费者相比，"价值理性"的行动者受特定价值承诺的引导/限制，特定价值承诺必然调整和限定消费的模式。不用说，这种限制对商业来说不可能是有益的！不过，它们通常还是意义重大的。例如，宗教和伦理的思考在经济行为中就扮演了重要角色（Etzioni，1988）。

市场营销技术很少促进或服务于价值理性消费的发展。它们的目标通常是，刺激消费者最大化他们的消费并加以维持，而不是把它聚焦和限制在特定价值导向的范围内。市场营销技术的意图在于，使潜在的消费者克服道德和理性上对购买特定产品或服务的抵抗和疑惑。营销商将他们自己表现为支持消费者的"需求"，他们把消费放到通过消费承诺满意（Fox and Lears，1983）的类似治疗学（quasi-theraputic）的道德观中来考虑。他们认为对消费的所有限制（如拒绝赊欠）都是不理性的；他们呼吁要通过鼓励消费者花掉他们的存款来侵蚀掉既有的省钱规范；他们不断提出建议，旨在达到这样的效果：如果没有购买产品，那么特定的生活（方式）就是不完整的。

弗洛姆是最直接地受到批判理论影响的人之一，他对营销和广告一贯持批判态度。他把市场营销看作是当代人的一个显著特征，他谈论到"市场营销的个性"（Fromm，1976）。他认为，市场营销的个性致力于以一种别人梦寐以求的形式来呈现自我。弗洛姆还考察了营销价值是如何塑造和"支配"这些个体的，他们"没有目标，除了跳槽以外就是以最高的效率做事；如果问他们**为什么**必须这么快跳槽，为什么必须以最高的效率做事，他们给不出真正的答案，但是会给出合理化解释，比如'为了创造更多的工作机会'"（Fromm，1976，ibid：147）。这种人总是不断地"跳槽"，他们从来不会停下来反思他们狂热的行动为何毁坏了他们真实的意图（如需要的满足），而这些意图正是他们的狂热行动所宣称要实现的。他们很少设法超越对他们行动的合理化解释去揭示（驱使他们令自身更引人注意的）空虚感，并且去维持完成某些事情而带来的成就感。

更为普遍的是，弗洛姆（Fromm，1976）把西方世界的发展描述为一种大规模的社会实验，这一实验关注唯物主义是否可能为人类存在的问题提供解答。弗洛姆断定，答案显然是否定的。所有的证据都表明，在社会中财富的增加和社会分工变得更加明显和尖锐的同时，很多问题一直存在（参见上文），而且有些社会问题（如污染和犯罪）可能变得更糟。尽管与市场营销理论和实践密切相关，但这些观点和争论显然并没有出现在市场营销理论的教科书和杂志中。只有少数的评论者直接对消费和持久的满足感之间的联系提出质疑。

我们在第四章里所描述的文化调和与神秘化隐喻，在这里也适用。个体特征形象通过购买商品而被出卖，购买商品标志着对特定——表面上看是与众不同的，然而实际上基本是千篇一律的——生活方式的拥有和追求。例如，从英国一个主要的电子连锁商发来的一封垃圾邮件中的推销材料就使用了下面的头号大标题："使用移动电话，提高生活品位"。这里还有一张巨大的男性照片作陪衬，这个男人在看来似乎安静的户外钓鱼，但是衣袋里塞着的一部电话，似乎随时会打破他的安静气氛，这看上去没有任何幽默的味道。

批判性的市场营销研究经常能有效地揭穿公司推销的外表上看起来很诱人的产品——公司正是利用这一点来迎合消费者的需求的。我们来看一看麦当劳餐厅。这个公司已经成功地提升了它作为一个特别令人满意的（尤其是家人聚餐）饮食场所的形象。然而，如果对其加以批判性反思，那么很明显，麦当劳餐厅要求消费者自己为自己服务（通过定购、拿取食物和清理大量的纸板和塑料容器），并且要他们用手指拿着吃。正像莱梯切和范·哈特姆（Letiche and van Hatterm）所观察到的：

> 雇员和消费者的选择非常有限。食品及其外包装的方方面面都已经被考虑进去。汉堡包看起来很大是因为它们从两层圆面包里突出来了一些，而且也只是突出了一点点；油炸薯条看起来很大是因为画在小硬纸盒上的斜纹给人以很长的错觉，等等。食物的各面、包装的尺寸、制作的各个环节都已经被规定和掌控。据此，麦当劳餐厅最大程度地实现了可预计性——在一家麦当劳餐厅吃饭和在任何其他一家麦当劳餐厅吃饭是一样的；哪年哪天的哪个时间并不重要。人们所经历的各个方面都尽可能地被统一。为达到这一目标，必须实施很高水平的控制。厨师不能影响汉堡包的口味；由饮料分装机而不是雇员来决定

127

你得到多少可乐。工作没有任何技术含量；没有真正的烹饪，只是对预先准备好的产品进行"加热"。消费者坐在不舒服的座位上，这限制了你在此逗留的时间，一般是 20 分钟。餐厅里放着"甜美的音乐"，这使得"蓬克"乐迷远离这里。麦当劳餐厅真的是合理的吗？如果衡量的标准是食物的质量/成本率，那么答案是"不"。麦当劳餐厅的食物既昂贵又不健康；食物中过量使用脂肪、盐、糖来达到使一个人形成"吃了很多"印象的口味效果。麦当劳餐厅以把"小孩"带到"玩乐场"为代价，使吃"有趣"，并且进一步地减少父母与孩子之间的接触。(1994：12 – 13)

可以证明，麦当劳餐厅的成功并不是因为发生在其消费者身上的那些事情，而是因为麦当劳餐厅成功地把速度、精确、一致和可预计这些理念与人们想要的东西的形象联系在一起（Ritzer, 1993）。麦当劳餐厅通过忽略和贬低它所不能提供的东西，诱使消费者全神贯注于麦当劳餐厅所能提供的那些东西（一致性，等等），麦当劳餐厅的成功正是缘于此道。

小结

市场营销学或许是批判理论（和相关的知识传统）能够贡献最多的管理子学科，但也正是在这一专业领域里，批判性分析的影响最弱。尽管市场营销人员假定需要的存在，并把消费者需求作为一种证明这种假定合理的方式，但批判理论的提倡者一直关心消费在意识形态、符号学和心理分析方面的重要意义，他们同时强调，**和其他事物相比**，广告和其他形式需求管理的感染力助长并加强了幼稚的冲动和幻想（Lasch, 1979），而且还和其他各种问题相互联系，比如：

- 一种普遍的信仰，即消费是通往幸福、意义和最私人问题的解决的途径（Fromm，1955，1976；Marcuse，1964）；
- 从重视人类到重视客体的感觉转换；
- 导致了可疑和敏感的自我意识的消费者身份的创造和加强（Lasch，1979）；
- 扭曲的政治优先权，特别强调私人物品，忽视公共物品；过分强调经济目标而降低其他如和平与公正之类的目标（Galbraith，1958）；
- 对生态资源的浪费和破坏（Leiss，1976）。

由批判理论激发的思想具有巨大的潜能，可以培育出替代传统的市场营销学的行动方案。正如我们已经表明的，研究市场营销的批判理论方法能带来新的洞见，并对其更为广泛的道德和社会意义提供一种更加敏锐的判断能力。

128

战略管理

战略管理既是最古老、也是最崭新的管理学科之一。说它古老是因为，所有者和管理者总是会做出关键的决策——例如，投入到哪笔生意中，或如何部署人力和物质资源。但是，战略管理也是崭新的，因为仅仅在最近，它的职责才被标识为"战略管理"，并得到研究和重视（Knights and Morgan，1991）。最近，对战略管理研究的专注已经导致美国的一个管理学权威对北美人作出这样的评论："我们沉迷于战略就像法国人沉迷于好的食物和罗曼蒂克一样"（Pascale，1982；Wensley，1987：29）。

战略管理关注组织的竞争性地位，这一地位是与由组织运作的（不断变化的）环境导致的可感知的机会和限制条件相关联的。从管理的角度来看，通过调动各种资源才能构思出成功的战略管理，调动资源的方式能加强核心组织对其环境的掌控和/或减弱竞争对手的地位。战略管理通常与高层管理者（以及他们的顾问）的工作密切相关，并通常与特定专家——如产业经济学家和市场营销专家——的工作保持较强的一致。另一方面，战略管理也包括对具有战略意识的"人力资源"的培育。这种"人力资源"能较好地了解并致力于战略计划的成功执行。

战略管理的传统贡献

常规的战略管理方法专注于竞争优势的理性确认，以及企业结构、政策和业务单元的设计。**和其他事物相比**，这些方法涉及对计划的确认和改进，而这里的计划又是通过一系列的分析过程形成的，分析的对象包括公司的市场结构、可供支配的资源，以及与竞争对手相比，具有的现实和潜在的竞争优势的相应评估（例如 Porter，1985）。这些计划可能包括与其他组织联合的战略联盟和战略网络的形成，或者通过兼并来寻求增长。对战略和战略管理的传统理解促成了这样一种心态，经济指标是核心标准，而对企业进行深入的理解却不被重视（Mintzberg，1990）。这在美国表现的最为明显，在管理教学中所使用的案例研究可能导致学生错误地认为，基于一份 20 页的报告，他们就能找到一种使得一个境况不佳的企业起死回生的战略。（关于战略的饶有理趣的跨文化比较，可参见 Whittington，1993。）

这种关于战略管理的思想倾向（把成败）归因于拥有企业巨大能量的管理者，由此确认竞争优势的资源，进而引导其企业确保战略目标的实现。这一思想还假定，"环境"是可预测的，长期的计划

129

能被合理地制定并逐步实施。与这样的看法相反，有人认为，表现于任何特定组织中的能力或"核心竞争力"严重地限制（或使之能够）实行战略选择的机会（Hamel and Prahalad，1989）。人们还提出，战略应该由这些竞争力所产生的"杠杆作用"所推动，而不应通过可能超越组织能力的对合适环境的确认来推动。

对此，有人提出了反对意见。他们认为，在战略管理的主流思想中，很少考虑事件的不可预测性以及市场力量的易变性。据称，很多成功的"战略"更像是作为偶然事件和好运气的结果、而不是作为理性策划的结果"发生"的。这一观点暗示了反应灵敏、时刻准备探索新的突破点，以及乐于在一定范围内作出尝试（而不是小心地形成一个战略，然后系统地去实施它）的战略实用性。但是，反对的观点认为，因为公司通常是处在共同的市场环境里的相似的人群之中，所以机会主义的空间被大大限制；并且事实上，已经建立的反应常规和模式也限制了迁移到新环境中去的能力（Hannan and Freeman，1977；Aldrich，1979）。对此，我们可以补充这样的观点，很多市场都是被少数几个关键人物所控制，他们单独支配充足的资源以排斥新的进入者；并且，很多公司都深深地嵌入到社会系统和社会网络中，这些社会系统和网络立刻就会阻止或促进特定种类的（战略）思想和行动的形成（Granovetter，1985；Whittington，1993）。

作为过程的战略管理

传统上，人们致力于详细阐述并提炼出高度理想的战略管理的**规范模型**，或者致力于确认那些被认为限制或约束了实行"理想的"行动方案的变量。战略管理的研究者已经对人们的这些努力提出了质疑，他们一直希望弄清战略是如何**实际形成**和得以实现的。明茨伯格等人（Mintzberg et al., 1976）认为，事实上作为研究结果的行动模式或许偏离了——为了组织方面合理的理由——最初提出战略计划的那些人的初衷。奎因（Quinn, 1980）以相似的风格，向战略观念提出质疑，认为它是从提出到实施的理性的有序循环。毋宁说，战略管理是一项高度递推和递增的活动。

于是，战略管理更易于被理解为是"工艺的"而非计划的（Mintzberg, 1987）。[①] 工艺隐喻建议以一种比较"开放的"方式来进行战略决策，战略决策重视递推过程的存在，在递推过程中战略学习得以实现并得到连续不断的修正。工艺隐喻暗示，战略管理的实用性包含了模糊的和直觉的理解过程，在这一过程中，管理者不是通过阅读"管理信息系统（MIS）报告和工业分析"，而是"通过个人接触了解他们的组织和企业"（Mintzberg, 1987：73）。正如约翰逊所评论的，这种研究建议：

> 在战略决策过程中，人们会更大程度上依赖于管理的判断和过去经验，而不是依赖管理科学家所倡导的可评价的管理技术……变得更加清晰的是，战略选择最初是根据管理判断作出的，并且可能热衷于组织内的协商过程。**解决方案之所以可能被采用，不是因为它们在某种客观准绳的基础上更好地展示了自己，而是因为对于那些影响决策或必须执行决策的人来说，它们是可接受的。**（1987：29，黑体为原文所加）

[①] 明茨伯格识别了战略决策的多种模式，这些模式既有完全地经过深思熟虑而得出的战略，也有完全突发奇想的战略。深思熟虑得出的战略偏差最小（这与战略决策传统方法相类似）；突发奇想的战略没有任何计划，或者由于环境条件的不确定性，计划是不可行的（Mintzberg and Wat, 1985）。

　　从这一视角来看，战略管理的实用性包含了在各团体间协商的过程。在协商过程中达成的决策在"主观上"是可接受的，而不是"客观上"理性的。当我们关注战略管理的实际实施时，"询问一些有关**认识过程**的问题——这些认识过程产生了管理和评价'组织'的规则"——的意义就变得很明显了（Smircich and Stubbart，1985：727，黑体为原文所加）。①并且，当把这些认识过程放入更加广泛的制度环境中时，正确评价和描述"战略管理是如何表现为（高级）管理者努力去组织、保护或提升他们的局部利益的"就变得可能了，而这些局部利益是和诸如继续雇用、晋升前景、分区或部门的帝国架构等因素相关的（参见第一章）。不易更改的意识形态和实践可能阻碍了我们对可选战略的考虑（1989；也可参见 Huff，1982）。确定可选战略并在可选战略间进行选择的真正机会是由使这些选择成为可能的思想或"意识形态"的模式激活/限制的（Pettigrew，1985a；Wilson，1982）。这一观点认可并说明了决策者持有的已经确立的假定或信条通常影响了战略管理的过程。但是，不是把他们的秘诀或全部技能看作是由企业文化给予的力量，或看作是能更好地提高绩效的力量（Grinyer and Spender，1979；Peters，1984），而是把注意力转移到考虑战略秘诀在社会上是如何通过**权力关系**而创立和再现的；含蓄地讲，就是战略决策的转型是如何以改变这些关系为条件的（例如，相关内容可参见 Child and Smith，1987）。

　　正如惠廷顿（Whittington，1993：28）对战略的"系统理论家"所作的描述那样：他们认为战略管理是由源于"地方社团的文化规

---

　　①　把"组织"放到令人吃惊的引号中，这意味着，组织与组织环境的差别是战略家的知识的产物而非经验主义现实的反映（对和战略论述有关的争论的详细阐释可参见 Knights，1992）。

则"的标准所支配的。…… 组织内部的争论不仅包括个体和部门的微观政策，而且还包括作为其周围环境的社会群体、利益和资源的

131 争论"。换句话说，可以认为，为了理解管理评价的实施，必须重视战略决策的过程是如何由更广泛的社会力量来实现和限制的，这些力量既是组织决策者进行评价的一个条件，又是其评价的一个结果。

然而，迄今为止，对战略管理的过程性研究和制度性研究仍倾向于从管理活动的更广泛的历史和社会背景中概括出进行战略决策的政治态度（参见 Wood，1980）。决策的组织和部门背景可作为参考，但这在很大程度上被当作对经验主义材料进行分析的一个假定（例如 Pettigrew，1985a）。由此带来的结果是对战略管理政治的认可和琐碎化（参见 Alvesson and Willmott，1995）。通常，我们没有充分考虑到的是：管理者如何被历史的因素定位于此，并以此承担和维持对战略决策责任的独占（参见第一章）。我们也极少关注，管理者关于具体战略的实践推理究竟是如何受政治经济结构限制的，而这种结构却很好地扩展到任何特定的组织部门的边界之外。我们很少考虑管理价值是如何负载有关战略管理的"事实"的意识形态假定的。人们也很少根据企业对社会的更广泛的影响来评价其战略。为了说明这一问题，必须把作为组织政治过程的战略管理的研究转移到另一种视角上来，即把这一过程置于当代资本主义社会的更宽广的背景中来考虑。

作为控制的战略管理

从批判理论的观点来看，传统研究方法和过程研究方法的共同局限是，它们没有把战略管理作为广泛的、制度化的控制形式的一个条件和结果来分析。这在战略管理的传统理解中表现的最为明显，在传统理解中，人们认为管理者是被敦促着完善他们的（技术统治

论的）决策理性。当我们考察传统的文献时，我们会被弗雷德里克·泰勒的使命和战略管理理论家——如波特（Porter，1985）、哈默尔和普拉哈拉德（Hamel and Prahalad，1989）甚至是佩迪鲁（Pettigrew，1988）——的努力之间的连贯性所迷住。泰勒的使命是使工厂里工人的工作设计更加合理，而战略管理家则致力于创造和维持竞争优势地位的技术统治论的方法。正如费希尔所表明的：

> 对技术统治论者而言，解决方案就是用科学决策的"理性的"经验主义/分析的方法论替代民主政治（特别是，如团队竞争、协商和妥协）的"非理性的"决策过程……对技术统治理论家而言，没有什么比无系统的、渐进的决策形式（具有典型意义的是，这种决策形式被描述为"渐进决策"）更加非理性，这一决策形式是**由民主协商和妥协的政治承诺产生的**。（1990：22，黑体为原文所加）

当然，过程研究方法的拥护者主要回顾和阐明的正是决策的"杂乱的、渐进的"特性。然而，正如我们已经强调的，当我们关注不同的管理者的个体和团体间的相互作用和协商的组织策略时，战略管理的过程分析家大部分将控制结构（通过这种结构，交互作用才能在社会上得以实现）视为理所当然。这一结构包括关于战略的主要论述——过程研究及传统研究，是为详细说明和实现他们的意图。现在，我们将讨论战略管理理论和实践中控制的三个方面：战略对话的殖民化影响，与减弱或避免竞争的合并和/或兼并相联系的实践，战略决策中权力和责任问题。

战略话语　关于战略"是"什么以及应该如何恰当地理解它的争论已经产生，这些争论反对将这一主题的重要性视作理所当然的假定。战略产业中包含了大量的著作——这些著作囊括了从战略性的人力资源管理到战略性的信息管理的方方面面，这些著作通过讨论"战略"的实用性而为战略思想和实践的殖民化作出了贡献。当然，我们可以证明战略论说和管理实践之间的关系是非常松散的，但这并没阻碍战略对观念世界存在深远的影响。战略的殖民趋势产生许多特殊的影响，比如人们常说"战略上非常重要"，这时使用"战略"这个词只是想说明这件事很重要。在一个学术研讨会上，一个正在对战略管理进行研究的与会者承认，他使用"战略"这个词仅仅表示他作出了一个"重大的"决定。有人可能会说，"战略"这个词被随意使用以加强修辞的分量，会误导管理行动和学术研究计划。也有人可能会认为，这种名称并没有什么危害而且也无关紧要，但是，战略论说已经从军队扩展到组织的所有部门和我们日常生活的方方面面，这一扩展已经具有了政治影响（Knights and Morgann，1991）。像其他具有殖民化影响的论述一样，战略论说通过弱化形成议题和评估价值的可选方案，使它的影响是封闭而不是开放争论。战略论说以一种赋予工具理性特权的方式形成议题；它倾向于给予那些成功地声称自己是"战略学家"的人以主动权；它还具有阳刚的内涵，这一内涵重现并加深了性别偏见。

例如，当明茨伯格把战略定义为"连续决策的模式"（1976）时，人们可以说，这样的过程与更为传统的战略定义（也就是，制定计划，然后执行）关系不大，或者确实可以说这种表述有力地冲击了传统的观念。虽然如此，作为一种非常有意义的现象，这样的文献对战略的构建仍然没有作出批判性的贡献。一旦战略观念得到确立和普遍接受，并成为有能力的组织成员所关心的根本事务，那么它可能很快就变成一种重要的基准，被用来指导我们的计划和行动并使之合理化。至少在中高层管理者中，关于"内部"资源 和

"外部"约束的存在和重要性这种显而易见的知识，变成了展示自己能力并说明自己应该得到晋升的一种方式。实际上，采用战略论说具有自我约束作用，因为雇员力求通过说明和提升他们为达到被认为是"战略性"目标而工作的正当性，以获取信任和影响力。像纳依兹等人所评论的，"战略话语的作用就是，使组织和个体自觉地意识到存在着竞争性的权力争斗，并使他们在权力竞逐中对理性的控制和评价技术采取'开放'的态度"（1991：9 – 10）。

在某种程度上，强有力的管理型精英成功地引进和传播了战略话语，这有助于构建（或加强）人们对战略的感知性的常识理解，即组织是由战略驾驭的，并且战略核心外的雇员应该意识到他们对战略的一般看法和理解是有局限性的，从而使自己服从于战略意图。反过来，这一理解有助于促进管理控制新形式（例如全面质量管理）的引入和发展，并且说明这样做是有道理的，而不必对涉及的所有因素都进行小心仔细的检查和讨论。知识传播的重要作用以及雇员间对战略的意识，可能会减弱雇员对控制技术和工作强度形式的抵制——控制技术和工作强度形式在"战略上是必不可少的"这一观念的基础上得以合理化。不像"非传统"作者（例如明茨伯格）那样力求在过程、文化甚至是社会学范畴里来理解战略，有些人可能会认为，不仅需要对战略进行不同的讨论，而且当前这种讨论太少了。

通过集权控制　人们所拥护的使用战略管理的意图是通过寻找新环境、兼并竞争者或垂直扩张来减弱竞争压力。"战略合作"的发展和各种形式是确保经济权力的手段。革新被认为是对已有的模式和利益（Frost and Egri, 1991）的一种威胁，各公司部署它们的资源以阻止革新，并影响政府政策和形成公众舆论。关于公司的战略如何寻求使用大众媒体来实现销售产品和服务的目的，并实现对使用这些媒体的控制，罗斯给出了下面的例子。他认为，在美国：

> 最大的公共关系公司希尔和诺尔顿（Hill and Knowlton）在1986年收购了罗伯特·格雷（Robert K. Gray）的游说公司。五年后，从未被打败过的百林—玛斯泰勒（Burson-Marsteller）公共关系公司购买了另一家游说公司布莱克、曼纳福、斯通和凯利（Black，Manafout，Stone and Kelly）。在（策划用来影响立法机关和美国国会通过立法结果的）收购游说公司之前，各个公共关系公司已经在努力通过他们发布在电视和报刊上的故事来影响大众的观念。各种各样的媒体传送着他们的讯息。在并购游说公司后，影响公众部门的新思想和新战略得以形成。我应该提一下，希尔和诺尔顿公司和百林—玛斯泰勒公司过去由更大的广告集团所拥有，当他们收购游说公司时，制定出更充分的制度规范和有效的观念模式就变得可能。**这被称为"整合营销"。现今，广告信息可能都与公共关系活动联系在一起，并与所有拥有大量资源的相同公司所作的游说努力联系在一起。**（1993：21–2，黑体为本章作者所加）

134

战略管理包含了合并、兼并以及产品和组织的发展，人们可以根据建立集中的经济实力和压制公众对关键政治经济问题的争论两方面的影响来对战略管理进行评价。通常，战略常常旨在减少竞争和增加公司对供应商以及市场的控制（Whittington，1993）。因此，对公司的战略评价很少单方面地根据它们对公司赢利的贡献，更多地是根据有关社会利益——以及最根本的，根据由于自然资源的开发和滥用所产生的生态结果的争论来作出评价。

多数战略性的企业思想的一个特别显著的缺点就是，对自然环境的开采和/或无视自然环境的过度掠夺。在管理思想中，对"环境"的分析由技术、经济和社会各因素的结合而得以形成，但很少关注自然。实际上，自然被假定为一种免费的物品。鉴于如此多的组织理论都或多或少地明确利用生物学的隐喻（如有机生物和人口生态学），因此贬低自然资源多少有点不合常理（尤其可参见第四章）。尽管如此，现在已经有一些关于战略管理的研究开始关注生态问题（例如，Shrivastava，1993；Stead and Stead，1992），这在一定程度上促使公司的决策者对如何把他们的行动与对生态的关心联系起来进行激进的反思——如最低限度使用不可再生能源供给的努力，以及对可持续发展政策的支持。例如，什里瓦斯塔瓦对**以生态为中心的战略管理**进行了讨论，在这种战略管理中，公司被看作是活生生的自然资源的一部分。生态导向的战略管理不是把自然资源看作是与公司分离的，把它作为外部成本的免费容器（如浪费）来使用，而是要求对企业目标、生产系统和产品如何与生态系统相互作用给予充分的考虑。

　　战略管理中的权力和责任　对消费者、市民以及直接的雇员来说，要更广泛地参与到战略决策中，最不易更改的障碍就是政治的因素，而非自然的、或者是技术的因素。传统的战略管理观念认为，父权制、种族划分和所有权的制度结构是理所当然的。过程研究则倾向于集中关注组织进行再生产时的区域维度（即组织和部门维度），而忽视了它们的社会嵌入性。站在批评的立场上，战略管理研究必须以一种（关于战略决策过程是如何包含——影响人们怎样解释现实并形成自己的观点的——权力实施的）调查为中心。

　　大多数进行战略管理研究的作者认为，战略决策过程必然是而且应该是高层管理者合法垄断的过程——这是理所当然的。然而，有很多这样的例子：公司让员工群体，或者甚至包括整个组织以背离已有的自上而下的战略管理（例如 Raspa, 1986；Weisbord, 1987）的相当激进的方式来对公司的核心问题进行讨论并作出决策。少数研究战略管理的作者认为，自下而上的战略管理取向应当对自上而下的战略管理方向给予补充并融入到其中（Bourgeois and Brodwin, 1984；Westley, 1990）。然而，只要那些高层管理人员对底层的工作人员不那么负责任，那么这就不大可能改变组织内部的控制结构。虽然如此，对自下而上的战略管理导向的诉求，可能有助于使我们认清由于排斥那些受到物品和服务供应影响的人直接、有效地参与到战略决策过程中而带来的矛盾。

从批判的视角看，已有战略管理理论和实践的主要问题就是它们的假定。就像我们早先评论的，它们假定：高层管理者对战略决策有着合理的垄断权；他们的决定将确保以最好的方式形成、分配技术和人力资源。已有的战略管理理论和实践充分考虑到了可能受到这些决定所带来的有利或不利影响的多样性群体，如市民、消费者和其他公司的雇员。在战略管理的传统研究和过程研究中，这些群体仅在战略计划的落实被认为有赖于他们的支持或遵从（例如，被鼓励购买新产品的消费者对促销活动的接受能力）时才有意义。于是，问题就变成了：应当计算一下如何利用雇员或消费者对公司产品的支持才可能是有成本效益的，而不是他们的忧虑如何才能充分得到重视或表述。

有些人对"环境"的易变性有着直接和最新的了解，而缺乏这些人参与的战略管理则无法认可雇员的实践知识，或不能确保全部履行他们的承诺（Nord, 1983）。无疑，鉴于他们对员工知识的寻求，拒绝那些鼓励员工参与战略管理的途径也颇合情理。当然，参与性的、自下而上的战略管理途径是由对发展工业民主的承诺而激发，还是由一种不改变现有统治结构的对资本主义控制中的冲突加以处置所作的关注而促成，仍然是一个问题（参见第四章）。虽然如此，鼓励更多的员工和其他群体参与战略管理过程可能会受到欢迎，尤其当他们公开承认战略管理的传统的、自上而下的技术方法无法指引社会组织的生产活动时。然而，从批判理论的视角看，参与是必要的但却是不充分的。至关重要的问题是，为完成既定目标而对目的、优先权、价值、方向和方法的讨论和确认是否基于十分广阔的社会背景和经济标准，以及这些标准本身对质疑及再审议的态度是否开放。对此，最重要的是交流过程的质量。通过交流，这种问题得以明确表述并得到解决。在第七章和第八章我们将回过头再讨论这些问题。

136

概要和结论

我们的讨论已经对走向战略管理的理性和实践途径的狭隘偏见提出了挑战。有人指出，批判思维对激励我们超越实践途径的"软技术"框架可能是有价值的。在实践途径中，广泛的社会和道德问题被——轻易地——从管理日程中删除，而且在自封为专家的精英分子的掌控之下，合理地做出决策是不成问题的。我们对组织理论、市场营销和战略管理的讨论为我们提供了多种研究方式。在这些方式中，对已有理论的批判分析能够促进对这些专业形成新的理解。尤其是，由批判理论激发的对管理专业的分析致力于形成一些组织方法，这些组织方法能在确认和执行战略目标时承担更多的社会责任。因而，我们应该集中关注矛盾与冲突，这为我们重新考虑既定目标、质疑从方法到目标的假定，以及赋予新的实践形式提供了一种可能性。

137

第六章 管理专业的批判性评估之二：
会计、信息系统和运筹学

在本章，我们将考察三个更加量化的管理领域。同前一章一样，我们的目标是呈现批判性思维怎样为我们提供对专业化管理的全新理解。当评估会计、运筹学和信息系统这些专业时，我们注意到对量化的依赖是怎样通过重视"行为主义的"条件和利用量化技术结果逐渐得以补充和削减的。我们还考察了在各个领域中批判理论是怎么样被用来挑战传统方法论，以提出一个替代被普遍接受的知识的批判性选择。

会 计

会计通常被认为是一个相当枯燥乏味的管理领域，这个领域关注各种测量和报告经济价值的技术，比如记账和报表。据人们的理解，会计包括了用于记录交易和准备关于资产、负债、成本和利润等报表的原则和方法。

在会计学中，一个基本的分支就是对内提供管理信息和对外提供财务报告。前者是关注各种由特定企业支持的、用于监控与经济价值的积累和转化相关的费用。之所以称为"管理会计（management accounting）"，是因为它最重要的作用是对管理决策提供支持（Arnold and Hope，1983）。计算和记录原材料或机械设备的成本、或者正在生产的产品的单位成本，就是管理会计主要关注的事情。相比较而言，财务会计是为组织外部相关人员（尤其是债权人、股东和税务机关）作信息准备的，虽然这些数字可能也与其他各方有关，例如员工寻求提高工资和改善工作环境。按照常用的定义，财务会计的目的是为了提供一个量化的反映组织财务状况的报告或者图表——主要是资产负债表和损益表。尽管管理和财务会计账户之间已有既定的划分，但它们之间还有联系，因为前者经常提供一些原始信息，从这些信息中可以导出财务会计账户。并且，那些审核财务会计账户的人可以对内部生产的管理会计信息提供建议。

会计的行为主义维度

表面看来，会计似乎可以是一种直接、机械的活动，就像基础数学。事实上，它时常被人们奚落为"记分数"或者"数豆子"，甚至会计人员自己也这样认为。"记分数"或"数豆子"的隐喻表明，会计师就像独立和公正的观察员，仅仅是监测和记录参加比赛的球员的分数。然而，这个被世人普遍接受的表象却具有欺骗性。尽管有着客观的形象，但会计终究是建立在有争议的约定俗成的基础之上的：它的结构、手段和数字的涵义一直受到质疑，被要求作出解释。

为了简要阐明"游戏"隐喻，我们应当注意的是，商家在业务上没有必要接受现行的记录分数的方法（如需对这个隐喻的使用作更进一步讨论，请参看第四章），他可能设法影响取得分数的方式和所记录的对象。通常，所玩的游戏受会计人员如何记分的方式所影响，就像球员找出最简单的方法以影响相关的、最明显的成绩计量。

139

例如，预算编制制度的设计和运作的方式能够对管理专业之间的资源配置和评估管理人员的绩效（在预算上）产生较大的影响。一旦会计原则和方法被认为是以特定方式构建经济现实的"纯粹约定（pure conventions）"（Hines，1988），而非忠实反映现实的镜子，那么就有可能更好地理解（原则上减少"主观性"范围的）会计准则是怎样通过辩论和竞争的方式得以产生的。在辩论和竞争中，始终存在着一个（或更多的）与目前普遍被接受的方法相匹敌的方法，并且有效的游说对会计所记录的绩效或盈利水平具有相当大的影响。①

当人们确认会计的社会和组织环境后，就有可能理解诸如预算或者成本这样的技术是如何发展起来、并通过组织关系的媒介得以应用的。在这些组织关系的媒介中，不同的团体会加入支持或反对不同的建立和解释账户的方法的政治过程。至于内部会计管理，这一认识已借助贴上"行为主义"标签的观念的发展得到研究。借重组织理论（见第四章），这一观念探究了会计技术与心理和组织变量之间的关系，后者被视为会计技术得以发展和使用的先决条件。例如，行为主义的会计学研究已经考察了本地条件和"文化"如何有选择性地适应和运用预算之类的会计技巧（例如 Argyris，1952；Wildavsky，1968；Hopwood，1972；Rosenberg et al.，1982）。

在行为会计学领域内，人们相当多地将注意力集中于如何把不同类型的会计实务通过变量（或偶然性）联系在一起的问题上，这些问题被认为确实能有效提高组织业绩（见 Otley，1980）。一种更

---

① 例如，存在计算资产折旧的不同方法，这些方法决定着研究与发展的费用和坏账的划销。对这些方法的一致性和可靠性的评定方式，取决于相关的假定、以及人们基于不同技术使用而计算增值的利益平衡。

具社会学意味的替代途径是，要尽可能快地认识到会计技术——如预算编制，在组织中实际上是如何被解释和通过的（Colville，1981）。这种与诠释范式（interpretive paradigm，见第二章）有着紧密联系的途径，以组织成员的不同价值观和偏好为媒介，阐述了会计行为形成和运作的方式（见 Chua，1988）。

在财务会计中，存在着大致相同的模式。同样，具有社会构建特征的账户，已日渐成为人们关注的焦点。在缺乏有效的会计规章、国际商业发展日益复杂的情况下，"创造性会计（creative accounting）"已大大地扩张了其应用的范围（Smith，1992）。与这些发展相关联，探讨如何确定和实施对外报表的原则和方法的研究也进展颇大。[①]

从这些简短的评论中可以看出，会计并不是人们通常认为的那样，天生就是枯燥无味的学科。撇开对这样一种认识存在的暗示，人们往往发现：有趣的是，会计师们几乎从来就无意去揭露或阻止这样的理解。这不仅是因为他们所爱的训练使得他们相信（Power，1991）这一点，还因为将会计视作技术性的、记录数据的活动这一

---

① 至少对于具盎格鲁血统的美国人而言，财务会计和那些检查他们账目的人们（审计员）一样，都倾向于赞同某些通则。这使得他们能够在一系列途径之中作出弹性选择，以便将组织的绩效置于最佳的可能状态下。另一方面，财务账目的使用者（如债权人和股东）和政府管理者则偏爱更多的标准化，以更加便利地在财务报表之间作出比较。这一比较理据之间的论争由财务信息的提供者引发。他们认为，组织运行于极为不同的状况之下，而且标准化必然会使一些组织或部门相对于其他较处于劣势者受惠。他们声称，只有允许弹性选择，以及在竞争性方法之间的选择机会，才能有"真实而且公平"的图景的出现。然而，当政府管理者更多地了解到表面公正的账目惯例（不仅对国家，对公司的经济绩效而言，也同样如此）所带来的结果时——诸如对研发成本的确定或对通货膨胀的解释，他们力图作出干预（由此减少行业的自动调节式的自治），对财务报表准备中的变动范围加以限制（参见 Cooper et al.，1994）。

传统印象抑制了批判性的审思。只要会计看起来是纯粹技术性的，只关心各种"数据记录"，似乎就很少有人对批判的视角感兴趣。因此，有点令人吃惊的是，在管理学的所有领域中，会计已经受到最有力的和最广泛的批判考察（Morgan and Willmott，1993）。①

转向审思会计学的批判视角

我们已经注意到，即使在相当"主流"的会计学者当中，也产生了一种日渐浓厚的兴趣，即热衷于理解在不同组织和社会背景中，会计技术和程序是怎样发展和使用的。在一篇强调处于社会和组织背景下的特定会计（situating accounting）价值的开创性的论文中，布契尔等人（Burchell et al，1980）首先注意到会计是怎样在现代社

141

---

① 甚至组织研究领域也从数量和深度方面——在近十年间出现的总体上具备批判风格的期刊上——与会计领域形成了竞争。这一状况由很大程度上受到一种名为《会计、组织和社会》（AOS）的学术杂志的促进。AOS 积极寻求和支持批判性会计研究的发展，它发表了马克思主义、后马克思主义的论述，以及（尤其是）福柯的作品。同时，它还刊载了较为少量的基于批判理论的文章。随后，AOS 又联合了三种其他总体上"批判的"会计学期刊——《公共利益会计》、《会计、审计和会计责任杂志》和《批判视野中的会计学》。三年一次的主题为"跨学科视野下的会计学"的系列会议（1985，1988，1991，1994）为批判性的会计研究的成果展示和讨论提供了国际化的论坛。上述举措还由期间在北美和澳大拉西亚（Australasia，一个不明确的地理名词，一般指澳大利亚、新西兰及附近南太平洋诸岛，有时也泛指大洋洲和太平洋岛屿）举办的类似会议加以补充。在这些会议上提交的许多论文随后发表于其中的一种期刊或被收录于库珀和霍普尔（1990）的书中。另外，由 AOS 协办的几次会议也经常通过邀请其他领域学者——如语言学、历史学专家的参与，推动了会计学研究中批判思维的发展。近来已经出版了一些采取了广义的批判性路径或对批判性会计学研究加以评论的教科书，还有一些正在筹备中，如罗斯兰德（Roslender，1992）、普克斯提（Puxty，1993）。批判性思维的影响也开始缓慢渗透到（就内容目录而言）相当传统的教科书中。例如，在威尔逊和蔡的《管理会计：方法和意义》中，会计技术被置于组织情境之内，并将注意力集中在会计信息如何"被用来使基于政治或社会理由——为了创造某种客观性氛围——而做出的决策合法化"（Wilson and Chua，1988：9）。

会的机能中占据主导地位的。在不同的角色定位中，会计被看作是私人部门和公共部门经济运行的定义者、规制者和监控者。会计也是资源分配的裁定者，是国家和团体决策的关键贡献者。最后，会计是组织实体建设中的一个主要媒介，包括对雇员进行具体的、量化的身份属性和自我认识的界定（Miller and O'Leary，1987）。

布契尔等人（Burchell，1980）直接对"会计就是对经济现实的一个被动反映器（或记分员）"的观点提出挑战，他们认为会计本应该被看作既是社会政治进程的产品，同时又是社会政治进程的生产者。这种看法与我们先前强调的"记分员的活动与球员的动机有关"这种观点相呼应，并在布契尔等人的论文中被恰当地比喻为：会计不仅仅是简单地记录输入它里面信息的"应答机（answering machine）"。相应的，更为切近的隐喻是在不同群体之间的努力中得以发展和完善的"弹药机（ammunition machine）"，这些群体相信，会计可以最大限度地推动他们最为珍视的理念或特权的发展（ibid：15）。

布契尔等人（Burchell，1980）将会计程序与社会和组织的控制机制联系起来，后者被用于应对"组织生活的复杂性质"。但毫无疑问的是，他们在如何分析会计政治学这一问题上有些含糊不清。这使得人们联想到一些多元论者的著作（比如 Cyert and March，1963；Pettigrew，1973；Pfeffer，1978，见第一章），多元论者认为，可以通过承认和管理组织内部竞争性利益的存在促成更高效的管理控制和工作业绩。然而，在多元主义的分析中，关于如何将组织内部的权力关系加以理论化依然含糊不清（参见第一章和第四章）。布契尔等人（Burchel et al.，1980）倾向于将组织政治学的研究从广阔的、历史的政治经济背景中抽象出来，会计实践就是在这样的政治经济环境下得以发展并被合法化的（Tinker，1980，1985）。尽管人们把会计实践和韦伯（Weber，1968）基于效率的定量测量的关于形式理性不断增长的优势的讨论联系起来，但大家仍然将这种形式理性的发展从对政治争斗（会计学的当代影响正是通过这些政治争斗得以推进和弱化的）的正确评价中分离出来。布契尔等人只是顺带参考了布雷弗曼（Braverman，1974）和福柯（Foucault，1977）的观点，而一点都未提及批判理论将会计学的社会意义阐释为——装饰（或解释为）一种价值无涉的"应答机"的工具理性媒介和结果——的潜在适当性。

从 20 世纪 80 年代早期起，各种不同的理论与视角填补了批判性会计领域的理论空白，这些理论与视角同样从各个不同方面挑战了会计理论与实务狭隘的技术性方法。① 此外，批判性会计的学术圈已经吸收了结构马克思主义（比如 Tinker et al.，1982；Tinker et al，1980，1985）、劳动过程分析理论（例如 Hopper et al.，1987；Armstrong，1987）和福柯主义（例如 Hopwood，1987；Miller and O'Leary，1987），以及更倾向于综合或折衷的研究成果（例如 Lehman，1992；对其各自贡献的回顾，参见 Chua，1986；Roslender，1990，1992；Puxty，1993 以及 Morgan and Willmott，1993a）。

批判理论与会计学

结构马克思主义、劳动过程分析和福柯主义都与批判理论有着密切的关联（参见第二章）。他们大致都有一个"根本变革"的社会概念：权力和统治，而不是共识和社区，都处于该社会和经济关

---

① 和其他管理专业形成显著对比的是，一些"批判"会计专业的大牌学者非常乐于鼓励非会计专业的学者将他们的洞见带给会计学——这是一种进展，它得到了异常紧张的会计专业劳动力市场，以及（可以证明地）作为一种严格智力训练的会计职业志向的支持。

系的中心——包括会计学理论和实践在内。[①] 结构马克思主义和正统的劳动过程分析预见了这种根本转型的进程，这种转型受到剥削的和不稳定的资本主义社会结构的驱使，而有组织的工人阶级为之奋斗。相反，批判理论和福柯主义则对劳工阶层的革命成果产生了严重怀疑。福柯敦促我们应该认识到知识和权力的不可分割，并对免于受控的社会前景继续持怀疑态度，如果不是持悲观的态度的话（见第七章）。至少，借助哈贝马斯式的表述，批判理论基于批判理性和非扭曲的沟通（non-distorted communication），寄望于一个更加广泛和持续的解放性变革的过程，而批判理性和非扭曲的沟通又是受到各种不同社会运动力量所推动的（见第三章）。

虽然是相对少数，但至少和结构马克思主义和福柯主义所鼓吹的会计学研究相比，现在还是存在着越来越多的从批判理论[②]中汲取养分的会计学研究者。大体而言，批判理论对会计学研究的影响基本局限于哈贝马斯的著作，伴随着人们对霍克海默、阿多诺或马尔库塞著作中表现出的对会计学丰富的激进批判所产生的持续的兴趣（参见 Laughlin, 1987：484）。

阿灵顿和普克斯提（Arrington & Puxty, 1991）沿袭了哈贝马斯的分析所反复提及的主题——"技术"工作不可避免地根植于"实践的"或社会关系的"道德的"领域（见第二章、第三章），这暗

---

① 这里，同样要提及在马克思主义和福柯主义会计学研究中关于那些被理解为"激进学术"的内容所存在的强烈分歧。例如，可参见内梅克（Neimark, 1991）对福柯主义激进潜能和抱负的论辩式批评，以及他的包含了回应和反驳的专著《批判视野中的会计学》（1994）。

② 这包括：劳克林和普克斯提（Langhlin and puxty, 1983, 1984）、维尔莫特（Willmott, 1983, 1984a）、劳克林（Laughlin, 1987, 1988, 1991）、阿林顿和普克斯提（Arrington and Puyty, 1991）、迪拉德（Dillard, 1991）、布罗德本特等（Broadbent et al., 1991）、迪拉德和布瑞克（Dillard and Bricker, 1992）。

示着批判理论为人们提供最中肯、最尖锐的批判性资源，使其牢记会计是"道德行动的一种形式"（ibid.：48）。他们认为，会计通过"货币的'非语言'媒介"阐释了经济生活的社会行为（ibid.）。同样，这还是一块对交往理性中的扭曲进行实证调查的非常丰富的土壤。他们指出，会计中的隐含道德特性，可以通过开展研究加以揭示。这种研究所关注的是，在实践中，会计信息是怎样在追求特定价值与利益时按照常规实施生产、流通和竞争的。为此，阿灵顿和普克斯提力荐巨用哈贝马斯关于形式语用学（formal pragmatics）的讨论，建议人们将其作为一个概念框架，去重新解释现有的研究，并指导对会计实务的实证领域中的未来研究（也见 Puxty，1991）。他们的看法是，哈贝马斯的观点能被用来揭示"在会计中利益实际上是如何被裁定的，特定会计行为是怎样运作、并且一定同时揭示出授权的和惯常的结果"（ibid.：51）。在这种方式下，会计理论与实务被确认为，一个重要的实证场所用来理解和质疑交往是如何形成于不对称的权力关系内部，以及如何受其扭曲的（也见 Power and Laughlin，1992）。①

在会计研究中最为充分地使用批判理论的例子是劳克林的研究（如 1987，1991；Laughlin and Broadbent，1993）。人们认为，批判理论提供了一个强有力的工具，"通过它可以了解现实是否可能实现具体机制的转型（LanghLin，1987：482）。劳克林指出，批判理论特殊价值在于，它是直接面向实践来改变这个世界，而没有求助于简约化和结构马克思主义的历史相对论。超越哈贝马斯早期对选择性方

143

---

① 对这类运用理想言说情境概念作为其基础的研究年代的确定，并非始于会计学领域之内。对"这种分析将演化为什么状态"的表述可见于福雷斯特（Forester，1992）。也可参见第四章。

法的局限性的简单批判（例如 Willmott，1983），劳克林主张，应当对研究程序加以发展，这就需要充分运用哈贝马斯（Habermas，1984，1987b）最近在普遍语用学和法制化①著述中的见解。

劳克林（LaughLin，1991）采用了一种哈贝马斯式的框架，来考察会计在促进生活世界的价值和实践的殖民化，并使之得以合法化的过程中所表现出的作用和潜能。具体来说，劳克林赞同哈贝马斯对于自我塑造的"生活世界"和形式化的"系统"的区分。在自我塑造的"生活世界"中，关于"目标"（例如，个人信条）的规范和价值占据主导地位；相反，形式化的"系统"则对"方法"（如工作设计）的有效性所作的合乎目的理性的计算居于核心地位，并且，处于形式化"系统"中的"控制媒介"（如法律）指引着"系统"的发展——包括其进程的殖民化，而这种进程的殖民化是通过生活世界的准则和价值得以发展和维系的（见第四章）。

例如，在欧洲铁路公司（European Railways）的案例中（Dent，1986b），劳克林说明了传统的工程价值观——把公正和工程质量确认为基本行动和运营铁路的技能——在铁路应该如何运行的决策中怎样受到财务准则日益频繁的实施的挑战与排斥。劳克林指出，在20世纪80年代得以推行的新的责任形式，表现出削弱铁路工人既定的（生活世界）工程技术价值理念的效果。人们更多地强调有效而有利可图的管理控制系统的设计和运行，而认为"财务上的考虑是次要的"（Dent，1986a：27，引自 LaughLin，1991）。在这一案例中，欧洲铁路公司在管理决策中日益过多使用会计方法看起来是个难题，

---

① 法制化指的是一种过程或形势：在这样的过程或形势中，法律超出了它的提供了形式框架的既定功能，自治在其中获得了原则上的支持和赋权，从而确立了"社会的进程、关系以及通常的结果……这些都取决于可解释的政治议程和意图"（Laughlin and Broadbent，1993：339）。

144 并已经削弱了已有的价值观念的合理性。人们对操作性和工程性的传统型关注，被解读为"利润计算"，并且铁路事务也"从此逐渐通过会计事宜得以重新解释"。（1991：228；Broadbent et al.，1991。在其论述中，类似的分析被应用于英国的国家健康服务）。劳克林指出，由于系统性规则被人们以会计测量和控制的抽象形式强制施行，这使得铁路（女）员工的生活世界被打乱并受到严重破坏。劳克林的主要论点是，已确立的会计学科并不中立，它是通过激发实践趋于更高效率或效益的方式促进当前生活世界的再生产或持续发展。相反，它们的学科内容还往往被既定生活世界的价值观所腐蚀。

对劳克林（LaughLin，1991）而言，欧洲铁路的例子与英格兰教会案可以形成有益的对比。在英格兰教会案中，尽管出现持续的资源危机，会计也仍然只是发挥着次要的作用。劳克林指出，和"铁路案"形成对比的是，教会生活世界的价值观大体得以保存。他认为，这是由于在这样的情境下，会计理念中的腐蚀性潜能已经被成功地抵制了。尽管其他例子中的情形介于这两种极端之间，但却表明了关于"目标"的规范和价值与关于有效"方法"的目的理性计算这两者之间的紧张关系这两者之间的紧张关系——例如，最近在英国由公共部门的工作者（尤其是医生和教师）为了维护和保存福利和教育价值，努力阻挠或规避单位成本的会计逻辑。（进一步的分析聚焦于英国卫生和教育机构最近进行的改革，在这些机构里，在既定的组织生活世界可能解体的情况下，会计被视为"积极的参与者"，参见 LaughLin and Broadbent，1993。）

最近，劳克林和布兰德本特已经把他们的注意力转向运用批判理论构建更具规定性的模型，而不是简单地表明关于会计的特定描述是怎样不合适，以及怎样受到抵制。基于他们所从事的公共部门的工作，他们力图构思：具有启发性和可行性的会计是何种形态。

他们还运用哈贝马斯式的框架，为公共部门的改革构建了一种批判性的评价程序。最近几年，他们一直对此进行着持续的分析（见 Laughlin and Broadbent，1994）。虽然这项工作仍然只是处于早期阶段，但它预示着，将为会计学提供一种批判理论研究的重要维度。

信息系统

　　会计和（管理）信息系统之间有着重要、而且越来越多的交叉领域，特别是当管理会计师们试图扩展他们的专业疆界时（Earl，1983）。管理会计系统提供信息，从而使对设计和运行管理信息系统的控制成为可能。信息系统（IS）的显著特征是其基于计算机（computer-based）的信息提供，以及它为所有管理职能——从会计到人事——提供信息支持的抱负。

　　借助计算机的力量，人们在理论上能够即时获得信息的各种来源——不仅是在"环境"中变化的信息（见第五章），如不同产品的销售信息，而且就连组织内部的每一项操作，包括各个部门、甚至每个员工的业绩信息都可以获得。组织之间的共享网络具有巨大的发展潜力，尽管这些潜力的实现和执行常常受到竞争压力的阻止或推动（Knights et al.，1993）。尽管迄今为止，信息系统关注的焦点仍集中于计算机科学的硬件和软件方面，但是它已经开始日益关注信息系统应用的"行为情境"和组织媒介。在这一方面，它所取得的进展与其他领域的管理实践并驾齐驱。

信息系统的行为主义维度

　　大体而言，信息系统的专家们希望通过收集、储存、操作和获取各种组织信息，为计算机的程序担负责任。近年来，信息系统的建设目标是运用计算机及行为科学，以使这一程序更加系统化，使用起来更加便利。然而，人们还是将绝大部分精力直接运用于信息系统的抽象模型上，并将信息系统强加于各种组织当中。最近的研究发现，在这一过程中，由于缺乏相关的专业知识，信息系统的用户在很大程度上被排斥在设计与开发的过程之外，因此无法作出任何相关的贡献（Murray and Willmott，1993）。在面对正式理性系统中实际存在的非理性（即故障）时，这种情况正逐渐改变。因为系统的设计者往往是侧重于技术的完善，而忽略了使用者的"需要"，其结果常常是陷入到繁琐的、不利于用户的系统发展之中，远达不到应有的高效、快捷的系统要求。由主机业务到个人电脑的客户服务器网络的转向，进一步加快了这种发展。

在推动系统运作中所碰到的难题，增强了行为主义取向的信息系统研究的可信程度。行为主义取向的研究在很多方面的工作一直专注于怎样有效地整合社会和技术系统两方面的资源（Bostrom and Heinen，1977；Mumford，1983）。与其他管理专业相似的是，这项研究已经不再专注于技术维度，而是把注意力转向系统设计的行为主义维度（Walsham，1993）。此外，关于设计和执行信息系统的组织政治学考察也受到了激发（如 Robey and Farrow，1982）；人们对不同领域管理者之间在控制和使用这些系统时产生的竞争的认识也越来越多（Knightsand Marray，1994）。然而，与其他管理领域中发展起来的行为研究的是，这项研究对权力问题的诠释因为未能穿越体制和意识形态的障碍以改善沟通与组织的形式，而备受批评（见 Elkjaer et al.，1992；Murray and Willmott，1993）。

从批判的视角审思信息系统

由于对信息系统的不良使用与糟糕影响已经得到了更多的认识和理解，所以人们对其政治和程序方面的兴趣也日益增长（关于这一领域的研究回顾，参见 Orlikowski and Baroudi，1989）。信息系统越来越被视为改变和巩固那些监督和控制组织内部活动的途径，而不仅仅被视为一种提供更详细、更迅速和更可靠信息的手段（如 Sewell and Wilkinson，1992）。举一个较为琐碎的例子：超市收款处的计算机化能够提供即时和可靠的有关商品销售的信息，这些信息支持着重新进货的程序。但与此同时，这种创新还为管理过程展示了一种监测收款员的速度、精确度以及诚实度的机会。由于信息系统作为监督系统的潜能已经得到了人们的认知和利用，因此它们在发展和实施中"隐秘"的一面也就更加明显。

一部分是因为信息系统是一个崭新的领域、一部分也是因为它被计算机工程师和系统分析员们（这些人感兴趣的是发展他们的机器和方法的权威性和精确性）所主导，所以人们对信息系统的社会意义和政治意义的批判性反思显得相当有限。早期有影响的例外是韦曾鲍姆（Weizenbaum）的计算机的力量和人类的理性（1976）。计算机专家韦曾鲍姆强调了信息系统否认理性和加剧权力滥用的潜能。韦曾鲍姆熟知批判理论的洞见并受其启发（特别要参阅其书第249 页等相关内容），他重点强调了我们对电脑生产信息的日益依赖所导致的许多可能发生的社会功能紊乱。在评论计算机在越南战争中的使用（更不用说海湾战争了，在海湾战争中，信息系统的运用使得电视观众能够参与冲突。这种冲突不太像是导致大规模死亡的战争，而更多的像是虚拟现实空间入侵者的游戏）时，韦曾鲍姆指出：

当美国总统决定轰炸柬埔寨并对国会保密时，五角大楼里的电脑被"设定"将来自这一领域的真实袭击报告编造成递交给政府领袖的虚假报告。说真话的乔治·奥威尔的内政部已经被机械化了……

147

韦曾鲍姆继续说：

> 不仅是决策者对自己不理解的技术所做的决策不负责任——虽然人们一直对政策制定者抱有幻想，认为他们是在阐明政策问题并且予以解答，而且责任也一并消失无踪……在某种真实意义上，处在我们文化中的五角大楼和其他类似的单位中，庞大的电脑系统并没有创作者。因此，他们并不承认任何关于正确或错误、关于正义、或关于任何人们同意或不同意的理论的问题。他们并不提供可以对"计算机所说的话"进行挑战的基础（Weizenbaum，1976：238-40）。

必须明确的是，韦曾鲍姆并不是要表明，计算机应该被程序化以作出判断。他也并不否认电脑的"设定"是由人而不是由电脑本身完成的。相反，他认为计算机的能力可以而且确实对人们——尤其是对权威人士（能够思考、决策和行动）施加了潜在的影响。韦曾鲍姆指出，尽管不是必然的，但计算机能力的实施效果倾向于强化技术理性和必然性的神话。在技术理性和必然性中，在备选目标之间进行道德选择可以缩减决策过程，而且这个过程与电脑辅助的计算方式无关（见第一章）。韦曾鲍姆认为，信息系统中主要难点是这样一种广为流传的技术官僚的理解：持续扩张和改进的电脑系统是人类进步不可回避的一部分，这种进步在以往任何时候看起来都是由非人为的科学进程所推动的。

> 技术上的必然性可以被视为仅仅是更大的症候群里的一个元素。科学许诺人类以权力。但是，情况常常是：当人们被权力的许诺所诱惑时，就被强迫预支代价并成为惯例，而且实际支付的代价是受到控制的和没有效用的。如果人们无法依靠某种权力去作选择，那么这种权力将一文不值。工具理性可以做出决策，但在这个世界上，决策与选择之间终究是存在区别的。（ibid.：259）

韦曾鲍姆的核心观点是，计算机的发展和使用已趋于反映并强化理性的工具性理念，在工具性理念中，人们在竞争性目标（例如，使用电脑还是不使用，以维持现状的方式选择性地使用还是以质疑现状的方式去使用，等等）之间作出的选择，将服从于"如何使他们的权力、速度、可靠性等得以增进"的决策——通常是"基于精神溃散的理由：'如果我们不这样做，别人也会'"（Ibid：252-3）。

虽然计算机技术的使用方式受到了强烈批判，但需指出的是韦曾鲍姆并不拒绝使用它，甚至也不反对人们努力增强计算机的能力和速度。相应的，他呼吁对批判理性（与工具理性形成对照）加以发展，从而使得关于"如何让计算机以最有效的方式服务于人类意志"的民主判断既成为可能又合乎民意。或者，如韦曾鲍姆所说："这种在心理技术中寻求世界问题的解决方案的理性的替代选择并不是愚昧无知，它是对人的尊严、真诚、自尊和个人自治的理性恢复"（ibid.）。

当然，这里所说的"尊严"或"真诚"的含义并非是没有争议

148

的。正如将"科学"的含义具体化是存在疑问的一样（见第二章），"自治"的意义也恰恰是揭示存在于个体内部的特殊现代概念的批判性审思的一个主题（Winograd and Flores，1986；也可见第七章）。然而，如果我们遵循批判理论的传统，那么需要强调的是，人性和人权的启蒙概念是值得珍惜和保卫的——这种维护也必须允许、它的历史相对性加以充分认识，而不是加以拒绝。

批判的信息系统

从批判理论的角度来看，更合理的社会发展所面临的挑战，主要并不是涉及设计和执行更有力的控制系统（如管理信息系统的开发）之类的技术性问题。毋宁说，其所面临的挑战从根本上说是社会和政治问题。它包括了体制的转型，从而使计算机的威力更便于推动解放，而不是维持现状。迎接这个挑战的是一群为数不多、但日渐壮大的运用批判理论（尤其是哈贝马斯的著作），来发展出相对于（信息系统理论与实践的）主流工具性形式而言的批判性替代选择的信息系统专家（如 Klein，1986；Klein and Hirschheim，1985；相关评论见 Lyytinen，1992）。

批判理论在信息系统中的应用是相对较晚的事情，并且仍然处在早期阶段。然而，它却必须大大超越对现有系统发展路径的批评。批判理论已经做到了这一点：要么是借助哈贝马斯的知识建构兴趣理论——正如第二章所描述的那样（如 Klein and Lyytinen，1985；Lyytinen and Klein，1985），要么是将哈贝马斯关于交往的近期研究（见第三章）视作一种大有希望、然而却未经检验的研究信息系统的方法（Lyytinen and Hirschheim，1988）。沿着与韦曾鲍姆提出异议的相似路径（见上文），对传统信息系统的批评，也同时质疑着它的认识论和本体论的假设。例如，克莱恩和利替仁（Klein and Lyytinen，

1985：143）在攻击"作为科学的信息系统"的主流概念时就指出："源自人类意图的信息系统与伴随着可测量事实的数据确定之间的分离，掩盖了作为社会交往系统的信息系统的真实属性"；并且，"在科学至上主义背景下，科学并未成为实践的一种批判良知或教师，而是沦为实践的短视的奴仆（ibid.：151）。

　　为了反驳信息系统内工具性的科学理性所占据的支配地位，克莱恩和利替仁（1985）向人们力荐信息系统领域中的两个变化方向。其一，他们指出，对信息系统专家进行教育和培训的拓展，以提高其对"科学范式"的相对性和局限性的认识（参见 Hirgohheim and Lyytinen，1989）。信息系统的培训师被要求认识并恪守职责，把握并传播信息系统发展的多种途径，其中也包括有关批判理论的知识。克莱恩和利替仁主张，这样的教育和培训应该纳入"伦理道德的立场中考虑，这样的立场使人们对工具和方法的'善'的优先选择获得合法性，并且指导着他们对信息系统的运用"（ibid.：152）。① 其二，在转向考虑信息系统的实践时，克莱恩和利替仁（Hirschheim，1985）援引杰斐逊的格言：社会的权力最好是掌握在人民手中。从这一立场出发，他们极力主张系统设计者应与信息技术的使用者进行对话，这些使用者不只是在组织内部运行信息技术的人们，而是所有终端使用者。他们注意到，时下盛行的信息系统的哲学和实践不容许使用者对开发和利用信息技术说三道四，他们评论道："如果业界领袖不能解释其系统设计的方法与在独裁社会中实施的系统设

¹⁴⁹

———————————

　　① 为了推动这一进程，他们力倡通过额外渠道来传播非科学主义的研究论文——例如，通过在现有杂志上刊载专题。与会计学领域相比，信息系统缺少活跃地刺激和传播批判研究的期刊。然而，近来出现的诸如《会计、管理和信息技术》之类的期刊、以及《信息系统杂志》和《管理信息系统季刊》的政策的近期拓展表明，这种状况正在改变。

计方法何以不同（例如，通过展示他们如何与人民、为人民、由人民设计系统），那么，西方世界就有麻烦了"（ibid：154）。与此相关，他们暗示，体现杰斐逊所指示方向的运动，可以由（对为信息系统实践的程序性操作提供真知灼见的研究）更为开明的业界领袖来推动。

赫希海姆和克莱恩（Hirschheim and Klein，1989）在论著中指出一个良好征象，即批判理论在研究和变革信息系统的过程中，潜力正得以提升。他们在论著中运用布瑞尔和摩根的范式性框架（见第二章），从而确认批判理论相对于其他研究途径而言对促进信息系统的发展作出的独特贡献。[①] 遵循哈贝马斯的思想，赫希海姆和克莱恩（Hirschheim and Klein，1989）的基本论点是，系统目标和设计的合理性取决于一个自由和公开的沟通过程，这一过程由对哈贝马斯（Habermas，1972）提出的三种知识构建兴趣——关于生产和控制、交互理解和解放（见第二章）——的存在与价值的理解所引导。在这一提法中，系统设计和开发的目标，是要能够使得：

> 将理想的言说情境制度化，进而对系统的目标、设计和实施的模式达成共识。理想的言说情境，将使在信息系统开发的三个基本目标之间取得平衡得以合法化。这里所说的三个基本目标是：较好的技术控制，更好的交互理解，继续从不正当的社会约束和心理压制中得以解放。（Hirschheim and Klein，1989：1209）

[①] 他们认为，每种范式都和系统分析家的不同概念存在着关联：作为系统专家（功能主义者），作为促进者（解释主义者）、作为劳工党派（激进结构主义者）、以及作为解放者或社会治疗专家（激进人文主义者）。

赫希海姆和克莱恩（同上）认识到哈贝马斯的理想言说情境概念（见第三章）实际上是一个可能永远不会得到充分践行的理想，并且在实践中人们也可能不愿或不能投身于公开论辩或改变他们的行为。尽管如此，他们还是认为，理想言说情境这一概念可用来作为评估信息系统设计的质量和使其执行合法化的基准。他们提出了一系列减缓对理性话语所作的（社会性地）不必要的阻碍和扭曲的方法，其中包括：重组系统的开发程序以鼓励"参与、共享和探索遗失信息"；"激励人们贡献其专业才能"的商谈系统的引介；"通过保护人们不受权力胁迫，来激励其表达批判和激进建议"的信息系统设计（同上：1209；也见 Hirschherm and Klein，1994）。

这份"希望清单"仍然尚未转换成一系列关于变革的实证研究或方法论。正如利替仁（Lyytinen，1992：175）所看到的那样，"如果批判理论想作为一种可行的研究途径渗透到信息系统社区之中，那么就需要"对身份验证的开发作更详细和更明确的批判性研究"。或许，在信息系统领域中绝大多数赞同哈贝马斯沟通理念的人，最有可能来自已经对社会理论持更开明态度的计算机支持协同工作（Computer-Supported Cooperative Work，CSCW）（例如，见 Bannon et al，1991，特别 Dietz and Widershoven，1991）。在向信息系统专家举荐批判理论的中肯之处时，利替仁指出，他们可以有效地更加关注其他管理学科的发展——在那些管理学科中，批判理论的成果更为突出（如 Forester，1992；见第四章），并且受批判理论影响的研究从传统与理论家（他们的论著在研究具体实践中提供了更多的支持）那里获益良多。利替仁（Lyytinen，1992：175）特别提到在运筹学专业中的研究工作（如 Ulrich，1983，1988），将其视作适

150

合于"为信息系统开发精心构建一种批判的方法论"①。接下来，我们的注意力将转向这一领域。

运筹学

运筹学（Operational Research，英文缩写为 OR，在北美普遍称为 Operations Research）源于军事操作，在军事操作过程中，人们发展数学模型，力求确定部署可用的武器、补给和兵力的最有效方法（见于 Checkland，1983 和 Rosenhead，1989）。也有这样一种说法：基于有效的管理和对稀缺资源的利用，运筹学早期历史中的一些重要人物把运筹学的发展看作一种创建了一个计划的社会主义社会的科学方法（Mingers，1992a）。然而，这一早期的理想主义随即就被排斥在运筹学这一学科之外，尽管它最近以"社会运筹学（Community OR）"的形式经历了一次规模不大的复兴（Parry and Mingers，1987）。在评论这段历史时，亭可和洛（Tinker and Lowe，1984）描述了这一学科如何"失去它十年前所具有的许多活力和远见。它在技术专门化的困境中衰弱，并且缺乏总体的一贯性和方向"（见于

151　Tinker and Lowe，1982）②。

运筹学方法已被工业和政府部门广泛采纳。通常是运用电脑的力量以发展更高效的系统。例如那些专门设计出来用于改善后勤、库存控制以及人力规划的系统。对这一过程，明杰斯（Mingers，

---

① 利替仁对批判理论成果的兴趣在运筹学领域中得到了发展，并且反映了在这些领域之间的某种交叠程度（也见 Jackson，1992）。

② 这场辩论中这些会计专业的参与也显示了会计学和运筹学之间论争的相像程度。

1992a：93）评论说："凌乱复杂的问题由运筹学加以简化，直至技术可以处理的程度，而人则不过就像机器和资金那样只是系统的另一组成部分。通过其体现于最优化理念中的假想的科学性，运筹学的'解决方案'获得了其合法性。"然而，当人们觉察到运筹学专家开发的数学模型脱离、并且经常与对日益复杂变幻的世界的管理无关时，醒悟便随之而来。对数学技术完美性的专注无意间降低了运筹学对管理决策所作贡献的影响效果。会计师和（较晚些的）信息系统专家被认为拥有更为相关（如"行为主义的"）的知识和技能，以及更具实用主义倾向，因为他们承担着先前由运筹学专家们承担的任务（Bain，1992）。

"软"运筹学

运筹学专家对此反应不一。他们中的一些人热衷于投身有限的领域，在这些领域中，他们的模型——如排队论或库存控制等——继续被购买；其他一些人则力图扩展运筹学的方法论，以涵盖那些已经被"硬"的、量化的模型排除在外的"软"因素。人们开发出多种方法和技术（例如，Ackoff，1979；Checkland，1981；Eden，1989；Mingers，1992a），所有这些方法和技术都无一例外地注重去理解绝大多数真实世界的行动和问题之相互作用的杂乱属性。其中，切克兰德的"软系统方法论"（Soft Systems Methodology, SSM）也许是理论上最精密但最有影响的。

软系统方法论背离"硬"研究方法，认为系统模型没有、也不能记录或描画它们所研究的世界。充其量，系统模型只能提供关于这个世界的一种可能的沟通语言。软系统方法论的目的是领会和展示不同的行为者在一个特定的场景（如一家公司或一个部门）里工作时，是如何理解和交流他们的真实感觉的。然而，"硬"系统思维把世界当作某些既定事物来加以研究，并且认为通过利用科学方法就可以理解它；软系统方法论则将这个世界当作运用不同解释框架的人们之间交互影响的不断协商的结果。依据协商方式的变换，许多问题解决中的凌乱性得以理解。在这些协商中，往往没有关于问题是什么或备选方案适当性的普遍共通的定义。据称，软系统方法论的价值在于其展示这些理解框架的多样性和复杂性、进而使得不同群体能够理解其他群体看待世界的方式，从而推动对话进程。这些群体怀着这样的期待：随着互相理解的加深，人们能够对问题的本质以及有效的解决办法达成共识。

与其他管理专业中发展出来的批判相似，"软"思维因其不能充分解决权力问题和利益冲突而受到抨击。批评者们认为，软系统方法论所缺乏的是对以下问题的理解，即不同解释框架是如何历史地植入统治与开发的关系、并受到其支持的（作为一种回顾，见于Willmott, 1989）。当人们承认软系统方法论的这一缺点时，显然在不同群体之间获得共识就可能需要对这些关系作出彻底变革。否则，出现何种协定可能将取决于相对具有依赖性的处境或某些群体相对其他群体而言的自治权。观念不会自由形成、发展，或得到表达：既然它们的意义嵌在权力关系之中（从这些权力关系中，它们获得道理和权力），那么少数"交往问题"（通过以软系统方法论提议的方式塑造意义），就可能得到充分解决。

批判的运筹学

最初，关于运筹学理论和实践忽略物质条件的批评源于马克思结构主义者及劳动过程分析的传统（例如，Hales, 1974；Rosenhead and Thunhurst, 1982）。近来，运筹学专家将批判理论评价为"促进批判性运筹学理论和实践"[①] 的资源，把上述关于运筹学理论和实践忽略物质条件的批评凑合起来，并且使得这些批评不再引人注目。关于如何使批判性运筹学得到最佳的表述和发展，存在相当大的争议。[②] 随着会计和信息系统的专业化，批判理论的旗帜由一群相对少数的活跃的研究者引入了运筹学领域。[③] 这些批评家常常把"软"思维的某些形式看作是他们心目中的更好途径的背景。他们所认为的更好途径，指的是在决策中适当考虑权力和统治因素。其中，特别具有影响力的是杰克逊的论述。杰克逊认为："（由切克兰德的软系统方法论）设想的那种不受约束的自由辩论是不可能发生的。行为者将不均衡的智力资源带入讨论之中，并且或多或少地拥有权力……权力不均衡的结果便是现有社会秩序的存在，通过这些社会秩序，权力得以获取和再生产"（1982：25）。

从批判的视角，通过"软"研究方法的使用而得以确立或促进共识遭受着质疑。人们对达成的一致意见不抱多大信心，因为这些同意常常是在（抑制观点的自由形成和开放表达的）不对称的权力关系中得以形成的。然而，除大量运用奥里奇的批判系统探索法（Critical System Heuristics，CSH，见下文）的弗莱德与杰克逊所倡导的方法这一可能的例外以外，批判运筹学与信息系统专门科目一样，已经远离了对运筹学的认识论基础的反思。 *153*

---

① 在会计学背景下，这一评价得到了期刊《系统实践》的支持。这一期刊为批判的运筹学提供了一个重要的焦点和出路。

② 例如，可参见杰克逊（Jadjson, 1990）、明杰斯（Mingers, 1992c）和刊于《运筹学研究学会杂志》上杰克逊和明杰斯之间的系列笔谈（43，7：729–35；44，2：205–10；44，7：729–35）。

③ 参见杰克逊（Jackson, 1982, 1985）、明杰斯（Mingers, 1980, 1984, 1992）、奥里奇（Ulrich, 1983）、奥立加（Oliga, 1988）、弗莱德（Flood, 1990）、杰克逊和弗莱德（Jackson and Flood, 1991a, 1991b）。

对哈贝马斯的思想运用得最成熟的尝试是由奥里奇（Ulrich，1983，1988）作出的。简要地说，奥里奇的观点是，所有主张——譬如那些由管理者或公共策划者提出的主张——都必然建立在对世界的不合理的判断之上。奥里奇的批判系统探索法（CSH）的目的，是要迫使那些当权者将政策透明化，从而促成（作为当权者的政策和主张的规范化基础的）进一步的质询。通过引入"论辩式（polemically）"理性以重现所有主张如何取决于未言明的正当理由的"中止"，人们料想到当权者会受到激励，明确表述其诉求所基于的价值和假设——批判系统探索法（CSH）的目标就是要促进关于这些诉求的恰当性与合法性的争论。通过这一方式，奥里奇声称，对关于知识与力量之间关系的批判理论的理解，正在从"一种纯粹的研究程序转变成批判性的社会调查与设计的一种实践工具"（ibid.：155）。

批判系统探索法（CSH）没有自称坐拥通往真理的特权。它的批判意图不是通过将其他人的主张与自身的对比来揭示前者的错误。相反，它的目标是发展出这样的情境：人们能够在其中记起党派的多元化，各党派各不相同的立场在某些未言明的"暂时中止"阶段具有共同的基础。这些未言明的"暂时中止"只能通过挑战党派的权威才能得以确认。奥里奇（ulrich，1983：74）认为："引进理性争论将确保双方以平等的姿态进行理性的对话"（见 Flood and Jackson，1991b，对 CHS 所作的应用和评价；对 CSH 和批判理论所作的更普遍的拒斥见 Tsoukas，1992——详见下文）。然而，奥里奇的论述多少有点虚饰的成分。因为 CSH 的影响（如果不是它的本意的话），就是要解构那些其权威已被广泛认可或者已经牢牢确立的人们的地位（见 Willmott，1989，1995b）。那些当权者极有可能也感受到——或对或错地——在一个深入质疑他们主张的对话中，他们将损失良多。正如奥里奇所说的，如果各种主张建立在不恰当判断的基础上，那么人们可能会期待当权者花大力气使这些主张更加透明化。皇帝们是不会承认自己是赤身裸体的！即使当权者在私下接受了 CSH 的观念，他们也不可能对它在公共领域的应用提供强力支持（见 Payne；1992）。一项充分的关于管理的批判研究，必须坦然直面出现这种反应的可能（见第八章关于 CSH 的更完备的讨论）。

为了克服对变革的抵制，基于批判理论的洞察力而形成的解放的研究方法，必须公开承认并处理权力关系中的紧张和冲突（正如那些拥有特权的人，以及由于权力关系而被剥夺基本社会权力的人之间所经历的紧张和冲突）。例如，当意识到将存在来自当权者的阻力时，人们就有必要去评估每一"方"是如何在不必要的压制性社会布局和文化传统中成为受害者和作恶者的。明杰斯（Mingers，1992a）得出大体相似的结论。他认为，哈贝马斯对权力组织的高度抽象的表述，必须用更直接地涉及具体实践和过程的研究方法作补充。利替仁（1992）在论及信息系统，也提出了这一论点。

154

应对责难

最后，在总结本章以前，我们应当注意到由托卡斯（Tsoukas，1992，1993）发展出的对批判系统思想和更具一般性的批判理论所作的全面批评。虽然托卡斯将矛头直指批判理论在运筹学中的应用，但正如在本章和前一章中考察过的那样，他也对批判理论在其他管理领域中的运用作出了类似的激烈指责。由于篇幅限制，我们无法在此充分地总结和质疑托卡斯的这些批评。而且，我们也的确接受了托卡斯对主要由杰克逊和弗莱德提出的批判系统观念（如 Jackson and Flood，1992）——例如，杰克逊和弗莱德倾向于把社会当作合乎逻辑的主体，也倾向于赞同人类的实在主义观念（也见于第七章）——所作的许多批评。我们还同意，"全面系统干预（Total Sys-tem Intervention）"（Jackson and Flood，1991a）不能承诺批判理论所要求的解放。正如明杰斯（1992b）敏锐地指出的那样，弗莱德和杰克逊的《创新问题的解决》读来"更像一本管理咨询手册而不是一件解放的工具"（ibid：734）。

托卡斯所作批评的根本困难源于他对必然性的热衷，以及与此相关的不愿接受包括科学在内的所有知识的存疑状态（见下文）。他对批判系统思维的哲学弱点的诸多抱怨也是基于他对知识/事实与观念/价值二分的天真信仰而引发的。一点也不奇怪，这使得他质疑那些大量借鉴批判理论的主张及相关分析的一致性（见于第二章）。这也导致他相当草率地发表断言，譬如他宣称那些支持批判系统观点的人们相信并寻求对手段—目标差别的消除，然而可以证明的是，批判理论所追求的目标并不是要消除这一差别，而是要详细检查、阐明并保证手段和目标的（交往）合理性。

批判理论并未声称批判理性是、甚或可能是在发展人类社会的进程中至关重要或不受约束的。相反，它认为重要的是放松诸如父权制之类的权力关系的束缚，因为它们妨碍和扭曲了开放的交流以及理性社会的发展。重申一下，托卡斯（Tsoukas，1992）针对在批判理论主导的研究中形成的关于权力的相对简单的表述所作的许多批评是可以接受的（也见 Mingers，1992a）。但他没能论证：一种更令人满意的概念化与批判理论的假设和野心是不相容的。至于他对科学的理解，我们也赞同他的主张，即自我批判（根本而言）是"科学探索的奠基石"（ibid：654）。然而自相矛盾的是，这种认识并没有解释批判理论（以及福柯式的分析）是如何有说服力地质疑下列假设的。这些假设所涉及的是关于科学自身的自治、在权力和支配关系中科学自身的构成，以及科学家批判地反思（为那些如波普尔所示的实证科学提供辩护的）话语和实践的有限的能力和准备状态（见 Habermas，1976）。

拒绝批判地反思为驳斥批判理论打下基础的假设（如与自治的科学家相比较），致使托卡斯得出结论：批判理论在精神上或在实践中和已有的解释视角是毫无区别的。这些解释视角体现在假设主义分析（assumptionist analysis）（Mason and Mitroff，1981）、二轮学习①（Argyris and Schon，1978）以及软系统方法论（CheckLand，1981）之中。托卡斯（Tsoukas，1992：654）没有试图去领会批判视角怎样地支持一种对话式的、更少专制的途径以评估竞争性真理主张中似是而非的道理，而是坚持根据"方法论的严密"的非内省的、沾沾自喜的观念对批判理论的主张加以评价。托卡斯（Tsoukas，1992）不愿、或不能认清，实证主义/解释主义与批判视角之间的关系并非生来就是零和的（zero-sum）。既然在构成这些视角的假设和价值之间存在着基本差异（见于第二章），那么对于批判理论来说，在适应管理的"支配理性"或提供对管理者有益和有价值的解释的过程中，就没有什么特别的困难了。假设管理者对于直接挑战关于其"问题"的公共知识的观念完全中立（如果不是彻底敌对的话），实际上就是对充分考虑了管理工作复杂而矛盾的立场和法规的本质主义的全盘接受（参见第一章和 Willnott，1996c）。

结　论

在本章和前一章中，我们已经设法运用批判性思维、特别是批

---

①　Second-loop learning，指对已经学习过的知识和如何设计学习程序进行反思。——译者注

判理论，强调管理专业研究的存在，以提供理解管理的正统方法之外的一种替代选择。我们力图说明这一替代选择与不同子域中其他"行为主义"和"软"描述的连续性，同时也澄清它们的不同。在对每一领域的考察过程中，我们试图说明批判理论是怎样为那些——对组织和管理的既定方式所引起的荒谬的、破坏性的社会和生态后果——感到大失所望、甚至绝望的人，提供新的观念和灵感的。在每一个领域中，我们都能发现人数虽少但活跃的研究者，他们越来越多，正努力从事批判理论的研究以质疑和变革正统的理论和实践。我们希望，对他们运用批判理性以推进管理理论和实践的开拓性努力所给予的赞誉，将鼓舞那些参与其中、或是（至少）讨论其忧虑的其他人。

第三部分

迈向批判理论与管理的融合

第七章　管理与组织研究：重铸解放

根据批判理论（CT）的一般原理，前面的章节已经阐述了对传统思想中的管理和组织研究的批判及其反驳。本章是总结性的一章，我们将于此考察批判理论的观点，在审思批判理论的洞见和理想与管理的人本主义形式之间建立联系的可能性的同时，发掘它与其他形式上更为进步的管理理论及实践的联系。在本章中，我们主要关注一种综合的理论层面。更明确地说，我们旨在重新评价批判理论中的解放概念——也就是要认识到，只有通过自我反思和斗争的过程，人们才能从统治的多种形式中解放出来。在第八章，我们将更加明确地关注管理的实践方面。

正如在第三章中我们所提及的，对批判理论的主要批评来源于正统的马克思主义以及较晚的后结构主义理论（Post Structuralist theory，PS）。[①] 正统马克思主义认为批判理论过于诉诸理性。批判理论由于无法阐明观念转变如何发生于阶级冲突和斗争的血腥过程中而受到

---

① 我们认识到，在批判理论内部——如阿多诺和哈贝马斯之间——存在着重要的差异和张力（参见第三章）。我们同样明白，许多理论家积极抵制由（包括福柯在内的）人们所运用的后结构主义的标签。对我们来说，后结构主义的贡献比针对这些标签的争论更为重要。当福柯的整部文集无法被确认为后结构主义时，他关于权力、真理和主体性之间关系的作品却确实和其核心兴趣有着紧密的相似性（Weedon，1988）。

批评，同时也因为对解放变革缺乏任何清晰明确的描绘而受到攻击。正如克利夫（Cleaver, 1979）所说，他对批判理论的失望在于，"分析的基本特点仍旧维持着它对意识形态批判的承诺，以及它在处理工人阶级权力的成长和发展问题时的软弱无能"。与此形成对比的是，后结构主义则质疑，批判理论中对意识形态的批判所假设的"真理"是否能从权力关系中分离出来，以及与之相关的，克服了权力压制性、意识扭曲影响的自治主体是不是可以达到理想的状态。认真看待后结构主义的观点，为理解解放的转变提供了一个更加审慎的视角，因为包括批判理论在内的各种不同的知识形式都被认为具有成为统治的新资源的潜质。这样，从截然不同的角度来看，人们的质疑已经转向了批判理论主张的恰当性。

本章以管理与组织研究（MOS）、批判理论（CT）以及后结构主义（PS）三者之间对话的形式展开论述。通过参与这三种研究取向的对话，我们探索可能推进解放方案的发展空间。我们的讨论围绕着不同的热点展开，这些热点在前面的章节中曾经涉及——如权力、知识、改进、自治、目标等。我们首先对管理中的解放理念作简要说明。然后，我们考察批判理论必须予以认真对待的种种批评，尤其是处于管理和组织研究情境中的那些。接着，作为对这些批评的回应，我们勾画出一个改良的理解解放的框架。最后，我们提出一些更具体的建议，关注解放研究的听、写、读的方法，在这些建议中，我们为批判性反思和解放及其他更传统的思考创造空间。

以下的反思是探索性的，并且可能会引起争论，这些反思并不指望为人们提出的许多问题提供一些能充分解决疑难的权威答案。我们也不是旨在提供一个由我们所考察的不同观点和立场融汇而成的"融合体"或"调和体"。在认识到我们研究领域的困难后，本章提出了一系列简要的交流、评论和观点，在以批判理论为核心的管理研究中，它们对于讨论解放理念会有所帮助。因为所探讨的各种主题或多或少地凸显了其他的声音——主要是指后结构主义和人文主义的管理理论——这些声音在不同时期可以听到并产生不同的效果。我们所关注的是促进管理学的"主流"与"批判"分支之间更深入的对话，但是毫不隐匿区别它们各自立场的哲学和政治差异的任何错觉（参见第一、二章）。为此，依据批判理论，我们力图使我们的讨论更加开放和更具自我批判性（也见于第三章）。

管理和解放

在前面的章节中，我们已经表明并探讨了利用批判理论来检验和批评当代管理与组织研究发展的多种方法。诚如凯尔纳（Kellner, 1989）所论，批判理论对被管制的社会、文化产业、消费社会的解释能够为分析危机四伏的发展提供至关重要的资源。在这样的发展中存在着"一个奇特的结合体——精简理性和极端非理性相结合、组织与解体相结合、危机管理的危机倾向和努力相结合"（ibid.：203）。但是，与此相反，必须特别认识到哈贝马斯尚未说明交往新形式——电脑、通讯卫星等——的意义，并专注于"决定自由社会的本位论基础的传统（或者，也有人称之为形而上学的）项目"（Poster, 1989：133）。福雷斯特（Forester, 1982）这样评价哈贝马斯对批判理论的贡献："显然缺乏对那些在社会系统和社会行为的分析水平之间调和而成的制度和组织形式——例如，工厂、医院、学校、工会、教堂、公司和企业、文化和民族协会及类似机构——的解释"。因此，对大多数管理领域中的实践者和学者来说，批判理论可能显得颇为离题和不相干。不仅因为其对解放的研究没有给管理

理解管理：一种批判性的导论

问题提供"定位"，甚至没有涉及组织与管理理论的实际领域，而且因为其分析高度抽象和深奥。

在管理与组织研究的主流思想中，对解放一词的概念存在着两种主要态度。一种直接、强硬的回应是，对于任何作出"劳动组织领域和管理研究是——甚或令人信服地可能——与解放这一迷人观念相关"的暗示都不予考虑。持这一态度的人们坚称，管理者的角色是，"确保组织的生存/发展/利益"和/或"满足股东/顾客/（以及在一定程度上）工人的直接需要"，或者，更具讽刺意味地说，就是"使股东/顾客/员工离开管理者的身后"。管理主义和正统马克思主义可能认为，管理学的任务就是通过控制工人的生产力来维护股东的利益（Storey，1985）。它与解放无关，解放充其量只是个人合法追求的、工作以外的私事：解放并非管理的问题，无须为管理负责。

另一种可供选择的对论及解放的回应更接近于批判理论（和本书）的立场，尽管仍然存在着相当大的差距。持此种态度的人们认为，更为先进的管理理论确实关注于把雇员从不必要的、异化的工作组织形式中解放出来。现今的专业术语称之为"授权"。从人际关系到工作生活质量再到企业文化，人们可以说，（人文主义管理理论）优先考虑的事情是，以"充实"的方式——满足更高层次的需要（例如自我实现），提升工作满意度，从而提高生产力——重新设计物质性的和象征性的工作条件。当管理提供了被看作是满足这些需要的机会时，那么就可以说，雇员从异化的工作环境中提前得到（如果还不是十分充分的话）"解放"了。

161

通常，批判理论的拥护者认为，人文主义管理理论是具有致命缺陷的、应受严格批评的、在意识形态上受到污染的"解放"思想。我们自己的研究有时会表明这样的立场（Alvesson，1987；Willmott，

1993a)。本书前面的章节择要回应了这种观点。我们基本相信，人文主义管理理论需要经过严格的批判性检验。但同时我们也承认，一种对人文主义管理理论更为精妙的正确评价是可能的，并且这种评价还有可能会受到审慎的欢迎。值得赞扬的是，人文主义管理理论已经开始将雇员看作主体，而从这些雇员身上可以收集并获得更有成效的努力。至少在原则上，（一些）雇员被认为是拥有"更高层次需要的"，因此同物质价值一样，道德价值也被明确地以一种关怀的、负责的方式运用于员工管理中。然而，同时必须认识和强调的是，人文主义管理理论的"柔性"是建立在对解放的关键先决条件的狭隘理解的基础之上的。人文主义管理理论假定，"解放"就是为雇员提供培训和职位，从而使他们不断提升以到达"更高的需要层次"。而"授权"则被视为是一个由进步、开明的管理者赋予雇员的、实质上被动的过程。

与此形成对照，以批判理论为导向的观点坚持认为，解放和授权必须涵盖一个积极的个体与集体自主的过程（或斗争）。即使并不一定要毫无余地地反对，但人们仍然对批判理论中的解放主张及其自上而下的变革所产生的影响抱有怀疑态度。甚至、也可能是特别是，当这一变革被人们用"授权—推进"而不是用"命令—控制"的字眼来表达的时候，更是如此。对批判理论来说，解放并不是赐予雇员的一份礼物，甚至恰恰相反，它是一个遭遇和克服不必要的社会局限和心理局限的必经的痛苦过程。这个痛苦的过程包括许多现象，比如从性别与种族歧视到依赖消费主义的生活方式来寻求自尊，以及基于功利主义意识形态的对失败的恐惧。由于斗争的缺乏，人文主义的各种管理理论赋予雇员"主动性"和"自主性"的更多机会，可能很容易产生事与愿违但并非总是意料之外的影响，即，这削弱了雇员批判地反思其工作条件和企业目标的能力。一个证明授权会削弱批判地自我反思能力的例子是，当责任逐级递减时，总是伴随着企业文化逐层（集中）强化。通过增加自主选择机会的方式来重新设置工作，可以使得那些仍然留在工作岗位上的人更喜欢工作，而且/或者觉得工作起来更有意义。然而，也要注意到，在一定程度上，重设工作是迫于提高生产力或灵活性、降低管理成本等压力之下进行的。最为关键的问题是，必须评估这种新的设置是促进还是阻碍了自主决定的机会。

批判理论认为，任何重大而持久的解放变革形式都必然是一个批判性的自我反思和自我转变的持续不断的过程。解放并不等同于，或者降格为由一些或多或少有点仁慈的管理精英指挥着的零散的社会工程。相反，批判理论中的"解放"概念包含一系列广泛的问题，如两性关系的转变、环境保护、工作民主的发展等等。但是，同样，假定在提高组织绩效和解放运动两者之间存在着一场零和博弈，不仅不合情理，而且是不辩证的。甚至在资本积累的约束和工具理性的统治的范围内，现代组织的矛盾的动力也能够适应——并确实能够提升——雇员的责任和自治的增长程度，至少对那些被认为对确保竞争优势十分重要的（核心）成员来说是如此。

对批判理论的批评

在不丧失批判锋芒的情况下，我们允许在批判理论与人文主义管理理论之间存在一定的可调和关系。在简要地勾勒出这一理解批判理论的基本逻辑之后，我们现在开始阐述针对批判理论的一些批评。我们认为，作为解放的促进力量，批判理论的社会科学理想，存在三种类型的问题。我们首先考察与"知性主义（intellectualism）"和"本质主义（essentialism）"相关联的各种批评，然后在管理与组织研究（MOS）中将批判理论的"否定主义（negativism）"与批判理论的边缘化联系起来。批评的类型各有不同，但我们相信在现有情境中每一种批评都值得深思。我们认为，这三种批评中的每一种都能够以应对各自异议理由的方式得到回答。

知性主义

批判理论的核心是假定人类理性是一股解放的力量，这股力量受到可能变化的历史条件的压迫和扭曲（参见第一、三章）。可以肯定地说，这些条件（如管理主义、沙文主义）抑制和偏转了人们以共同行动来决定他们自身的需要和塑造自身命运的能力。这个扭曲的过程是令人感到挫败和痛苦的。从根本上说，正是这一挫败的经历，燃起了人们对这种令人痛苦的社会条件的批判性反思并激发了他们的解放变革。然而事实上，痛苦和挫败也可能通过其他途径得以减轻——例如，通过沉浸于工作（工作狂），或者通过逃避现实来做到这一点。逃避现实时常表现为可有效地减少人们寻求"自我管理"目标的疏远和沉迷玩乐的形式，等等。正如费（Fay）所强调的那些痛苦的方面：

163

> 批判性的社会科学是由社会不幸的状况引起的，并且围绕社会不幸的状况展开论述。这种状况被认为是对体验了这些感受的那些经历的忽视和受他人统治所共同造成的。批判理论正是运用这种不幸经历，来证明其把寻求启蒙和解放的对生活的切入是正当的。（1987：83）

在对批判理论的主张作进一步的反思之后，费（Fay，1987）提出质疑：一系列有问题的条件→经受痛苦→批判性反思→解放，这一思维模式是否就像哈贝马斯断言的那样完全没有问题？费并没有否认批判理性是解放力量的一种强有力的来源（参见第一章），但他指出，这种力量"天生地受限于"身体的（具体化）学习，在这种学习中，人们将对当代社会秩序的感知和（社会）逻辑深深地内嵌于身体之中。换言之，费认为，人们在身体上习惯于或沉溺于、并且高度依赖于他们所了解的世界。缺少了批判理性从中调停，身体本能会继续依附和保卫现有的世界——几乎无视这样的行为可能会如此的令人不满或徒劳无功——而不是去努力改变它的需求和威胁的进程。①

根据"人类是'历史的、具体的、传统的和内嵌的生物'"这一说法（Fay，1987：83），对理性的、批判性观点的主体反应度可能相当有限。因此，批判理论中的认知重点可能在信息传递及促进批判性自我反思的效果方面有所欠缺，更别说解放实践了。或者说，正像批判理论的评论家们已经清楚表达的批评那样，批判理论对人类行为的意识和情感方面的忽视已经表明了其理性主义偏差。然而，正是这些方面，对于"给予足够的诱导或刺激去博得其潜在对象的忠诚"而言，是必须的（参见 Whitebrook，1984；McIntosh，1994）。而且，强调对社会生活的反思、评价和自由可能仅仅导致反复的自我反省和对所有社会安排的怀疑。对个人究竟在做什么、最佳的社会秩序是什么的反复质疑，可能会激发个人和社会重建，也极可能

---

① 这一批评和斯劳特戴克（Sloterdijk，1980）强有力地表达出的对意识形态评论已经变得过于严肃和庄重的焦虑产生了共鸣。通过将其自身与"反讽知识中引人发笑的强大传统——它们在古老的犬儒主义中有其哲学渊源"划清界线，他们已经开始表现出"一种彻头彻尾的带有资产阶级体面的情调"（Sloterdijk，1984：202）。

导致沮丧和麻痹。

为了回应这样的批评，首先值得指出的是，批判理论的最有影响的倡导者，如霍克海默和阿多诺（Horkheimer and Adorno，1947b）等，都强烈地意识到人类理性的局限性——几乎达到绝望的程度，因为他们看不到任何能够解决这个问题的方法。可以说，对"完全受管控的（totally administered）"或"单向度的（one-dimensional）"社会粗枝大叶的批评，正是对这种绝望的表述，同样也是激励解放的真切努力。但是，正如我们在第三章所说的，即使如此，马尔库塞所著的《单向度的人》（1964）一书在直接激发60年代晚期人们对权威价值（如唯物主义和消费主义）和社会安排（如层级制）的质疑中，产生了事与愿违的影响。马尔库塞所提出的质疑确有理据，但是，它在现代技术统治论意识和广为传布的作为快乐的基本手段的消费主义面前，已经丧失批判能力。因此，对于批判理论变革贡献的质疑，我们的回应是要保持和树立这样一个信念——承认质疑 *164* 传统智慧和现行做法的理性力量是有限的，但与此同时，也要肯定其在解放过程中的重大作用。此外，比起把理性力量理解为普通事物或是"现代"社会独有的事物，处在大屠杀、麦卡锡主义和古拉格劳改营余悸中的我们，更倾向于把理性的批判性部署看作是在不同时代都会或多或少凸显出来的历史现象。在我们看来，维持（或许是复苏）有限的、枯竭的批判性理性能力的当代手段，就是要接受和发展批判理论的洞见。但是我们所采取的方法，会较少专注于宏大理论，而较多地偏向于从本土实际事务中学习和为其服务。对批判理论的知性主义偏见的批评与后结构主义者对元叙事和总体评论的批评相似，这也正是我们接下来要讲的。

本质主义

    对"批判理论是本质主义"的批评，是指批判理论发展出无所不包的框架的倾向。这一框架承诺能减少或"整合"社会现象的复杂性和多样性，从而使这些现象能够"符合"一种单一、整体的想像。后结构主义者特别对这一倾向提出了抱怨（Calas and Smircich, 1987；Cooper and Burrell, 1988；Lyotard, 1984）。另一个争议焦点是对自治主体观念的抨击，这对于后结构主义（PS）来说也是一个极为重要的挑战。后结构主义反对"本质主义论者"的"整体的、连贯的、同质的个体"这一观念，它接受、并且实际上也颂扬分裂、矛盾、不可判定、变动和混杂的必然性。

    无论是在管理理论、还是在社会哲学中，人文主义思想的一个基本假定是：在人类意识的孤寂、破碎的表层之下，有一个自治的个体蠢蠢欲动，想要挣脱而出。[①] 或者就像维顿（Weedon, 1988：21）指出的那样，人文主义"事先假定在个体的内心存在一种独特的、固定的、清晰的本质"。在管理理论中，有一个已被广泛接受的关于固定的系列需求存在的假定：当雇主满足这些需求时，这些得到满足的需求就能使雇员对组织的贡献加以最大化，并且也能提升他们工作的满意度。与此相反，批判理论摈弃"在现代工作组织的约束下，人类自治能够得到充分的实现"这一资产阶级人文主义观念。对于批判理论而言，作为权威和意图来源的上帝之死是人文主义计划的开始而不是结束。虽然现代人已经不受封建幻觉（比如国王至高无上的权力）的影响，但批判理论仍然强调，我们依旧被当

---

    ① 人文主义的理性根源可以追溯到启蒙运动时代。当时，人类凭籍思考的力量，"假定了（作为与神相对的）人类理想的构建"（Dawe, 1979：375）。

代的社会假象诱入陷阱——例如，通过进行包括劳动力在内的商品
买卖、被动参与代议制民主、和/或应用行为科学使现存的组织方式
更趋合理化的机会，可使"自由"观念得到充分体现。为了证明其 165
关于当代幻觉和"社会不幸"的批评的正确性，批判理论常常引入
激进的人文主义观念，即：个体的核心，是（潜在地）统一和自治
的个体，这样的个体被那些不必要地妨碍价值—理性社会繁荣的惯
例和优先权给忽略和贬低了。① 在管理组织研究中，这一论题与麦格
雷戈（1960）的观点相近。后者认为，个体自治的核心通过管理哲
学的"X 理论"转化为"Y 理论"后，能够得以释放。最近，彼得
斯（Peters, 1992）也宣称，管理者可以通过使他们的工作更具全面
的"灵活性"和"网络化"，来解放他们自己。

　　正是这个基本的自治假定受到了来自后结构主义的挑战。与批
判理论的所见相左，后结构主义指出：主观性是多样化、有争议性
的话语和实践的产物。通过这样的话语和实践，个体惯常性地得以
（误导性地）认定，而且（错误地）认定他们自身，将其视为自治
的主体。对后结构主义而言，"个体既是主观性的可能范围的场所，
又是（处在思想和言说的任何特殊时刻中的）一个主体，它受制于
某一特殊话语意义的政治体制，并由此受激发而行动"（Weedon,
1988：34）。哈贝马斯（至少在原则上）假定，通过在交往关系中达
到对称，"意义的政治体制（regimes of meaning）"中的权力能够得
以清除；并且，在这样的情形下，自治的、负有责任的个体最终会

---

　　① 例如，马尔库塞（Marcuse, 1955）从人类生存的核心处发现了可以扰乱和
超越发达社会的总体控制的人类本能（参见第三章）。目前，哈贝马斯对人类行动
核心的更具理性色彩的构想占据了主导地位。人们将自治与团结和交往行动联系到
一起。这里所说的中心是指对非专制社会中自由对话的言说行为的参与。在非专制
社会中，语言的质疑、检验、争论的潜能得以充分发展（参见第三章）。

得到充分的体现。相比之下，后结构主义主张，真/假和异化/解放的二分法是缺乏支持的。福柯（1980）特地向"'知识'和'权力'之间的关系是全然消极的，并且与此相关，知识的意识形态方面也可以通过去掉权力得以消除"这一批判理论的核心观念提出了挑战。福柯主张，绝大部分（如果不是全部的话）权力关系包含对那些构建了其主观性（例如，受到管理者重视和保护的职务级别——它们努力塑造和复制着管理者的身份意识）的人们来说是"积极"的要素，并且受到他们的重视。福柯同时也将注意力投向知识的（无论如何都是启发性的）各种形式发挥——就其后果而言颇为矛盾的——真理效用的方式。例如，"人类理性具有解放的潜能"就能够产生一种社会理论形式，即批判理论。批判理论特别热衷于抽象的理论化，以及对世俗哲学与实践的批判性洞见的培育加以批评；或者说，更糟的情形是，存在这样一种风险：批判理论家"通达一切（know best）"，并把他们自己封为权威，因而湮没了他们声称要加以推进的对话。

抛开关于剥削和统治的气势宏大的批评——这些批评视社会和组织为一个整体，福柯认为应该将精力集中于他所命名的"权力的微物理学（microphysics of power）"上。通过这一术语，他描绘了多样并且相互交叉的方式。在这一方式中，权力经由权力关系和斗争网络的转换得以履行。我们相信，这一途径的基本价值蕴藏在它把握社会组织的复杂且不确定的动态的能力之中，它避免将混乱、而且通常自相矛盾的管理和组织的质量管理，缩减为一些单独、统一的权力的产物（例如，资本主义、技术官僚、高层管理、国家、联盟——或者，甚至是大众文化或消费主义意识形态）。相应的，这一方式展现了理解（从整体角度看来统一、不可避免并且无法动摇的）过程的缺陷和弱点的可能性。从一个更长远或更抽象的视角来看，那些易于作为"资产阶级意识形态"的表述或作为"错误意识"的发生器被归类和剔除的东西，可能被理解为一种更加模棱两可的现象。经过更审慎的考察，我们发现，这一现象在其形成和影响上也是相互矛盾的（Knights and Willmott，1989）。

否定主义

第三个针对批判理论的不满涉及"否定主义"。逐渐削弱传统信念和假定的基础和合理性是，或者说本该是，学术研究和学术专业的主要任务。然而，如果批评没有得到更具建设性的意见的支持，那么这样的批评就容易成为"否定主义"指责的靶子。片面的否定主义可以展现许多管理理论言过其实的单向度的唯技术论的镜像。这样的否定主义会产生问题，这些问题的产生既源于批判理论所批评的主客体如何呈现，也源于对其理论关注的适当性的展示。

具有深远影响的批评常常会导致边缘化（如果不是受到拒斥或驱逐的话）。批判理论的可靠性在管理研究领域尤其得到发扬光大。在管理研究领域中，人们被要求全身心投入到（用工程学的措辞来讲，就是）工具性行动和问题解决当中。然而当批判理论被视作抱有"比你神圣"的态度时，情况将会完全不同。因为这样的态度从根本上是冷酷无情的，结果就导致无从交往。当批判理论被看作专门热衷于"数落"和"打倒"传统智慧，而不是去正确理解——用哈贝马斯的话说——依据经验分析和历史解释的科学发现如何在一个更具（价值）理性的社会发展中扮演其潜在角色的时候，批判理论就（无意识地）落入了非交往性的泥淖中（参见第二章）。当然，我们并不是说应该免除对传统智慧的批判性检验。但是，批判理论施加影响的能力是有条件的，这一条件基于批判理论与主流观念和实践——以可理解的、有望吸引他人的形式——相互衔接的意愿

（参见第八章）。

　　"管理意识形态（managerial ideologg）"中的彻底否定始终与辩证法背道而驰。这是因为，它漠视或排斥了管理意识形态范围内的矛盾和反倾向（参见第一章）。例如，在强调管理实践中的压迫逻辑和批判理论的解放理想之间不同的过程中，在某些特定理论中——例如，一些稍嫌杂乱的（如果不是存在深层问题的话）新人际关系和企业文化哲学，一些更传统、理性的管理和组织理论的贡献——可能存在一种对进步潜力的承认和探索的深层的不愿意。尽管存在相当多的既是实践方面、也是伦理方面的不足（Willmott，1993a），但这些观点至少挑战了控制着这一领域的古典途径过于狭隘的"理性"概念。当这一态度的反对者、包括我们自己，提出过于片面、消极、没有建设性的论据时，不愿与主流的、管理专业化（pro-managerial）的途径进行对话，就会促成批判理论的边缘化①。

　　表面上地看来，至少在最近，管理理论的发展与批判理论有这样一个共同的认识，即：当一个理性的严密的技术概念，对人类组织施加引发分歧且令人麻木的影响时，是怎样抑制创造和革新的。同样的，它们怀有以下同样的信念，即：人们经常会积极响应那些赋予他们拓展其辨别或自治能力的机会；在这样做的过程中，他们可能倾向于对待他人时行事更加负责。然而，批判理论并不强调达

①　当其与批判理论中的的理智主义和本质主义相结合时，其所持有的否定论或许就要为批判理论在管理理论和实践内部（以及对管理理论和实践的影响）的边缘化表现负责了。正如我们已经指出的那样，这种状况在一定程度上可归结为批判理论所用语言的晦涩难解，同时也要归结于与批判理论针锋相对的主流价值观。尤其在美国，在顶级期刊上发表批判性管理研究的成果困难重重。即使批判性研究成果明显在增多——本书便是例证，这也仍然意味着批判性管理研究的贡献是微弱的，如果不是完全"沉默"的话（Calas and Smirich，1987）。因此，批判理论力争获取这样的地位：借助这一地位，它的声音能够被人们听见。

成共同理解的这些领域，而是倾向于专门聚焦于现代管理理论的负面特性上——例如，自治的神秘化和对雇员身心的控制。这并不是要说，这些特性应该被忽略；或者说，（例如）与那种"'强大的'企业文化能扩展雇员辨别力"的主张相关的矛盾应该被掩饰。相反，在管理理论的范围内，对辨别力、自治、授权这些问题的关注，提供了参与建设性对话的机会。在建设性对话中，企业文化抑制批判性思维的可能性将得到清晰表达（例如，Wilkinson and Willmott，1995a）。

对关于批判理论的批评的反驳

在检讨了若干对批判理论的批评后（主要是从后结构主义，以及传统管理理论与实践的立场来看），我们认为，这些批评在某些情况下是有点模棱两可的。本质主义当然是处处渗透着人文主义的管理与组织研究，它认为人性是永恒的、非历史的，并最终形成了一套人类需要的理论。管理与组织研究的其他重要问题，包括了一种（与对简单解决方法的偏好，以及对其自身变革力量的热情展现相关的）反知性主义。相比之下，有着法兰克福学派的知性历史在合理性和主观性中认真考察历史变化的方面，显出了相当大的兴趣，从而削弱了人性视角中的本质主义（参见第三章）。

许多具有批判性的管理学研究者，已经转向后结构主义、特别是转向福柯的论著，以寻求指引和启发（如 Knights，1992；Townley，1993）。虽然福柯的某些作品能够与批判理论的最抽象的观点相提并论，但是他的许多作品——尤其是他的后期论著——都不应受到过分深奥或过于知性的责难。不过，福柯还是没有令他的读者们对解放的机会抱乐观的态度。吉尔兹（转引自 Hoy，1986）认为福柯实际是在写一个关于"无自由的兴起（the Rise of Unfreedom）"的故事。尽管特别强调的是权力的积极特性，但是其学科影响被很多评论家认为是遍及各方面的。基于对福柯论著的政治冲击力的反思，罗蒂（Rorty, 1985: 172）曾评论道，福柯"禁止自己使用类似于半吊子的自由主义思想家的那种语调，那些人会这样对他的追随者说：'我们知道肯定还有比这更好的做事方法；让我们一起去寻找吧'"。

人们可以质疑这种批评似乎反映了精英主义的观点，即具备福柯的水准的作者们应该可以为一个更加美好的社会描绘出一幅"蓝图"。值得注意的是，福柯本人高度怀疑这样的野心。由于在一致的理性训导中找不到具有压倒一切的价值，福柯才获准对很多看似矛盾的事物予以陈述。其中的某些东西似乎响应了对批判理论的批评意图。例如，当福柯批判地评论建立在"乌托邦理想"的本质主义假定上的批评的价值，而不是更直接地对现代机构的微观物理过程进行分析研究时，他说道：

> 在我看来，在一个像我们这样的社会里，真正的政治任务是：对看起来似乎既中立又自主的机构的工作进行批评，以这样的方式——通过这些机构一直得以含糊使用的政治暴力将遭到揭露——对它们进行评论，从而人们都能够与之作斗争。（Foucault in Elders, 1974: 171，引自 Rabinow, 1986: 6）

正如福柯（Foucault, 1991）本人所说，在任何情况下，批判理论与福柯的（变化的）立场之间的分歧都不应该被夸大。直到他的思想发展后期，在反思其知性的发展和对法兰克福学派的无知时，福柯写道：

> 在这一点上，我意识到，法兰克福学派曾经怎样试图超前

地坚持那些我过去几年来也一直为之努力的东西，以维持……
当我明白法兰克福学派的所有这些优点时，我却表现得像缺乏
良知的人那样，那些人应该早已知道并且更早地对其进行研
究……如果我在更早的时候看了这些著作，我会将有用的时间
节省下来。可以肯定的是：某些东西我就不需要写了，并且我
也能避免一些错误。（ibid.：117，119）

事实上，有些评论家把批判理论和后结构主义联系起来，把它
们看作是关于自治个体的资产阶级观念的对应物（Firat and Ven-
katesh，1992；Sampson，1989）。尽管如此，已浮现出的后结构主义
对本质主义的批评仍是值得认真关注的。批判理论与后结构主义、
尤其是与福柯之间的分歧，可能会在这些议题上产生精彩纷呈的争
论局面（Alvesson，1996；Alvesson and Deetz，1996；Deetz，1992b；
Willmott，1994a）。

同样的，尽管哈贝马斯（Habermas，1989a：294）对福柯的主
观主义作出了批评，但他绝不是对福柯的权力/知识关系分析不屑一
顾，而是认为"他的确为主体哲学中人文科学的纠缠不清提出了具
有启发性的批评"。我们的倾向是，在具有最初解放意图的规划中，
审思和运用福柯的论述（参见 White，1986），即使在这一计划中他
的观点不无歧义。这种歧义既是长处，又是弱点。之所以说是长处，
是因为他的观点将适量的怀疑主义注入了批判理论令人陶醉的知性
主义领域中（也同样注入到管理与组织研究的天真的乐观主义中）。
福柯也指出了——以一种展现其压迫性结果、进而促成对这些实践
进行批评的方式——对世俗过程和机构（如监狱和类似监狱的组织）
进行系谱分析的价值。但是，除去出现在他最后的论著（《性史》，
第二卷和第三卷——参见 Foucault，1985，1986）中的道德立场这种

169

潜在的例外，福柯著作的积极特性不应分散我们的注意力，从而忽视福柯所采取的立场的根本问题：缺乏一贯的规范性方向（Will-mott，1994a）。伴随着这个难点的，也许是福柯的不情愿的勉为其难——将其关于权力/知识关系和主体构成的透彻分析置于政治经济、资本主义制度的职能及其对自然生态和财富机会配置的影响的讨论中去。正如杜斯（Dews）为了维护批判理论、尤其是哈贝马斯针对后结构主义的批评所作的辩解：

> 确实，哈贝马斯的论著并没有给当代碎片化的经验、身份的迷失和本能的释放提供一面镜子进行对照。可以用"与生俱来的"描述性词汇写出后结构主义论著……但是，伴随着理论和历史视角的欠缺，它也没有为其表达的充分性和即时性付出努力。（1986：33）

这种对后结构主义的批判性评价与利奥塔（1984）和许多关注"解构"和"后现代情境"的作者的观点是直接相关的。尽管出于良好的意图，但是对语言的开放性、模棱两可的特性的强调和对作品和文本的不确定性的沉迷，会蜕变为一项排他的、知性的、学术圈内的事业。就可接纳性（accessibility）和建设性批评而言，许多后结构主义几乎称不上是对批判理论的发展。一种指向（在批判理论中关于当代社会及其机构的不当驳斥）的趋势和后结构主义中对被称为"宏大叙事"的事物的轻蔑拒绝是相似的。"宏大叙事"即大规模的框架和项目的所有形式，包括进步发展的理念——就是所谓的"极权主义"（Lyotard，1984）。就这一点而言，后结构主义可能会因庇护其自身的"本质主义"而受到责难——在其"本质主义"中，"宏大叙事"的所有类型（除其自身而外），都被人们不分青红皂白地看作本质上是相同的（参 Kellner，1988）。总的说来，可以得出这样的结论：对于与批判理论的解放规划相联系的进步理想的所有问题而言，这一理想糅合了积极的/建设性的和消极的/批判性的因素，使得其比起更为一贯地"未定"且有反复解构倾向的后 *170* 结构主义来，还要稍微容易把握一些（例如，对于实践者和管理与组织研究而言）（Willmott，1996b）。然而，假如批判理论在"普通的"组织设置时，给予行为者更大的适宜性，那么其知性主义、本质主义和否定主义的倾向必然会得到承认和正视。我们认为，这并不需要把抛弃解放的理想作为分析的指导价值。相反，如果社会科学要避免变成一项虚无主义的事业（在这样的事业中，知识的产生完全与激发并指导其生产的价值相分离），那么就必须要保留和重建解放的承诺。

解放的重新概念化

人们对"大批评"的发展和阐述的醒悟程度有助于扩展关丁普通、日常的权力关系和斗争的批判性分析。吉尔茨（Geertz，1973）曾说，文化的（人类学）概念应该缩小范围，这样它才能涵盖得更少而揭示得更多。同样的，解放的概念或许也可以缩减范围，以避免产生过度或独断的浮夸主张。在本节中，我们运用了前面的讨论来阐述解放的重新概念化。这有利于更多地强调规模更小的、开放的变革计划。

微观解放

当人们专注于"微观解放"的可能性时，组织内部进行的各式各样的活动、行动和技术方案不仅被看作控制手段，而且被看作目标和阻力调解器，因而也被看作解放的潜在的传播媒介。在这一构想中，组织过程被认为是不确定的、前后矛盾的、含糊的和不稳固的。在权力和控制系统内，必然存在着为了进行批判性反思和解放性变革而揭露和发掘出来的矛盾和"漏洞"。就像迪兹（Deetz，1992a：336）描述的那样，"专业实践中的每一个'积极的'进展，都会有一个与其相对照的事物"。控制不仅被概念化为行为空间的纪律与约束，而且被概念化为批判性思维和解放的一种潜在来源。所有的控制策略都被理解为是由"标志"或"信息"促成或无意间产生的。这些"标志"或"信息"可以引发怀疑、抵抗和批判性反思——也就是，为解放性变革提供了基础的推动力。

控制与抵抗的辩证关系早已被批判理论传统以外的学者（如Edwards，1979；Giddens，1979）注意到并且更充分地探讨过了。但他们认为，这一辩证关系主要是指一系列主要的、综合的管理控制策略和对统治控制方式的大规模反抗（或相似的小规模反应的集合）

171 之间的冲突。在此，我们设法强调的是解放行为的另一种类型和表现的恰当性和重要性，这一种类型和表观在概念和重点方面不会过于浮夸。例如，这可能是为某一特定目的而由管理发起的对言语符号的重新界定。这一符号不是作为管理控制与整合的媒介，而是可以演变成一种反讽和距离的表现——譬如，因组织之名向雇员"授权"或提倡"目标陈述"的理念（参见如 Smircich，1983a）。同样，身份符号也往往会强化正式的层级制、优越感、自卑感和支持功利主义，如办公场所、豪华设备及特权领域的限制进入等。但它们可能同时而且不经意地提醒人们注意到公司安排的专制和政治性质，由此培育了人们的怀疑态度，而不是使纪律强化。

微观解放这一概念内在地强调着一种局部的、暂时的运动。这种运动打破形式多样的压迫，而不是朝着预定的解放状态而进行的连续行动。这一"微观"的解放观念同传统的单向的意识变革思想差异很大。传统的单向的意识变革思想把从"错误"到"正确"看作是从压制性的社会秩序向着明确需求和伦理准则相和谐的社会秩序转变过程中的关键因素。解放反而被描述为一项不确定的、无穷无尽的事业，它对抗着未经检验的传统、偏见、大众媒体的自我管理及消费主义压力等——这些事物联合起来向社会世界能够被理解和实行的方式施加不必要的社会限制——多种多样的压迫性影响，从而不断争取拓宽批判性反思和变革的空间。它并没有把解放理念描绘成一个大规模的、紧密集成的计划，而看成是无数个项目，其中每一个项目都受到时间和空间（以及成功）的限制。

简要例证 我们将通过一个例子来简要说明一下微观解放思想。这个例子来自于一间瑞典工业公司关于重组的一个"信息会议"（Alvesson, 1996）。约有一百名基层和中层管理者出席了这场长达两个小时的会议。一位高层管理者用一个修辞式的问句开始了这场会议，他问："你们为什么会坐在这里？"然后他立即答道："那是因为你们是这家公司的管理者。"观察这一个开场白，我们发现，通过这样一种不经意的方式称呼那些在场人士肯定不是无意的，并且这种方式对于微观解放而言不失为一个合适的主题（也参见 Knights and Willmott, 1987）。

我们首先要说明的是，虽然那些在场人士享有"管理者"这一头衔，但是并不代表他们真的就是"管理者"。如果真的是那样不言而喻的话，那位高层经理以这种说明现实状况的方式来开始会议就是值得怀疑的了。确定和任命某人为管理者，不仅仅是把某一个人委派到一个特定的正式职位上这样一个问题而已。人们用来界定被任命者的身份和思想意识也是非常关键的（参见 Deetz, 1992a;

172

Therborn，1980)。人们不能想当然地认为，那些被指派到这种职位上的本来就自认为是管理者，或者他们被别人推崇为管理者。某个拥有部门经理头衔的人可能首先并且最好把自己看成家庭成员的一分子，看成是一位女性、中年人，或许看成是一个"新手"，或者甚至看成是一名工会成员，等等。

企业管理与其他群体和类别在个人时间、自我感知、注意力和忠诚度方面可以媲美。从高层管理者的角度来看，最理想的情况是"管理者"应当首先把自己看作是企业的一分子。因此，维持和强化管理者身份很重要。把他们称为管理者意味着与工作有关的一些思想和价值观在不断地被强化——例如，责任感、忠诚度、工作士气、结果导向等等。实际上，案例中的与会成员正被敦促着放弃或暂停所有的其他身份。正如加尔布雷思（1983）所指出的，管理者在很多方面比其他员工受到更加严格的控制。例如，他们必须对自己的所说所想加倍地小心谨慎。因此，对于高层管理人员而言，一项重要的任务是持续地任命这样一些人——他们非常看重"管理地位"，并且作为"管理者"，他们优先考虑价值观、理想、感受和行动（包括自律在内）。这次会议的基本想法是要提醒与会人员，他们应该通过预见管理前景来理解重组，而不是把自己看成一个担心失去工作的家庭成员，或是一个抓住机会提升自己职位的野心家。

在这个例子中，微观解放意味着为对确定人员身份与自我理解而作的精心部署的抵制。它不是要指出错误意识——当然不仅仅是错误地把自己当作管理者。研究者诠释的目的，在于对基于特定身份的、盲目的、制度化的接纳加以约束。当批判性反思促进了对身份归属的开放态度的发展时，微观解放就发生了。在这样的身份归属中，使用"管理者"这一术语的消极方面（如服从于一定的规范和自我约束）和积极方面（如身份确认）都得到了承认和探究。因此，在这个特定案例中，微观解放的核心是一种对以某种方式规定他人的权力技术加以抵制的关注。作为对某一具体权力行为（身份的临时确定）的回应，小规模的解放是受到鼓励的，但把现状（以及组织情境）改变成全面的民主化这种更具野心的要求则是不受鼓励的。后者虽然并不与微观解放思想相抵触，但却超出了微观解放思想的范围。

解放的代价与悖论

有鉴于此，解放被看作是日常生活中的一个要素，包括压迫性权力的行使与对其行使的抑制之间的反复斗争。对解放的重新概念化同样承认，控制（如工艺制作的机械化）不仅为解放提供了一个可能的起点，而且可以促进生产力的提升。与此相对照，解放变革却可能会造成生产力的损失。伴随着对自我认同和就业保障的意识，那些力求扩大自主权和控制生产力的雇员，可能要么选择、要么遭受生产力的降低。同样，那些从支配性社会化模式和性别角色中自我解放出来的妇女也有可能会降低关怀照料他人的兴趣和能力，从而减少她们对无报酬经济的贡献。那些从新教工作意识中自我解放出来的雇员可能较少承担起“对社会负责”的公民义务，也降低了扮演这一角色的能力。不仅资本家、而且顾客群体（如医院病人）都可能会受到影响。对信念和价值观的批判性质疑或许可以大大促进更多的理性思考、对被忽视的需求的认识和澄清、公平理念等等。但在这样做的同时，这一思考也可能使个人与形成其主观性的传统相背离。由此可能导致的后果是，焦虑、身份丧失和其他严重的问题可能伴随着（或阻碍着）解放变革（Fay, 1987）。

忽视或掩饰解放的“代价”是幼稚和不切实际的。特别是在管理与组织的批判性研究中，潜在的成本必须得到充分的认识。在管理与组织的批判性研究中，已被人们接受的关于效率和收益的组织智慧与解放思想产生着直接的冲突。我们必须认识到，为获得不受统治观念和外部约束限制的多种解放形式，所要付出的代价可能很高。例如，增强生态意识和增大工作自由度与创造性——这些在批判性反思和解放变革中无疑将得到优先考虑——可能会导致工资和消费的降低，甚至是破产和失业。如果认为除了利己主义社会精英的压制性权力之外，就只有"非理性"阻碍了解放的进程的话，那么这个想法肯定过于简单。解放所涉及的是在一定的获得与损失之间的权衡取舍。人们可能有充分的理由去拒绝接受解放，其中既包括对失败的恐惧，也包括对"成功"解放的影响的恐惧。只有当这些恐惧得到充分的认识，而不是被轻蔑地一概而论为"非理性"时，它们才可能得以解决。

只关注管理与组织的某些方面必然意味着那些复杂现象将被选择性地描述和解释。这会轻易地为开放而模糊不清的现象造成一个封闭的、固定的表象。除非我们假定有些人已经完全获得了解放，否则我们必须承认，一个反解放的趋势贯穿于整个变革中——即使是对那些怀着最好的意图并且经过仔细反思的变革而言。解放的动态性和辩证性还意味着一种思想或一个预定目标在其实际应用中可以被颠覆。即使是从开放思想或促进反思开始，它最终也可能把人们禁锢在僵化而轻率的思想中（Willmott，1993b）。紧随在旧教条的批判和解放之后的是新的教条：在这一进程中的某处，由批判性的解放思想引导的理论会将转变成一种反解放力量（参见 Horkheimer and Adorno，1947a）。

因此，必须认识到批判理论的解放计划的灰暗的一面。话虽如此，但这样的挫折也必须予以揭露和加以挑战。举例来说，正如我们前面所指出的，我们知道哈贝马斯（1984）关于交往行为和反思对话的观念中隐含着一种"反解放"的潜能——例如知性主义意识形态，它强调把认知能力和交往技巧作为核心价值，并提供了一个"总的"框架（因而可能排除了"其他声音"），而且可以说，它带有男性优先的倾向（Meisenhelder，1989）。认识到在所有"好的"建议和方法中都存在反解放潜能，促使我们更进一步反思观念是如何将其自身运用到意识形态的使用中去的。如果对批判理论而言当真如此的话，那么对人文主义的管理理论也同样如此。对反解放因素的加倍敏感可能意味着，一些有影响力的作者和权威并未认真广泛地阅读，而只是停留于表面。几乎可以肯定的是，这会促使他们的治理方法的结果与其所声称的意图更为一致。

对解放短视的诠释 讨论过微观解放和解放的模糊性——不论范围和意图——之后，我们还必须发出一个关于过度依赖局部解放计划的警示。存在着这样一种危险，即对本土实践努力的强调会遗留下不受挑战的非理性的和压制性的根源——例如，资本主义组织原则的地方性弊病、有着历史和文化渊源的性别歧视、大众媒体的霸权角色、环境开发、专业管理意识的技术专家统治等等。纯粹在地方层面寻求裁量权和自治权的增长空间可能会导致一种狭隘的解放。在这种狭隘的解放里，局部的问题得到了（暂时）的改善，但深层次的结构性问题在很大程度上却被忽略且无法得到纠正。

牢牢铭记这些重要的考虑因素之后，我们相信，必须从以下两种组织概念——其一，像批判理论所希望的那样，把组织概念化为按照铁笼逻辑运作的一个紧密集成的连锁机构；其二，像后结构主义那样，把它概念化为一个零散的、相互脱节的微观力量和局部努力在起作用的设置——中跳离出来。与此相反，组织可以被看成是包含着压制和解放机遇的要素的联系松散的结构。这些要素在不同程度上与文化和政治经济背景的形成和再现相关联，或是它们的产

175　物。我们并不打算把"全局"思想与短视进行权衡取舍。压迫与环境污染、跨国公司垄断和贫困都有联系，其最重要的很多根源都是全球性的。批判管理理论中的每一次后结构主义转向都冒着忽视和贬低这些问题的风险。但同样，全球性问题也存在于地方层面。举例来说，全球污染就可能取决于人们怎么考虑和实施日常决策——这些决策也许或多或少会造成生态损害。通过聚焦于微观权力，人们的分析能够与那些一直投身于地方性事业的人的实地经验具有更直接的关联——例如，通过提升人们对日常决策结果的认识。与此同时，正如我们一直强调的，所有这些努力都必须被看作是更广泛的变革进程中的一个媒介和结果。

解放：类型和焦点

　　为了进一步阐述我们重新概念化的解放，必须要形成对解放行为的性质和方向更细致的理解。为此，我们对解放的类型和焦点进行了划分。同许多这类的划分一样，其价值在于具有启发性：这是因为，在实践中，不同的解放类型和焦点相互融合在一起。但是，这种模式为我们提供了一个出发点，并且激励我们对一些解放的关键层面进行更为恰当的概念化。图7.1中的矩阵概括了解放的类型和焦点。

　　首先，在第一条横轴上，我们把对思想和实践的日常设疑从总的解放类型中区分出来。设疑主要是指对统治思想模式的挑战和批判。统治思想和当前的社会制度面临着猜疑并受到审查，其目的就是要打击那些不言而喻的并且被认为是理所当然的思想和实践。这种解放类型主要涉及调查和提出问题。其意图是要怀疑和抵制权威

（及其惩戒效应），而不必提出一项替代性的议程或一套处方。在这一解放连续统一体的另一端的是乌托邦方式，它发展出一种全局"视野"，这种"视野"常常忽略或边缘化相关的即时、"微观"的问题。值得强调的是，这种乌托邦类型并非一定要提出一张"创造美好生活"或把思想固定在某一具体狭隘方向的秘方；仅就批判理论中存在的乌托邦元素而言，它也是公然反对权威主义的。它的目的只是为了抗衡阻碍人类自由的意识形态和社会制度，而不是为了填补后者特定的内容。在批判理论中，乌托邦元素以一种反现实主张的形式出现（如，未让渡的个体或理想的言论环境），其目的在于开放思想，使更广泛的备选方案参与进来。乌托邦理想提供了一种替代性思维，而不是提供一个现成的、"更好"的可替代选择或行动方案。

176

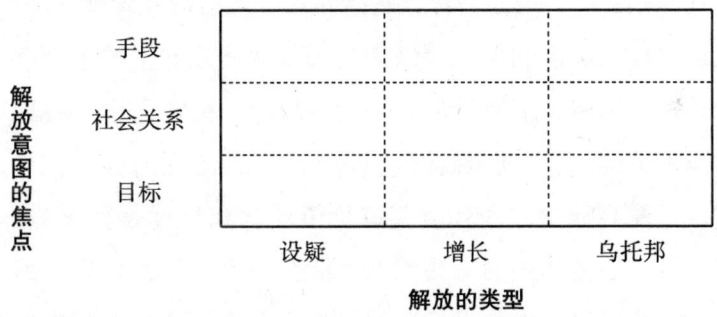

图 7.1　解放的类型与焦点概括模型

在设疑和乌托邦之间，我们设定了**增长的承诺**（incremental undertakings），这种类型赞成和阐明渐进式或改革式的解放变革方式，往往专注于参与的过程。当然，设疑和增长类型都可能涉及一点乌托邦元素。正如我们前面所强调的，这些方式的区分是具有启发性的，把它理解为解放的不同层次可能会更有帮助，在不同解放层次中所强调的重点不同。显然，许多批判形式都含蓄地假定或预设了

理解管理：一种批判性的导论

一个国家或一种解放变革朝着更优越的方向发展。可以说，甚至
"解构"设想也充斥着和受到一套可供选择的思想的影响，这套思想
声称能够为如何形成公认的理解（如对性别）提供一个更合理的解
释（例如，参见 Martin, 1990）。

现在来考虑矩阵中的纵轴。我们的"焦点"是指解放变革的主
要对象。在这里，我们把它划分为"手段"、"社会关系"和"目
标"。再者，必须承认这种区分的纯粹的启发性特点。手段是指言论
和实践，它们由于具备可能实现预期目标的能力而受到重视。致力
于"手段"的解放方案对组织固有方法的必要性和价值发起挑战，
包括科层制和碎片化的劳动分工、独裁的领导风格、心理测试等
等——当然，这些方法也受到人文主义管理理论的挑战，虽然其批
判方式较为温和。

在纵轴的另一端是目标，它指的是组织活动或管理活动的目的。
解放的目标与取消制度化等级制有关，从而掀起了关于经济增长的
实际价值、消费、生活质量等问题的辩论。横轴显示了各种取向或
侧重点的范围，它可以告诉我们每一个的焦点是什么。例如，设疑
型解放可能会质疑，为什么某些价值观念和目标是优先考虑别人。
反过来说，乌托邦式的交往概念可能会对手段提出质疑，即选择特
定目标的手段以及这些目标通过提出完全不同的价值观来进行捍卫
的方式。增长型解放将致力于指向解放变革的（有限）机会可能得
以确定和实现的方式。

最后，作为解放目的焦点之一的社会关系引起人们对特权和权
力社会组织的注意。当然，社会关系既离不开手段也离不开目标。
但是社会关系的焦点尤其关注深藏在社会关系结构中的手段和目标。
举例来说，聚焦于手段的解放，如参与型的为实现无害生态生产而
进行的协调工作，并不一定会触及如被分割的劳动力市场、工资差

异或其他形式的阶级、性别或种族不平等之类的问题。因反对压迫性手段和想当然的目标而采取的行动并不能详细论述解放的期望，因为那有可能是考虑到将权力不对称从社会关系解放出来而作出的努力，而权力不对称并不会显著地改变目标和/或手段。例如，工作场所的民主或男女平等都不一定能把高效生产率排除在想当然的目标之外，也未必对作为合理手段的大规模劳动分工（只要它不是性别化的）提出质疑。

框架的阐释

在对启发式框架的要素进行讨论后，我们现在将指出，在管理与组织研究（management and organization studies，MOS）和批判理论中，这一框架将如何通过比较和对比的方法得以运用。我们从解放的三大要点开始，然后简要探讨解放的类型与它们各个特点之间的关系。

管理与组织研究中基本要点是"手段"。主流的管理与组织研究专注于纯技术性的、非解放式的手段的细微改良。社会技术和工作生活质量运动，以及最近的企业文化或许表达了人们对解放的渴望。不过，由于工具理性贯穿于变革的方法之中，使得这一类的途径与妥协性较低的解放思想相联系时出现了诸多问题（Alvesson，1987）。尽管如此，在它们努力消除明显退化和零散的工作形式时仍然显露出一些微弱的解放潜能。由于这些途径中的设疑式和乌托邦式的要素在很大程度上是欠缺的，所以我们最好把这些解放要素看作是增长式的。

当人们谈及旨在改变社会关系的解放时，这一框架所强调的类型有着更大的变化。一些对参与的贡献——就像大多数聚焦于手段的研究那样——是逐渐增长起来的。但这些研究可能也吸收了改变社会关系的更具野心的兴趣（如 Gustavsen，1985）。通常情况下，其兴趣在于——往往是通过行动研究、有时还会与工会合作——促进工作场所的民主（Sandberg，1981）。大多数受到马克思主义启发的方法（如 Braverman，1974；克雷格和邓克利，Clegg and Dunkerley，1980）把解放概括为从本质上改变社会关系的事物。他们强调的重点通常是乌托邦型的（并且也时常是设疑型的）。他们追求一个无产阶级社会，在这个社会里，生产活动的协调建立在双方同意的社会关系上。

受批判理论启发（CT-inspired）的作者和其他激进的人文主义者对现有目标的合理性也表示怀疑，但他们对实现人的自由、创造力、理性对话等多少有点抽象的目标更感兴趣。他们普遍关心的是意识形态批判（如批判科学主义），这种批判有很强的设疑导向（Alvesson，1987；Mumby，1988）。他们有时也会对增长型解放感兴趣，如福雷斯特（1989）建议，把规划实践从制度化统治中解放出来；或有时对乌托邦型解放感兴趣，如舒马赫（Schumacher，1974）关于小规模的伦理产品的观点；什里瓦斯塔瓦（Shrivastava，1993；1994a；1994b）关于生态导向的管理的观点；或者像伯勒尔（Burell，1992）的观点，把快乐看作一种动力和目标，而这种动力和目标作为一种利润来源（如休闲产业），能够颠覆它在当代的用途。

正如我们前面所说，在"真解放"和"假解放"的语言和行动之间确定一个严格且稳固的区分是极为困难的——如果不是不可能的话。我们一直强调，我们对批判理论的"纯粹主义"提法的可能性和价值持怀疑态度。相反，我们相信可以运用这样一种方法，即从理论和实践上，在过分抽象的批判理论和华而不实的人文主义管理与组织研究之间开拓和探索出一个新领域。但是这样一来，我们就会急于抹杀为微观解放取代（伪）人文主义管理与组织研究所作出的努力。在（伪）人文主义管理与组织研究中，一方面是人们的物质需要和（或）道德情感之间的矛盾，另一方面是人们物质需要和资本主义企业等级制之间的矛盾，二者都被人们所采用的一套诱人的人性化管理技术所掩盖。

我们认为，如果对解放的言语和行动潜能的反思不是仅仅局限在图7.1中任何一个正方形的狭隘空间里的话，那么解放对批判理论和管理与组织研究的贡献将会更大。① 解放，甚至是微观解放，都应该促进思想和行动，这种思想和行动超越任何单一的类型或要点，无论是"手段"、"社会关系"或"目标"，还是"设疑"、"增长"或"乌托邦"。我们要避免局限于矩阵中的任何一个具体的框框，因为那会分裂和颠覆解放的本意——即开拓、挑战和冲破局限。在这 *179*

---

① 反对将解放的方案限制在一个焦点或类型中的论点并不仅仅针对改善和自由的"宏大"版本。当然，人们也不满于解放的方案将更多普通水准的增长性变革——以及由此产生的组织参与者所关注的事物——排除在外。但人们同样不满于脱离对社会关系或可替代目标的更广阔背景的批判思考，对手段加以改进。没有这种批判性思考，我们几乎无法谈论解放。许多（也许是绝大多数）组织发展和新人际关系技术沦为这一批评的牺牲品，因为他们只是习惯性地将组织行为从其背景和/或替代性选择中抽取出来，将对背景的分析缩减为一系列条件变量的相互作用。他们通常把追求效率和收益的动机视为理所当然，并且迫使"人性化"服从于这些主导目标的要求（Alvesson, 1987）。相似的，正如我们在第二章和第三章中所表明的那样，关于管理中的女性的观念，也没有获得充分理解——尤其当这样的观念被归结为就业机会的平等获取问题（而不去考虑性别关系和组织安排与目标之间更为深远的联系）之时，更是如此（Alvesson and Billy, 1992；Calas and Smircich, 1993；Ferguson, 1984）。脱离了对宏观水平上的力量——如阶级、种族和性别结构以及占据统治地位的相关意识形态，正是它们充斥了组织和管理的世界并使之合法化——的充分认识，解放的话语和实践必然是片面的和不充分的。认真看待解放的理念——即使像本文在此暗示的那样不断加以修正——意味着不会对社会总体不加权衡、将其视为理所当然或不加触及，而是要对其如何在微观层面上发生影响加以批判性的审思。同样，例如，对微观解放因素——比如吸引人们感觉年轻貌美的愿望的广告信息——的集中关注，就可能会加强人们对"企业和营销何以建立以顾客为中心的特性"的全面质疑（参见第三章和第五章）。

里，我们可能会被误解为鼓吹一种"宏大"的解放方式。之所以会被误解，是由于我们认为，打破解放的狭隘对象并不必然导致"宏大批判"。我们要寻求开拓的是一个起连接作用的领域，这个领域介于狭隘但具体的、对解放的微观政治的考量，以及广阔但抽象的、对变革的历史和政治经济条件的构想之间。

适应性解放的研究

我们已经指出，由对批判理论的批评所揭露出来的问题，要求我们对总体上的社会科学中——特别是在管理与组织研究中——的解放概念进行重新概括。这么做的一个重要原因是要借此发展出一个新的研究战略。在这一战略中，批判理论的显著的乌托邦版本——包括它所作出的把人们从意识形态僵化的社会关系中释放出来以实现解放变革的承诺——将趋于淡化，而倾向于一个更为折衷的框架。这个框架除批判理论以外，还包括其他的观点和意见。通过在研究中揭露和批判地方性的本土实践且不忽视现实意义和更具"全球性"的洞见，这一框架对现行社会秩序（晚期资本主义、阶级社会等等）所作的抽象且全面的攻击，才能随之得以补充和完善——如果不是以其为背景的话。

在本章接下来的篇幅里，我们通过考虑以下几个方面来寻求一些可能的改进路线：（a）人类学对解放研究的价值；（b）一种新的写作方式和思想传递方法；（c）新的理解思想的阅读模式。在此，提供全新的方法并不是我们的目的。相反，我们更确切的目的是指示和说明在管理和组织领域中微观解放的可能性。

倾听民意

对组织实行人类学研究为员工们提供了一个大胆发言的机会，而他们的发言能够减少和挑战对管理与组织更"全面"的描述。人类学是一个研究过程，在这个过程中，研究者"密切观察、记录和参与到另一种文化的日常生活中……然后叙述这一文化，其强调的是细节描写"（Marcus and Fischer, 1986：18）。在人类学中，研究者不仅对行为和结构感兴趣，而且很多时候对象征和含义更感兴趣（Rosen, 1991）。批判人类学非常关注人类语言和行为的复杂性、模糊性和不一致性，而未落入经验主义的陷阱，即习惯于意识形态、权力和交际的扭曲（包括语言歧义）——这些都是管理与组织再生产的核心问题。

180

在认识到解释性人类学的重要贡献的同时，对其进行批判的目的就是要弄清楚含义是如何传达特权利益的（Deetz, 1992a；Putnam e: al. , 1993）。对批判人类学者来说，一个重大的挑战是要将当地表演者的意思、象征和价值观放入一个更为广泛的政治、经济和历史的框架中，但同时又要尽量减少在这个框架中实证材料被压制成某一种指定的理论和语言（一种主导性的声音）的倾向。这样一来，管理与组织中的政治才能显露出来，而其本土实践的模糊性和多样性与多种解释方式也不至于被过分地掩盖起来。

这种提法并非完全新颖。已有大量关于组织工作的人类学式的研究范例，它们是从一个广泛的批判立场进行研究的（如 Filby and Willmott, 1988；Knights and Collinson, 1987；Kunda, 1992）。这些研究阐述和质疑了现代组织的压迫和自我挫败的特性，研究者通过深入的定性数据分析使批判更加具体和生动。但是，这些批判并没有动摇盛行的偏见和教条，反而造成一种风险，即揭露传统智慧的真相仅仅是一种自以为是和优越感的表现，它看起来就像摒弃或嘲笑人们的努力和困境，而这些人的实践正是这些批判的目的——这显然是自相矛盾的。当然，批判性分析要求限制权力，其中包括那些利用相关的权力和优势获得职位的人的（自我）欺骗行为。但是同时也必须要注意到他们所做出的成绩，尤其是要将他们的权力与构成其主观性的历史和生存环境联系起来（Knights and Willmott，1989）。否则，批判就会无可避免地被理解和认为是"片面的"、"别有所图的"、"消极的"和/或"无关的"，这将与其宣扬解放变革的价值这一使命相违背。

为了阻止这种倾向，一个可能做法就是进行人类学研究，这样的研究要求我们从不同的批判观点开始（并将它们囊括在内），并且把"批判的"和"非批判"的观点结合起来。当组织工作的消极、自我挫败的一面受到关注，而更积极、有用的一面没有被人们认识或发掘的时候，批判人类学就偏离了这一做法。作为对组织过程中主流的、功能主义解释的一种矫正，批判人类学的攻击是有必要和有价值的。在主流解释中，消极的一面不是被掩盖或被认为是习以为常，就是被轻描淡写地解释为管理不善的症状。但是，当专注于组织的消极、压制的一面时，批判人类学会存在这样的风险，即使那些知识广博的读者抛弃他们自己的真知灼见。至少在原则上，它有可能强调矛盾的阐述和解放的可能性，而忽视或贬低在当代环境和相关约束条件下对具体组织问题（如污染控制）进行管理所取得的积极进步。这种方法只是缩小批判理论和传统的管理与组织研究之间差距的一种可能的做法。

新的写作方式

运用新的写作方式同样可以促使人们发展出一个以实证为基础

的、更易理解的批判理论导向的研究方式。现阶段的写作和实验观念为批判理论提供了具有挑战性的灵感来源（例如，可参见 Calas and Smircich，1991；Clifford and Marcus，1986；Marcuse and Fischner，1986；Joffcwtt，1993）。其中的一个选择就是贯穿于"友好的实践者（practitioner-friendly）"和"批判的解放者（critical-emancipator）"两种文本要素之间。

人们可以设想，在写作中批判理论可以起到补充（或对立的）作用——写作旨在寻求达致确定论题的一种传统途径。解放性的文本可以退居两翼，只有当需要说明一些有直接重要性的内容时才出现在文章中的核心部分。在整个论述中人们无须高度强调解放和批判，相反，人们可以更具选择性地对这些想法加以表达。当人们对竞争性解释作出更多的探讨——而不是专注于对传统智慧进行毁灭性的批判时，也许更有可能激励人们进行批判性反思。通过"发出批判信号"的过程，部分文本可以通过突出管理理论与资本主义、男权统治、操纵、交往扭曲、特权利益、压迫等之间的联系来指出问题所在。由此，解放观念以一种破坏性旁白的方式悄然体现在文本之中。

这种可能性强调了以刺激自我反思的方式来谋划文本的相关性（Alvesson and Sköldberg，1996）。只要有可能，我们不仅要促进对批判对象的反思，而且要鼓励对批判权力的反思。当然，与本章其他许多观点一样，这一观点不仅与批判理论（尤其是主流的管理与组织研究）有关。简单地将对权力的一种解释（如管理与组织研究）换成另一种解释（如批判理论）这种危险的做法必须得到认识和解决。如果教学材料的选择和解释所阐明的是人们普遍遭遇、并与之作斗争的疑难问题和紧张状态，那么这一文本也许就不大可能仅仅被看成是另一有价值的知识而"储藏"起来，更可能的情况是经过批判性的自我反思过程后被用来解释或改革实践（Grey et al.，1996）。①

有时，一个文本被重新解释后可以更具解放导向的特性。譬如庞迪（Pondy，1983）关于神话和隐喻的研究。他认为，神话和隐喻之所以重要是因为"它们将解释置于怀疑和争论之上"（ibid.：163）。他还认为，"在神话里，一般的逻辑思维是暂时不起作用的。异常现象和矛盾在这种神话般的解释里才能得到解决"（ibid.），因 *182* 此它们也起到了重要的管理功能。庞迪对神话和隐喻的解释与试图揭示文本如何启发封闭思想的解构主义者的观点是一致的。根据庞迪的观点，封闭被看成是运用神话和隐喻来实现的。这些工具有效地祛除了可供选择的和潜在的具有毁灭性的组织真相的描述。从批判理论的立场看，神话的存在具有压制性，它没有促进反思反而阻碍了反思，从而抑制了解放变革。然而，从庞迪的管理主义观点来看，基于"关注象征方面对有效的组织管理是必要的"（ibid.）这一理由，神话无疑应该被接受。

对于解放价值的质疑和追求质疑的过程为批判性自我反思和变革开创了一片新天地。相比之下，庞迪的观点有一股反解放的推动力。如果他的建议改成："批判地关注象征方面对于发现异常现象和矛盾是必要的，并且——通过它——促进组织参与者间的批判性反思"，那么他的观点就能激励更多的批判性思考。这一结论与庞迪关于神话和象征掩盖矛盾的论断是完全一致的。但是它起到了促使人们的观点和思想朝着更加解放的方向发展的作用。另一种选择是，要么将两种解释类型都用上，要么对同一现象的解释提供可替代的、

---

① 这一系列的知识概念来自弗莱雷（Freire，1972）。它们直接响应了霍克海默（1937：222）对于笛卡尔式的知识理解的批评。在笛卡尔式的知识理解中，人们假定了"在主体、理论和客体之间，存在着本质上的不可变性"。

并行的解读。在这种情况下，对批判性解放的解释就可以接受或被接受为可供选择的理解，而没必要将它们整合到一起（作为说明，可参见 Alvesson，1996；Martin，1992）。通过创建一系列的紧张局势和（危险的）解决方法的方式，读者可以从文本中取得任何他或她想要的东西。显而易见，对这种方式的一个忧虑是，从批判理论的角度看，这样的理解是否会被常识性的解释所主导，那样的解释不是消除了其独有的开放性，就是缺乏与传统智慧理解相抗衡的知性认识。相反的论点是，当文本不依靠对传统智慧进行毫无保留的批判也能与读者的经历发生共鸣时，它将产生一个更为深入、持久的影响。

寻找文本中的解放要素

解释重新概念化的解放的第三种方式或许可以与在管理学文本中确定解放因素的可能性联系起来。正如前面所指出那样，批判理论倾向于不考虑那些旨在增强管理者的能力来提高劳动生产力的观点（如科学管理，人际关系和企业文化）。在少数情况下这些观点才被予以考虑，而且强调的往往是它们的操作性特点。它们的——有限的——渐进性或矛盾的运作结果也受到一些关注（Alvesson，1987；Fischer，1984；Marcuse，1964）。

183

然而，正如我们在这章前面所观察到的，人文主义管理理论（如 Mcgregor，1960；Weisbord，1987）普遍认为，企业文化方面的文献（Kanter，1983；Peters and Waterman，1982）和批判理论是对那些将人性还原为经济理性的多少有些精于计算的理论的充分性发起的一个挑战。在各种情况下，理性主义理论都因其组织培养方式和工作设计——它们已经抑制了创造力，并且对士气和生产力产生了普遍的消极影响——而受到批评。通过承认员工的创造力，为他们增加以创新和"负责任"的态度解决问题的机会，人文主义管理与组织研究理论制定了一个与官僚制规则和机械化的运用程序不同的制度。虽然它们采用的方法不同，但是都共同关注对员工情绪的激励——例如，致力于通过设定一些有关核心价值的特质来促进灵活性和创新性。那些希望通过加强企业文化来提高组织绩效的人认为，可以通过鼓励员工认同和内化一定量的核心企业价值来提高竞争力：

> 假设我们想要的是一个放之四海皆准的管理准则——它是我们能够提炼出的真理……我们可能会被引导而作出这样的回答，"确定你的价值体系。决定贵公司的立场。贵公司做过的让人人都感到最骄傲的一件事是什么？"（Pefers and Waterman，1982：279）。

这样的看法可以被人们仅仅解读为具有操纵性和意识形态性的对策（参见第一章）。管理者们将会听到这样的建议：投入资源去识别和培育，如果有必要甚至可以去创造出引导或能够引导企业行为的价值观，并且要以发掘员工自豪感这样的方式实现，从而使他们愿意为他们的雇主更加勤奋、协作地（如灵活地和创新地）工作。通过 IBM 公司的例子可以窥见一斑，根据 20 世纪 90 年代中期以来的观念，迪尔和肯尼迪对企业文化思想作出下列解说：

> 一种强有力的文化能够使人们对其所做的工作感觉更好……当一个销售代表能够说出"我为 IBM 而工作"而不是"我为糊口才推销打字机"的时候，他将有可能听到这样的回答："对啊，IBM 真是一家好公司，不是吗？"他的第一反应是

确信他是一家杰出企业的一分子。对于大多数人来说，这代表的意义很大。下一次，当他们能够选择多工作半个钟头或撒手不干时，他们才可能继续工作（1982：16）。

不难说明的是，员工的危机感被看作是一个推广企业形象的工具，其目的在于说服他们（和顾客），如果能更明确地认同他们所在企业的核心价值，将有助于增强他们的自尊。然而，这种策略的实施也暗地里导致员工对许多既定的组织控制形式的存在和价值产生质疑。例如，企业文化的领袖们强调说，人们比他们所普遍认为的还要更复杂且拥有更大的潜力（Pcters and Waterman，1982：第三章）。员工们不再单纯地被要求准确而有效地用工作来换取工资，相反，他们被鼓励将其工作生活看成是一系列机会的获取，并且能提高他们的能力以不断创新和自由选择。按文化层面上的理解——在此，它是批判理论的障碍——"鼓励人们坚持己见，鼓励创新"（ibid.：106）。

要揭露这一哲学的局限和反解放的动机并不是太困难（Willmott，1993a）。例如，我们可以提出反对说：这一措施的执行将会使得企业更为狭隘（如果说不是极权主义的话），因为他们是根据个人是否对企业的核心价值表现出足够的顺从这样的原则来雇用和解雇员工的（Soeters，1986）："你要么顺从他们的价值，要么就滚蛋"（Peters and Waterman，1982：77）。企业依然受困于增长盈利的目标，即使是强有力的文化也没能起到提高绩效的作用，加强企业文化依然被视作一个有用的手段。但是，对创造力、创新和自主选择这些优点的关注，还是为人们对这些公司实际的工作条件与其所作的承诺之间差距的质疑提供了一些机会（参见 Wilkinson and Willmott，1995b）。只要承诺没有兑现，就会刺激人们对阻碍创造力和创新的

184

组织合理性进行批判性的反思（Binns，1993）。一旦承诺得到实现，即使只是得到部分和歪曲的实现，它都能对员工加以组织，这些员工主要是指那些时刻关注"自治"和"责任感"的人们，而"自治"和"责任感"正是这家企业极力灌输给他们的核心价值。

很明显，我们并不是说企业文化具备了（微观）解放的特性，其反解放的因素非常明显：他们仅仅专注于手段——将企业目标和管理特权视为理所当然，并且通过对它们加以复制来巩固社会关系（Stablein and Nord，1985）。在一定程度上，我们是在说，对人的创造力个人选择能力与自主选择等的有限认识，可以为人们对企业和工作生活的目标和优先事项的持续质疑提供一个基础——尤其是当这些企业的目标和优先事项被认为是减少了人们表现潜力的机会之时。

概要和结论

在这一章中，我们力图开启和促进人文主义管理理论、批判理论和后结构主义之间的对话。更具体地说，我们解决了这样一个问题，即在面对与后结构主义者和实践者非常不同的理论和实践批判时，应该如何保留（即使是以修订后的形式）批判理论中的解放动机。

我们已经指出，并非一定要以"宏大"叙事的方式，解放才能被概念化和得以实现。相反，它也可能在日常的管理与组织实践中被部分地和有瑕疵地实现。我们认为，这一观念与人文主义管理理论的批判性解释是相一致的。这一观念也与怀疑主义产生共鸣——怀疑主义是针对后结构主义关于所有的理论活动都能实现远大的、

185

毫无冲突的社会发展蓝图这样的观点而提出的。促进批判理论与后结构主义（尤其是福柯的论著）之间的对话可以使对管理与组织的理解不再过于抽象，从而使得批判理论中过于生僻的、哲学化的观点变得更易懂。事实上，当哈贝马斯注意到，"福柯对权力的微观分析要求我们关注时代的平均主义倾向和（那些在解放的同时又被系统地扭曲了的交往惯例所造成的）深刻的不自由之间所隐藏的辩证关系"（ibid.：119）时，哈贝马斯（Habermas，1994）本人似乎赞同上面的观点。然而，不管成效多小，自主选择权的扩大和工作满意度的提高还是值得称赞的，而且它们也不再仅仅用乌托邦式的自治、创造力和民主观点来衡量——那些观念对于许多组织参与者的日常生活经历和努力可能没有多大意义。当我们的关注转向当代组织变革更险恶和残酷的一面时，其积极的一面也不应该被忽视和遗忘。

186

第八章 批判理论和管理实践

在第七章里，我们提出了由批判理论概括呈现的一种方法，它承认并探究了批判理论和管理与组织研究的发展要素之间的共性。本章中，我们进一步探究批判理论对于在组织中工作的人们（包括学者、学生和实践者）——他们是（微观）解放性变革的潜在行动者——的适用性和影响。我们认为，批判管理理论（Critical Management Theory，CMT）的一项重要任务和贡献，就在于促使我们对于组织工作的环境进行更为系统的、批判性的思考，并且加大力度对服从功能性规则和企业传统智慧需求的具体化逻辑所带来的压力予以抵制。

员工个人（或由这些员工组成的组织），包括管理者和学者，都是批判管理理论的重要读者。[①] 在我们的印象中，这些人，包括我们自己，都不是英雄，也不是自醒和自主的"黑带"式的改革斗士。相反，我们把不同的个体和组织描述为：在心理需求以及个人抱负、来自失业和其他压力的威胁经常会阻碍进步和解放的实践形式的情况下，他们正奋力"支撑（get by）"——应对日常的挑战和挫折。

---

① 与批判理论里所探讨的关注范围——如发达资本主义国家中的合法化危机、哈贝马斯（Habermas，1989b）将工作场所外的社会政治运动看成是走非资本主义道路的最有前途的现代化来源（也见第三章）——形成对照的是，批判管理理论关注的焦点有所限制，范围稍小。

本章所展示的观点主要是面向那些实践者和研究者——他们开创了把各种批判性反思的要素与他们的工作和职业结合在一起的先河。我们还讨论管理学教师的工作境况，以及为更激进的研究和教学议程设置障碍（但是在某种程度上也是打开局面）的社会政治环境。因为我们探究的是运用于不同群体（例如既包括管理实务工作者，也包括学者）的工作生活中的批判理论的内涵，所以本章的论述难免会有点不够连贯。

首先，我们将从把批判理论置于促进社会变革的几种备选方法的讨论中开始。然后，回顾受批判理论启发的一些反思性的实践模式，接着思考批判性思维对企业员工可能产生的影响。我们不妨先回到之前章节所概括的争论，即决策经常是复杂的、不明确的，并且涉及竞争性目标和理性之间的权衡。因此，我们在进行判断与辨别时经常留有一定的余地，以利于减少依赖、激发兴趣，并且扩大自治和提高责任。然而，像这样的机会并不是总能把握住。为此我们也要讨论来自研究和教学方面——这对于公共知识和企业意识形态来说至关重要——的阻力。最后，再次重申我们的观点，即人们仍然有机会对言说和实践的主流形式进行揭露和改变。

188

推进社会变革的方法

批判管理理论是怎样激发更具反思性的组织实践的形式呢？在阐释这一问题之前，我们先讨论把当代批判思维的理念付诸实践的一些备选方法。以下探讨四种关于推动进步变革的方法（在原则上，我们并没有特别将重点放在批判理论上）：

1. "更好的"、更具启发性的包括管理和公共行政在内的社会工

程形式。在这里，我们假定现代进步的管理形式可以使组织中的个体获得更大的自治权、社群感以及/或自我实现感。正如我们在第七章中所提到的，尽管其主要目的在于提高生产率、质量和适应性，但是许多当代管理技术和程序（例如质量圈，全面质量管理）也能够鼓励有限的、局部的团队协作和参与。这一社会推进模式对接下来在第四点中所提到的模式有一些影响。

2. **常常得到左翼政党和运动支持的，在消费者政策、工人安全、环境保护等中获得合法性的政治改革**。通过法律系统对规则的调节，使得对企业的限制得以实施，并且使"最好实践"和"好公民"的典范得到推广，还常常与工业形成"伙伴关系"。

3. **正式政治体系外的组织所从事的政治斗争**（例如，环境保护组织或者妇女运动组织）。其斗争目标常常旨在影响政治法律体系，但它们也时常产生其他更为深远的影响，即以一种进步的方式改变人们的理解和态度。例如，更多具有生态意识的消费者可能会作出这样的选择：促使制造业生产出"洁净的"或者更具可持续性的产品；妇女运动可能促使女性（以及男性）员工更坚定地抵制传统的、社会性别化的工作实践和劳动分工。

4. **社群或工作场所中的集体行动和参与的形式**。在一些参与式的、或者至少是'网络状的'组织形式（例如，大学、合作社和知识密集型的公司）中，它们在某种程度上是制度化了的，是学院式发展的结果。① 与上面所述的模式 1 的程序比起来，局部参与的模式少了一些来自高层的协调，组织的等级层次也可能较少。更有意义的参与形式通常取决于倾向于共同决策制度（有时由共同所有制支

---

① 然而，这一工作原则总是受到个人动机之类分裂压力的侵蚀——这在高等教育的持续改革中尤其明显（Willmott, 1995a）。

持）的法律基础的变革。

　　这四种进步的变革方式形成了相互关联的有机组成部分，它们挑战并抵制那些阻碍和/或压制更多自治与责任发展的观念和实践。批判管理理论（CMT）能以多种方式支持这些改革。例如，批判管理理论有助于批判性地评价管理的参与性模式，这主要通过以下几种方式：（a）通过强调操控性的方法和技术的局限性（如它们在全面质量管理中的运用，Wilkinson and Willmott，1995a）；（b）通过研究组织怎样贯彻进步的法律和政策（如 Flood and Jackson，1991a）；（c）通过研究进步的社会运动和新的组织形式来评估其效果和为将来的发展提出建议（如 Grimes and Cornwall，1987）；（d）从事一些直接基于下属和工会观点的相关研究（例如 Brown and Tandon，1983）。当然在许多情况下，非管理主义的方法论和其他激进的分析流派（见第二章）同样也有助于推进这些评价。

　　对于这些研究和项目而言，批判管理理论是一个与之相契的灵感和指引的源泉。但是批判管理理论对于改革的主要贡献却与上面所概括的四种促进变革的方法有所不同，也不同于相关的理论和方法论。正如我们在第七章讨论微观解放时所指出的那样，批判管理理论最为与众不同的、具有深远意义的地方在于，它刺激了批判意识的发展，减少了扭曲的沟通。批判管理理论的威力和总体意义上的批判理论一样在于促进解放性思维、沟通和变革，而不是对具体问题的解决或者对实证问题的确切回答。正是在促使人们（重新）形成自觉意识方面，批判理论起着重要作用：批判理论挑战看似理所当然的东西，激励和支持着新的思维和行动。现实的"外部因素"（生态环境、物质结构和经济力量）对于生活质量的保障来说当然是极其重要的。例如，污染的空气和水以令人触目惊心的方式直接影响着人们的生活质量。但是，从批判理论的角度来看，人们怎么考虑、监管和为这样的事实制定法律也同样重要。这是因为，正是基于我们拥有的知识以及根据事实进行批判性反思的能力，我们才能表达、批判性地评价和改变"外部现实"的"质量"。这就是人们为什么说沟通，以及对（观念上扭曲的）媒介和沟通内容进行批判性反思的激励是批判理论实施方案的基石。这一提法同样也适用于批判管理理论。

通过协助组织内局部批判意识形式的形成与扩展，批判管理理论能够对更为广泛的解放性变革运动作出贡献。受福柯式分析的补充和扩展（见第七章）之后，人们可以将注意力转向"微不足道、毫无价值的主张和反驳所针对的日常琐屑中，而这恰能提供对企业中权力功能的充分考量"（Deetz，1992a：302）。促进员工个人自我定位的变革是至关重要的，不仅因为这能够增进局部条件的改善，还在于其能够拓宽解放性变革的过程。正如我们在第七章中所强调的，微观环境并非存在于社会真空中。由此，通过对"局部的紧张和挫折何以构成更大背景的一个不可或缺的部分"这一问题的深刻认识，我们极有必要挑战和质疑将个人问题从公共问题中分离出来的倾向。

对更具反思性的工作方法的相关理解

批判管理理论认为，如果要削弱工具理性的控制，以及减少由于利己主义管理、妥协、因循守旧、浪费、污染等造成的不良后果，组织就必须由具有批判性思维和善于思考的人来管理（见第一章）。批判管理理论致力于发展日常工作中基于对话的微观决策和行为，其主要意图在于鼓励更大范围的批判性反思，虽然它聚焦于统治的偏狭形式（例如，在微观设置中出现的沟通扭曲），并结合更广阔的历史力量（例如，父权制）来对其作出解释。为了说明批判管理理论如何解决组织中解放性变革的问题，我们不妨考虑一下福雷斯特和奥里奇在计划方面所作的贡献和佩恩在企业伦理方面的著作。在这些例子中，哈贝马斯的研究成果都被用于发展和推进其关于组织工作的前解放性原则之中。

福雷斯特（Forester，1985，1992，1993）运用哈贝马斯的交往能力理论，论证计划应该被视为注意力的形成（交往行为），而不是单纯地（或主要地）被视为特殊目的（工具行为）的一种手段。人们应密切关注那些能影响和调节计划过程的微妙的交往效果。在评论其动态性时，福雷斯特注意到："威胁、承诺、鼓励等各种行为可能会工具性地指向一定的目的，但每一个行动在本质上和实际上也是具有交往性的……行动探寻着目的，以及具有一定意义的交往性：不具有内涵，哪怕是最具工具性的行动也将是毫无意义的，甚至不被认为是一种行动"（1993：24）。运用哈贝马斯的交往能力理论，福雷斯特展示了哈贝马斯每种类型的有效主张如何被用来揭示交往的扭曲，从而揭露统治的形成（见第三、四、五章）。此项研究关注的是：要用一些实践方法来减少沟通扭曲，以便在面对面的水平、组织的水平和政治经济（结构化）水平等不同层面上记住理解性、真实性、合法性和真理性主张的标准①。在这样的过程中，以下关于局部计划实践的一些看法得以浮现：

---

① 真理性主张关注陈述的真实性。当这一主张被人们接受时，它就具有影响听众的信仰的效果。理解性主张关注陈述表达的清晰性，它能影响听众的注意力。真诚性主张关注说话者的良好信念。当其被接受，就能获得听众的信任。最后，还有一种合法性主张，它关注陈述是否适当或合法。当其被接受，将能促进听众的合作性参与。见第三章的详细讨论。

191

随着对计划制定者行动的理解（从技术上到交往上）的不断拓宽，我们逐渐明白，计划者所面对的实际组织问题将有所不同。我们开始明白问题的解决并不是靠一个专家，而是靠专业知识，以及非专业知识的共同贡献；不是仅靠正式的程序，而是同样依靠非正式的咨询和参与；不是严格地依靠数据库，而是依靠谨慎地运用值得信任的"资源"、"契约"、"朋友"；不是依靠正式合理的管理程序，而是依靠内部政治和工作达成共识；不是依靠解出一个工程方程式，而是通过政治娴熟度、建立支持、联络工作，以及直觉和运气来补充并实现技术上的绩效。（Forester，1985；212）

福雷斯特的研究表明，哈贝马斯审视作为组织工作的常规特征的散漫行为的交往能力理论是中肯深刻的。更确切地说，这一理论使我们能够系统地提出并探究这样一个批判性问题，即交往是真正意义上协作的结果，还是对策行动（其中，强力或显或隐地被开放的讨论所替代）的产物。福雷斯特（Forester，1983）指出，由于质疑交往的条件的恶化或缺乏，比如组织成员很少或者不可能对加诸其切身的要求提出挑战和质疑，所以我们有充分理由怀疑这一社会规范建立的基础是"专横而不是权威，控制而不是协作，狂乱而不是敏感"（ibid.：240）。通过为我们提供一个框架来揭示和分析在日常组织工作中将统治制度化的主要方法，批判管理理论能够刺激挑战和改变其理性的进程。

在第六章中我们指出，在运筹学研究领域中，类似的关注是如何激发奥里奇（Ulrich，1983，1986）的批判式系统探索法（Critical Systems Heuristics，CSH）的产生的。像福雷斯特一样，奥里奇关注的是组织和计划中活生生的实践经验，而不是理想话语中的理论模型。他寻求一种实践话语，这种实践话语在作为智力理想的理性和作为经验现实的实践之间进行必要的（辩证的）协调。在这样的话语中，人们强调一种运动向着实践活动形式的方向发展——这种实践活动形式近似于关于兴趣的概括的抽象原则，这在哈贝马斯的理想的交往情境概念和他的交往能力理论中有集中体现。奥里奇批判系统启发方法的目的是通过揭示和讨论专家们的规范性基础，使他们的主张经历持续的审视。

> 批判式系统探索法……的目的主要在于反对理性规划这一流行概念的客观主义幻想。如果这一目的能成功地实现，那么它将为计划制定者和相关人员提供一种——针对所有规划中惯常的规范性内容的——高效的反思和批判性反思的工具。从本研究的视角来看，如果相关的计划制定者和受到计划影响的公民自身和相互之间能够对规范性内容有透彻理解的话，那么这个计划就是合理的。（Ulrich，1986：20）

奥里奇意欲建立一种能揭示分界判断（boundary judgement）的规范化内容的方法论，这种规范化内容是和奥里奇所说的"打破合理性"理论联系在一起的。当"打破合理性"发生的时候，人们迟早会停止对他们自己主张的任何解释或者辩护。为达此目的，奥里奇已构建了一个由 12 个问题组成的清单，试图使得局内人（与计划相关的人）质疑"一项设计的规范化内容并对'客观必要'，提出挑战，而局外人（与计划无关的人）则对潜在的分界判断进行证明或者论辩"（ibid.：6）。大体而言，这个清单的目的是为了鼓励反思并且讨论下列一些相关问题：谁是既定系统的受益者，谁控制这个系统，这个系统是建立在什么样的专家权威资源之上的，这种系统的设计是怎样被合法化的，等等。在各种情况下，那些参与系统设计的人和被影响者都被邀请过来，将他们对"什么是真实的情况"的理解与他们对"真实情况应当是怎样"的观念进行比较。在介绍这一方法时，奥里奇（ibid.：9）指出，"将'是'和'应该'的分界判断进行对比，为评估计划的规范化内容提供了一种系统的方法，同时使得评估本身的标准化基础清晰明了。"

于是，运用于这些定义中的分界判断就带有批判性检验的倾向了，奥里奇认为，这可以通过认识和运用"论辩术"来进行。在一定程度上这个术语运用了讽刺的方式来回顾所有的概念和论述，它们都有必要建立在"打破合理性"这个基础之上。在这种意义上，它们受到了共同的限制。奥里奇认为，当意识到这个共同点时，一些外行就能够挑战专家们中意的观点而不需要质疑这一挑战本身的合理性。只要这些外行们没有享有对其所处情境进行有效限定的特权，那么——原则上——就有可能向那些（明确宣称他们的定义和计划的积极有效性的）人们施加证明或理据的压力。

佩恩（Payne，1991）对于企业伦理改革的兴趣与奥里奇的批判式系统探索法十分相似。简要地说，佩恩试图在组织中构建一种氛围，使得各利益相关者都能够相对自由地讨论伦理问题。佩恩并不否认获得理想言说条件会遇到限制和实际困难，他力荐一种折中的办法，即"在关于'真正的参与式自治理想之不可能'的认识与乐于接受'传统组织交往和意义的责任和危险'之间取得平衡"（ibid.：75）。佩恩提出，应当在组织中创建和发展"伦理对话群体"，从而有助于在提出问题和产生批判意识中担任解释性和批判性的角色，而不是作为一个改革代理人直接发挥作用。他认为将话语与变革行为两者之间进行分离的理由是变革行为需要其他的技能和优先权，并且，聚焦于管理变革的实践可能会限制并妨碍批判反思的进程。伦理对话群体恰当的角色是识别和探究利益相关者的观点和道德主张，并提出批判标准来发展这一理论和实践（也见于 Guba and Lincoln，1989，劳克林和布罗德本特在 1994 年发表的文章中对这一文献作出了批判性评价）。

　　就与奥里奇的批判式系统探索法有关的实践问题（在上文及第六章中已有所论述）而言，我们发现佩恩所提——关于一些利益相关者（如投资者和所有者）可能对（伦理对话群体）这样的机制加以反对的——主张中的明显局限性。在此，伦理对话群体预示着对其他利益相关者（例如员工和公民）主张的合法化，并且可能给予他们——这些人的价值和优先权可能会直接挑战现状——同等甚至更多的认同。另一方面，自我意识的增强与实践干预的分离，可能至少允许人们对已经存在的优先权提出批判性质疑，并且也许还允许他们对协议、政策与实践进行一种渐进的变革（见第七章）。即使伦理对话群体未能吸引人们的支持（如果它得以执行的话），或者仅仅成为一个不能立即改变事情的无实权的委员会，它可能也仍然具有存在价值：它揭示出，在交往形成过程以及在组织中做决策时，某些利益相关者是怎样占据更多优势、却负担更少责任的。

　　除了福雷斯特、奥里奇和佩恩所作的研究外，还有许多其他研究者，他们试图运用批判理论的思想来推动变革。例如，古斯塔夫森（Gustavsen，1985）提出为使劳资双方就工作场所改革的执行进行交流对话而创设一个先决条件。其他学者（例如，Herda and Messerschmitt，1991）则认为哈贝马斯关于非扭曲性交往的观点能使人们熟悉组织发展的进程。我们大体上支持这些创见，并接受他们可能涉及"纯正的"批判理论的一些折中观点（见第七章），但是，如果将批判理论的洞见直接转化为现实条件，将会使批判理论变得琐碎肤浅乃至冲淡它的批判性的和解放性目的。习惯于注重实效性

193

会导致忽视更多基本问题所带来的危险（例如，一些涉及交往的前提和质量的问题）。尽管如此，我们还是相信运用批判理论来简化微观解放的各种方法应该得到积极的支持和发展。只有努力运用批判理论的思维——它与理解和改变日常生活有关联，组织工作才能变得更有价值且易于评估。相应的，人们也希望这些努力能得到改善和发展，并以此推动批判管理理论朝着严格理论化和与实际相关联的方向发展。

批判管理理论：作为工作生活灵感的源泉

当然，作为独特方法的灵感源泉的批判理论，并不是唯一能够影响组织实践的方法。批判管理理论不仅能以概念、观念和理解能力来武装学生、管理者和其他实务者，而且能够在企业环境中的观念性教化和功能性规则之间起平衡作用。随着批判管理理论逐渐被学生和管理者熟悉和接受，他们就能运用此理论积极进行批判反思、自我澄清，并且鼓励集体和个体的自治。这个发展进程将可能产生以下结果：即对溶入了更广泛标准的职业选择和管理决策的制定进行更多的反思。当然，这种批判意识的实际效果并未在此结束，我们举两个相关的例子。

批判管理理论和职业选择

可以想象，当批判管理理论传播越来越广时，人们在选择雇主和职业的时候将会变得更具有辨别力。就业选择早已受到价值观的影响，至于是否接触了批判管理理论则与此无关。比如像素食主义者就不会想去屠宰场工作。许多人也不会主动在国防或与战争相关的领域谋求工作，等等。但随着对伦理本质和企业行为发展的批判性反思，可以预见，雇员将会对显而易见的或没那么明显的职业维度——性别政策、工作环境、社会价值、企业生产、销售产品，以及服务的伦理方面的接受程度——变得日益敏感和具有辨别力。例如，企业潜在的新员工将会问他们自己，这个企业生产出来的特定产品、服务以及这份工作对人类福祉是至关重要的还是微不足道的。

当人们不再主要以经济理性的方式看待劳动力市场，也不再假定合法的企业行为同时也合乎道德公正（或者仅仅超出伦理阈限）的时候，可以预见，一种更加怀疑和质询的态度将会得到进一步的发展。人们——或者至少是那些在劳动力市场中具有选择的人们——也许更加倾向于在这样一些公司和组织中工作：（在人们的审视下），它们被认为能够实现社会生产的意图，或者至少所从事活动的不良影响相对来说是受限的。相反，一些对社会、生态影响和职业实践的贡献更为可疑的组织将会变得缺乏吸引力。

当然，雇主或者工作的吸引力也有可能主要取决于一些具体的利益，例如工作的安全性、工作氛围、薪酬和职业机会。可以预见，失业的风险将会继续危及并限制雇员对不同雇主关于伦理—政治德行的敏感性。期望人们牺牲家庭的责任去追求更高的集体理想是不现实的（尽管在历史上也出现过这样的牺牲）。但是，与此同时，我们也应该认识到，不管是利己主义还是利他主义都不是恒常不变的，它们分别取决于各自社会文化条件的变化（参见佩罗于 1986 年关于不同类型的组织条件如何影响着这些取向的讨论）。在英国和其他地方，市场经济的压力，以及关于本科（商业）教育的消费主义观念倾向于促进以自我为中心的对教育的工具性"消费"。但是与这种压力相反的是另一种倾向，尤其是在年轻一代中，他们赞赏人类活动中的相互依赖和相互协作性，并且意识到以自我利益为中心的行为

195

对个人和社会发展通常都将产生不利影响。这或许在逐步发展的生态意识中表现得尤为明显。

批判管理理论并不否认，在可预见的将来，无条件的利他主义不可能成为职业和职业选择稳定可靠的基础，其影响在于能够为观念的转变和优先事务的考虑作出有价值的贡献——例如，通过关注受人忽略或者"被隐藏的"企业关于员工参与、招聘录用、晋升政策，以及环境政策等维度。至少，批判管理理论可能会挑战关于薪酬和（涉及其他诸如某人工作的生态健康或社会贡献的考虑的）消费"需求"的重要性的传统观念。正如我们在第五章中所指出的，批判理论表明消费主义并不是幸福的可靠源泉。对消费的批判性洞察力也许能够激发我们生活中新的优先事务。

说到这里，我们有必要承认批判管理理论并不能提供现成的答案或者为行动蓝图。批判管理理论的贡献在于鼓励进一步反思什么是合理的和有价值的，进而抵制一些仅根据偏狭的需求和价值观作出刻板选择的观念和话语。因此，我们不可能预料到在以下探索批判管理理论的过程中会产生怎样的后果。任何诸如此类的限定都将与这种理解——即行动是由那些模式和效果无法得到可靠预测的解释过程来调节的——不一致。批判管理理论的贡献在于打破人们曾经普遍接受的合理性，而不是为盲目地或无知地接受其他选择提供另一种权威来源。

批判管理理论和决策

正如我们在前几章中所讨论过的，企业的存续制造和重复制造了许多社会和环境的非理性。除了包括强迫性的（消费者）"需求"和认同的构建外，还包括非持续性增长、污染和阶级、性别，以及统治与剥削的种族方式。批判管理理论能促使管理者和其他企业参与者

（a）以更为广阔的视野思考他们工作的含义，并且（b）努力将这些思考运用于决策之中，从而减少不必要的磨难，增加解放行为的机会。

　　大家不妨来看一个关于社会非理性决策会毁灭人类和破坏生态的一个例子：有人设计并运行了一个不安全的并且造成了严重工业事故的系统。在多数情况下，如果对风险管理采取更具反思性及更为严厉的办法，那么这种事故就可以避免。然而，当缺少了反思和顾虑的政治经济体系，只追求短期利益，而不考虑对人类和生态的长期影响的时候，这些事故却总是被轻易地归咎于员工的粗心或者组织的欺诈。正如格普哈特和彼特（Gephart and Pitter，1993）所说的，事故"经常被看成是由于人们没能获得并且运用（相关）技能和特长而发生的"（ibid.：248），它们被似是而非地解释成社会经济关系网的表征，在这样的关系网中人们却心照不宣地对特殊活动所固有的风险视而不见。在分析石油天然气工业事故上，格普哈特和彼特运用哈贝马斯关于政治、经济、合法性与动因危机之间关系的思想来讨论"理性"决策以及由于疏忽而引发的主要工业事故，并讨论了资本主义压力所固有的风险①（例如，降低成本，与增加利润）从公司经过国家转嫁到了个体居民的身上，他们要么成为这种压力的直接受害者，要么作为纳税人为了纠正其影响而付账。关于这种压力引起的后果，"挑战者号"的事故提供了一个异常悲痛、令人震惊的事例。

　　我们不至于（颇为严重地！）天真地或者理想化地相信，决策者对自己决策所产生的消极结果的进一步认识将使他们更愿意牺牲利

196

---

　　①　格普哈特和皮特（1993）承认，工业事故同样发生在工业化的社会主义国家。并且，他们实际上认为，由于政治与经济部门不分，使得工业事故常常更容易被国家隐瞒，而且公民缺乏机会表达其对一个——声称代表着人民利益却同时使他们暴露于高危险的——体制的反对。

润，以及（蕴含其中的）他们的工作或职业前途。但是，在相当大的程度上，非理性，以及不必要的社会损失是由狭隘的技术官僚思想所造成的，这种思想完全漠视了可供选择的其他优先权和不必损失利润和工作前提的行为方式。虽然市场经济经常宽恕浪费（例如，过度包装和处理）并且鼓励对自然的掠夺性态度，但是它也可能形成人性化的、较少破坏生态环境的、公平的、有利可图的计划和过程。人们长期以来一直认为管理组织只有一种"最佳"方法：那就是营利。无论是这种神话、还是持反对立场的左派都不反对，在资本主义扩张背景下的所有改革，都应该阻止不必要的磨难，并减少浪费。①

概括地说，我们简要地探讨了批判思维可能对管理决策产生的影响，包括以下三种情况：（a）存在一定空间让各种价值和标准共存，并且使得其他理想能够补充（如果不是取代它的话）其利益最大化；（b）商业目标和其他理想之间不存在竞争关系；（c）决策不甚明确，允许人们使用其他替代方法来达成传统意义上"可接受"的结果。我们相信，那些具有较发达的批判思维能力，并且因而能够挑战传统智慧的人，才能更好地改变既定优先权和目标之间的平衡，使之转向其他在社会性和生态性方面更具防御能力的目标。批判管理理论能够激发和引导这样一种认知转化，即视野更广阔地关注治理决策和行为的准则与深意。虽然受到资本主义的压力和其利己主义的驱动，但是"共同准则"和"良好意愿"在管理实践和组织发展中仍然继续扮演着特定的角色。批判管理理论曾经支持和表现出这种倾向，但批判思维使这些良好意图和自由关注停滞不前。

---

① 我们将在本章稍后讨论阿吉莱先生的例子中详述这一点。

反思的和非反思的从业者：两则例证

我们现在举两个就反思表现出截然不同的态度的高层管理人员的例子来阐明此前所述的论点。我们强调：（a）关于"他们在做什么"的管理者行为方式的变化，（b）反思的可能性，以及（c）反思的恰当性。

第一个例子取自约翰·斯古雷的书《奥德赛》 （*Odyssey*，1988），在第一章的结论中我们附带地提起过。斯古雷担任了苹果公司的 CEO 后，描述了他担任百事可乐公司（Pepsi）高层管理人员期间所发生的事情，即公司卷入了所谓的"可乐战争"。以下是一次重要的高层管理者会议的简要描述：

> 就像其他会议一样，这次会议是一件礼仪事件。我们提前好几个星期就确定了会议日期。每个人都穿着非官方的公司制服：蓝色细条纹的西装、白色衬衫和红色领带。我们中没有一个人会脱掉上衣。我们的穿着和行为就好象我们在参加董事会一样。（ibid.：2）

会议期间，人们宣布百事可乐现已在美国市场上销量第一，占有 30.8% 的市场份额，而可口可乐公司占 29.2%。百事可乐公司的高层行政人员不无得意地宣称：

> 这正是你们整个职业生涯中为之奋斗的重要时刻之一。自从 20 世纪 70 年代早期——那时百事可乐被人们普遍视作一个

长期的失败者，我们一直相信，我们能够成功。我们所有人一直都以成功为目标，从来都没有放弃过。(ibid.：3)

约翰·斯古雷随之以自我否定的基调来讲述他对公司的态度：

> 如果我在晋升过程中表现得傲慢和自大的话，对我来说也是无关紧要的。我是一个没有耐心的完美主义者。我乐于毫不留情地将事情办得完美无缺。我不同情那些不能按我的要求完成任务的人。(ibid.：4)

> 战胜我是一种妄想。我不仅受到竞争、而且也受到强势观念所产生的力量的驱动。我力求自己做到最好。如果我没有全身心地把我的精力都投入到工作的话，我会觉得很愧疚。许多人在百事可乐的生存法则中败下阵来，但对我来说，百事可乐公司是一个舒适的家。(ibid.：7)

斯古雷向他的读者保证，百事可乐公司所制定的规则都是公平的，即使对那些因失败而很快被替换的执行官（"要么你的数字上升并继续增长，要么你就得开始绞尽脑汁地去其他地方找工作"）来说也是如此。他和他的同事（百事可乐公司似乎对男性执行官格外青睐）"毫无怨言"。对公司提出批评被当作某人需要调整和发配的个人失败的一种标志。在百事可乐公司的管理人员中，抱怨就是不合时宜的行为。这些管理人员将他们将自己看成是：

> 精英中的精英。在这样一个聚集了一帮聪明的、野心勃勃的成功者的公司里……这些成功者已经证明了他们不仅在智力上而且在体力上都适合在美国公司的"海军陆战队"工作。

（ibid.：2）

斯古雷和他的同事们的行为似乎像某种宗教的狂热信徒——教徒的功绩是以他们救赎世人的数量来衡量的，而公司的业绩是以销量的多少来衡量的。在这一情境下，这样的问法是不合道理的：百事可乐公司的目标是什么？它是否为社会创造了价值？只要销量越好并且最终超过了可口可乐的销售量，就越能实现自我价值吗？就此而言，斯古雷对百事可乐公司销售量所作出的贡献，并不亚于那些在红十字会里救死扶伤的人的贡献，也不亚于与残酷的独裁统治作斗争的抵抗组织成员的贡献，也同样不亚于那些探究癌症和爱滋病奥秘的研究者的贡献。通过严格的规章（例如，在着装方面）和精心设计的程序（对不良的绩效进行"公示"），百事可乐公司的纪律性和一致性才得以维持。根据斯古雷的观点，执行官倾向于使他们自己的工作符合赢得市场份额的严格的逻辑。友谊、亲情和其他利益都被放在了次要地位。这样的企业统治太强大，不能容忍抱怨、疑问和质询。置身于百事可乐公司，"争做第一"的目标是不言而喻的并且不容怀疑的。怀疑或者偏离这个目标就是离经叛道。

当工具理性施加如此强大的霸权性影响的时候，以意志和动机为导向的目标将失去意义（见第二章）。对于百事可乐的执行官来说，销售业绩比其他任何事情更为重要和具有现实意义。如果不是精神错乱的话，对这个最为紧要的问题提出质疑，对销售量如何保持持续增长这个问题有所保留，都将被视为个人能力不足和缺乏理性的表现。对资本主义企业所追求的价值和优先权进行评价时，布雷弗曼（Braverman，1974）指出，资本家就如同以色列国王亚哈（Ahab）一样，他吹嘘"我的方法是英明的，我的目标是疯狂的"。读罢斯古雷对百事可乐公司的记述，带有批判意识的读者都会有相

理解管理：一种批判性的导论

似的感觉——除了会认为将智慧归因于手段可能会视为有点过于慷慨大方。

在回应这种批判的过程中，人们也许并不认为批判理论大煞风景：批判理论仅仅是将人们的注意力吸引到被隐蔽的心理伤害上，而这些伤害是由以下差异导致的：即作为管理不同利益相关者的管理者和追求销量第一的百事可乐的执行官之间的差异，或者是产品销售商的光鲜形象和评论者印象中稍欠完美的形象与"生活方式"之间的差异。① 我们对这种批评的回应是，百事可乐公司的执行官所受到的压力（来自同行的压力，以及与之不分伯仲的"外部力量"——特别是股东的压力）是资本主义经济的典型特征。在资本主义经济中，追求利润增长——在本案例中，通过增加市场份额来追求利润增长——将是压倒一切的重中之重，无论对管理者个人还是对公司投资者而言，莫不如此。当生产出来的产品是有用的、或者在员工被要求工作的条件下，我们不需要关心利润是怎么产生的。利润增长本身就表明，员工的努力直接体现为生产产品和提供服务。他们因此把大量的努力都运用于销售可乐和相关的产品之中，他们对此的偏爱胜过那些以任何一种标准来判断都更具有个人和社会价

---

① 和许多其他高利润的消费产品一样，软饮料销量很广，主要由于它代表了青春、流行、自由、生活方式等理想化形象——但是百事可乐近来在塑造媒体英雄的过程中遇到困难，使得其光彩夺目的品质受到攻击，百事可乐力推的媒体英雄们被揭露曾卷入毒品和性倒错，以及（现今已被安全地商品化和商业化）摇滚乐中，从而英雄形象受损。具有积极意义的是，他们的广告战颂扬的是健康和自由。部分是为了弥补受损的公众形象，并获得公众的关注和支持，像百事可乐这类公司还经常对慈善机构作出大量的捐赠。然而，由于强大的广告战中显示（和颂扬）的是年轻、漂亮、健康的人饮用带糖的饮料，又使得老龄化、自尊、健康教育等理念也受到一定的影响和损害。确实，执行官为百事可乐公司作出了巨大的努力，但这并没有显示任何值得称道的东西——如果从个人发展、消费者健康、或者其他类似结果来看的话。

值的其他行为。当执行官和消费者都被说服从而相信，只有把他们的生命和资金都投入到产品当中才能获得生命中有益的东西，而产品的重要性全部来自于满足人们的需求和带来愉悦的活动（见第四、五章）时，执行官和消费者就都成了增加市场份额和利润最大化这个游戏中的棋子。从这个角度来看，百事可乐公司的高级执行官和买他们产品的消费者一样，既是受害者又是头脑麻木的幻想症的作恶者。因为，根据批判性反思，他们迷惑并且歪曲了在个人和社会层面更为重要的事物。

　　丹麦首屈一指的工业公司的主席哈拉德·阿吉莱先生在一次访谈（发表于 1991 年 10 月 14 日《丹麦日报》信息版）中则清晰地表达了另一截然不同的取向。作为一个即将退休的企业家，阿吉莱描述了这么多年来他的公司是怎样把大量的投资用于净水处理、减少用水和能源消耗，以及减少重金属污染等事业中。他强调了在工商业生活中绿色生态的可能性和重要性。但是他也指出，仅仅做到这些是不够的。他提出在商业实践中追求生态健康是否能和追求利润完全相协调的问题。他认为他的公司一直受到这种积极理念的影响。他指出，有 PR 意识（即污染减少意识）的执行官数量逐渐增加——例如，维景（Virgin）公司的主席理查德·布兰森（Richard Branson）就在报纸访谈中力倡零成本。但是，阿吉莱指出他们公司的商业行为对于保护"绿色"生态所能作出的贡献是十分有限的。他暗示，生态层面上正确、商业层面上成功的企业政策是夸大其辞的（因为就获得必要水平的盈利增长方面而言，它们几乎无法抵偿机会成本）。

　　根据阿吉莱的判断，用"伦理和生态的稳固'对商业运作有好处'"来游说公司改革其政策这一想法虽然很诱人，但却根本不切实际。他指出，为了达成实质性的变革，政府必须介入企业实践的改

200 革。其中，以下方式值得一提：迫使公司提供其产品对生态造成影响的有关信息，对供应短缺的原料进行征税，对能源的使用增税、要求公司处理废品等。对常识和经济增长持续性的公然质疑，对于一个企业家（即使是临近退休的企业家）来说是非同寻常的，至少在工业社会里是这样。考虑到在西方国家中大多数人所享有的生活标准，阿吉莱先生提出了这样一个问题："我们是否还没有达到一个我们应该停止的、显然是贪得无厌的物质渴求的临界点？"他暗示，只有当西方国家的扩大生产能够对其他国家的发展作出贡献时，他们才可以这样做。

就对斯古雷和阿吉莱这两个人的职业经历的分别反思而言，我们会很容易地将斯古雷认作"坏家伙"，而将阿吉莱当成"圣人"。事实很清楚，斯古雷没有直接质疑过百事可乐公司的任务或者它的商业实践——包括公司对待自己员工的傲慢草率。虽然如此，他的叙述还是为我们提供了类似百事可乐的公司价值和优先权的许多洞见。尽管斯古雷没有将他的观察与资本主义企业的逻辑联系起来，但是他关于百事可乐公司的叙述并非毫无批判性，而是确实刺激了人们对百事可乐公司的目标和要求进行批判性反思——我们将在本章下一节中力图作出说明。在阿吉莱的例子中，值得一提的是，当阿吉莱还在担任公司的 CEO 时，公司的成功就在于从一个高污染高耗能公司转变为一个低耗能低污染的公司。人们可能还会坚称，像阿吉莱这样的人（以及我们自己）所秉持的这些观念表达的是一种奢侈，这种奢侈是那些不够富裕的人是无法承担得起的。虽然如此，阿吉莱所表达的观念还是暗示着：通过与企业所惯常遵循的逻辑不同的另一种可供替代的逻辑，理论和实践的发展还有相当大的空间（见 Nord and Jermier, 1992）。

批判性思维中的垃圾罐模式

在前面几章中，我们已经讨论了现代组织中决策倾向于被描绘和理想化为一种工具理性过程的产物。执行官不得不用理性的措辞来包装他们的计划方案，用效率和效果等语言来表达他们的决定（Meyer and Rowan，1977；Gowler and Legge，1983）。同样，马奇和奥尔森（March and Olsen，1976）也指出，人们常常用理性措辞来掩饰这样一个事实，即决策的制定常常是"非理性的"活动，并且决策通常或多或少是一些随意的、非系统的并且不可预测的过程的产物。在对管理工作和战略管理之后的过程分析因素作出预期之后（见第一章和第五章），马奇和奥尔森暗示决策制定者大多身处复杂、不稳定、较少理解的世界里，而不像标准化的组织和组织选择理论中所描述的那样（见第四章）。马奇和奥尔森认为，决策是组织中的以下四股相对独立的"潮流"交汇的结果：问题、解决方案、参与人员和选择机会。他们主张，某个选择情境"是一个寻找决策情境的问题和感受的交汇点（在决策情境中它们可能得以传播），是探索问题答案的解决方案，以及寻求疑难或满足的参与者"（同上：25）。

为简单起见，我们确定了两个相互交缠的探求决策情境的问题。第一，与工具理性领域有关的问题（效率、利润等等）；第二，属于政治—伦理领域的问题（生态、民主、自治、公平等等）。了解了这两种类型的问题，我们可以知道马奇和奥尔森所说的四股潮流或多或少与批判理论的理念具有一致性：在交往条件下该过程或多或少会被扭曲，所处理的问题和所选择的解决方案或多或少地要服从于追求利益最大化/满意的逻辑，参与者的意识或多或少地以技术专家主义为导向。然而，正如我们再三强调的那样，许多情境的模糊性可能会刺激和促进批判性反思。人们对工具理性的牢牢掌控也会松动到一定程度，使得决策情境会抵制根据其自身逻辑运行的封闭性（见之前对批判式系统探索法的讨论）。[①] 如果我们把具有潜在的反思性和批判性的管理者当作具有显示批判性话语能力的人，使之与决策过程的模糊性结合起来，我们就可以把批判性反思作为决定决策四股潮流之外的第五股力量。当批判性反思能力运用于调解特定问题（人员/解决方案/选择机会）时，它就能被激发，并促使人们努力去影响决策（参见 Forester, 1981, 1993）。

批判性反思和其他四股潮流之间至少可以建立起两种关联。第一种关联主要关注解释。问题通常有多种解释——可能的解决方案正是依赖于这些解释的——它们或多或少是技术专家主义的或者是批判反思的。迪兹（Deetz, 1992a）声称用于理解和描述现象的语言是极端重要的，他进而谈到了代议制政治。批判性解释向人们强调"获得偏好"的代表怎样常规性地运作，以复制占据主导的流行模式，而作为替代选择的代表则受到排斥和抑制（见第四章）。为了说明这个观点，我们在第七章中举了一个高层管理者的例子，他明确地将他的读者视为公司的管理者。这同样也可以用于解决方案：对大多数问题来说，总有一些可供选择的解决方案，但是传统和制度化的思维方式限制了这些选择。批判性思维的贡献是让人们意识到对问题和解决方案还有其他解释和行动的可能性。

批判性反思和垃圾桶决策（garbage-can decision）过程之间的第

---

① 当然，交往理性的逻辑——未失真的对话为好的决策打下基础——可能同样被垃圾桶决策所推翻。然而，在工具理性占据了统治地位的目前情境下，模糊性可能更经常地偏向于努力放松（如果不是抵抗的话）其统治。

二种关联关注这样的方式，即当行动的"第五股"力量出现时，问题和感受的交汇点能够引发批判性反思的进程（见 Mumby and Put-nam，1992）。继而，关于问题的多种不同的政治—伦理维度可能被发现和提出——包括统治、性别差异、人力剥削、环境污染、资源浪费、对公众、市场战略的欺诈（不诚信）交往（这些造成了有害的社会心理影响）、通过收购公司来获得垄断地位等等（见第四到第六章）。运用批判性思维，使得以这样的方式来解释决策情境——问题和解决方案——成为可能，即不仅关注紧密相伴的公司成长和利润，而且也关注更为广泛的环境和所造成的影响。这种想法也许无法延续。的确，它更可能是偶发性的——虽然是累积性的——是受特定问题的情境所激发和推进的。正如迪兹所观察到的：

> 斗争并不是针对那些指导思想和行动的强大力量，而是针对在短暂实践中的——被遗忘、被隐藏、被误认和被压制的冲突——规制性力量。理解在公司范围内的封闭式的与扩展到公司外的微观实践是第一步。理想的方式是以下列方式参与到公司话语之中：重回有意义的冲突，并且重提关于批判性社会问题的经历。（Deetz，1992a：290）

尽管公司话语受到一些限制——这在斯古雷在百事可乐公司会议上所作的记述中得到很好的说明（见下文）——但通常还是有可能设计出技术性的方法来突破传统智慧，并且在不遭受彻底反对的情况下刺激批判性反思。打破人们已习惯的认知上的封闭当然是不容易的。然而正如许多新的管理领袖同样宣布的那样，如果公司不想毫无进展的话，就有必要"打破"根深蒂固的假设、思维模式和制度化实践。例如，基于这种观点念的权威，就会在雇员们对公司现状提出质疑时，使他们有能力寻求"授权"和"不断变革"（Peters，1988）的意识（Binns，1993；Wilkinson and Willmott，1995a）。当然，在公司里为离题万里的开放性和批判思想创造机会并不是包治百病的万灵药。但是，认识和促成"垃圾桶"内容中所存在的批判性思维无疑是一个值得追求的目标。正如现在我们所主张的，管理教育能为这项工程提供重要的投入。

管理教育和研究情境中的管理批评理论

为了让批判管理理论在管理实践中占有一席之地，至关重要的是要使得管理者和未来的管理者在教育过程中熟悉批判性思维。批判管理理论影响管理学研究和教育的前景如何？与其在教育机构和学习媒介的政治和实践中的作用比起来，批判管理理论所具备的理性力量并不是一个问题。由于我们认识到许多管理教育和培训——正式或非正式的——发生在工作场所中的"机构内部"，所以这里的讨论仅限于在教育体制内的管理教育的内容和方式。

或许，当前的观念和物质条件大多执拗地支持着管理学院和商学院中对重要学者的任命。在管理学院和商学院中，人们对学术声誉十分重视。尽管人们对其所持观念的认同有所保留，但那些具有批判理论取向或善于接受新思想的员工还是继续得到雇佣和提升的机会，这也许是因为他们通常受过高等教育，能够提供一些智力支持，并且不太可能要免去他们的职位而另外聘请私人顾问。因此，基于各种原因，商学院会越来越吸引那些关注批判推理的发展和应用的人。由于期望这一群体在管理领域中发挥首要或主导性的作用也许是不现实的，所以目前情况下只呈现一些令人感兴趣的机会。①
选修管理学课程的学生数量，跟选修工程学和语言学之类其他学
科的学生数量一样在增长，管理学课程的选修或必修已成为他们
学习中不可或缺的部分。

作为议程设置的教育

大学里的管理系和商学院日益成为发达资本主义社会中知识分
子社会化的主要机构。仅就他们的数量而言，管理学教师和研究人
员对大学委员会所施加的影响就已经越来越大。例如，他们开始越
来越直接地参与到塑造教育的非凡意义和前途的工作中来。从批判
理论的立场看，这样的开放和机会尤为珍贵。因为正如我们在第三
章所提及到的，与传统的马克思主义相反，批判理论并没有声称支
持任何特定阶级或者政党（或联盟），而这就意味着所有教育媒介都
变成了推动变革的主要渠道。在管理系工作能够为接近社会的决策
中心的研究和咨询提供机会。相应的，这就能够推动发现的产生和
思想的传播——它们为当代社会中"目的理性的子系统"的运作提
供了更加坚实的阐释、例证和批判。（例如，参见 Sikka and Will-
mott，1995）。罗森承认，管理研究机构承受着顺从管理精英们的期
望的压力，并且面临着回报丰厚的顾问工作的诱惑，他观察到： 204

> 尽管这些力量降低了批判性学术的可能性，但是与此同时，
> 这些力量也为管理研究人员提供了各式各样的工具箱——专业
> 的和技术的技能、社会的合法性和尊重、获得资助的机会、参

① 正如我们在第六章所谈到的，琢磨一下编辑委员会——比方说《组织》、
《会计组织和社会》、《管理信息系统季刊》——的成员，是有益的。

加各种交流讨论的机会等等——从而通过处理矛盾冲突把实践概念发展成一股变革的自觉力量。(1987：579)

批判性思维的教学和更广泛的传播是这一实践的关键方面。与批判理论最为相容的教育方法是一种对话方式而不是正式演讲，这种方法使学生能以一种全新的有意义的眼光来审视自己及其周边的环境（Comstock, 1982; Grey et al. , 1996）。福雷斯特（Forester, 1993）所谈到的公共规划者（public planners）的情形也同样适合于管理学教师和研究者。也就是说，他们并不仅仅从事着信息处理或是问题解决的工作，而且还积极地参与到影响公众注意力和议程设置中来："在对各种可能性进行每天常规性的探询过程中，规划者和政策分析家促进和或者阻止可能发生的事情，警惕或者忽略其他事物，引起或者漠视特别关注，扩展或缩小设计、批评以及参与的基础，并且由此作出决策"（ibid. : 27）。这说明，许多管理教师和研究者们仍然继续坚持这样的观点：他们的任务就是为潜在的或者已经成为管理者的人提供一种技术，人们期望这种技术能够增加企业或者员工的绩效，而不是——举例来说——去反思所有权和管理控制的政治的和伦理的意义。[①]事实上，后者所涉及的议题已被边缘化，人们往往将其视为管理者个人的良知或国家法律层面上的事情。

必须承认，商业、管理和组织世界，与那些和批判理论相冲突

---

① 于此，也许有人会反对这一观点："商业伦理"是管理领域里早已存在的专业，并且还在不断扩展。我们赞同这一反对意见，并将这一专业视为批判理论中的一个很有发展前景的研究方向。我们认为，批判理论可以提供一个更为坚实的基础来探索商业伦理，因为它吸纳了对统治和教化等问题的关注，而这正是商业伦理课程中所缺乏的。对这一观点更为充分的探讨，参见迪兹（Deetz, 1985），另可参见佩恩（Payne, 1991）、科尤斯塔德和维尔莫特（Kjonstad and Willmott, 1995）。

的价值观和实践有着广泛的联系。这包括将人看成一种手段而不是目的，对文化—意识形态控制和制造消费者身份，以及对作为效率判断标准的"底线"的盲从，不顾社会成本和生态后果而对财富无休止的追求，等等（见 Grey and Mitev，1995b）。当人们认为，批判理论便是对一种社区伦理和集体自我认识的理想追求时，管理就只是惯常地专注于对企业扩展和职业生涯满意度的工具性探求。正如费希尔一针见血地谈论到的：

> 只要政治模型仅仅只是对技术统治论在理论上的挑战，那么人们的关注就会主要转移到知识领域。然而，一旦它成为有抱负的管理者的教育和训练中的核心理论，它就会开始对现有的组织关系提出挑战。（1990：293）

对劳动力市场、商业、政府和政治精英的外部依赖——这种依赖阻碍、同时也刺激了批判性反思的进程，进一步加剧了对批判管理理论的文化抵制。但同样，当人们分别对管理世界和批判理论世界作比较的时候，就存在着屈从于非辩证法观念的危险——当忽略了和睦和共性的可能时，就只能抓住不同点了（见第七章）。这是因为，可以证明，存在着一种重要的（即使片面且不稳定）的观念交叠。这种观念交叠所涉及的是"对政治经济结构将以其他方式隐藏于公众视野之外，［以及］对那些将以不同方面被置于公众讨论之外的问题的开放和提出的这类议题加以揭示"（Forester，1993：6）。尽管批判思维在制度上和观念上对管理科学的主张多有拒斥，但是正如我们所回顾的日益增多的文献所表明的那样，批判思维已经开始渗透到管理科学之中了（尤可参见第四至第六章）。

205

从行动学习到批判性行动学习

　　思考、计划和管理过程受那些被视为理所当然的关于什么是"明智"的假定所引导，并且管理者也不能完全不受社会中不断变化的期望和价值观的影响。因此，尽管我们努力依据客观的、具有技术合理性的标准使判断公正合理，但我们很难否认确定和应用技术性标准的过程是政治和伦理选择的产物（见第二章；Anthony，1986）。正如哈贝马斯所描述的，只有在"决定论"的世界里，人们才假设，当前主导着企业活动的价值观是自然的或者是超越了理性讨论的范围。已经对商学院的课程有所质疑的资深从业者也提出了相应的批评。在商学院中，人们强调技术的获取，而忽略了人际关系和交往的技能（《哈佛商业评论》，1992 年 9—10 月，11—12 月）。无疑，他们的批评通常是由截然不同的关注点和价值观所激发的，显然，他们担心全球化的竞争和竞争优势的消失。尽管如此，每种批评都是将技术取向的价值观问题，化为管理的理论和实践（也见 Reed and Anthony，1992）。当每种批评都从人际关系和组织政治的实践的（即负载了道德和伦理责任的）现实中跳出来时，会发现技术知识的价值是有限的（Willmott，1994b；Fox，1994a，1994b）。行动学习的倡导者最为直接地表达了这样的观点，正是他们发展出了一种不同于主流的教育实践的可供选择的替代方式。

　　行动学习鼓励参与到知识共享当中，并且建设性地批评他人的调查分析和对策建议（Mclaughlin and Thorpe，1993）。[①] 这个过程将注意力主要集中在、并且借重于自我发展，而不是只关心要学会仅仅作为一种通过测验的手段的理论或者模型。于是，行动学习依靠

---

　　① 以下段落摘录自维尔莫特（1994b）并作了修改。

为一个不断成熟的过程作出贡献，并且为此积极追求。在这个过程里，无知、困惑和不确定都为人们所公开承认和共享。人们不是要隐瞒这些在通常表现出的防御姿态背后似乎带有的消极属性和情绪，而是给予它们积极的评价，认为它们变得更为人所熟知、更加透明，并且是可以对抗不确定性的基础。传统管理教育和行动学习的一些主要区别见表 8.1。

表8.1　**管理教育的传统途径与行动学习法**（改编自麦克劳夫伦和索普，1993）

	传统管理教育	行动学习法
世界观	认识世界 自我发展有一定的重要性 研究形成管理实践、定义课程 管理者应该学习从研究中得出的理论模型	改造世界 自我发展非常重要 通过管理者和组织来定义课程 管理者应该在导师的帮助下解决问题
做法	专家决定学习的内容、时间和数量 模型、概念、思想作为思维和行动的工具	专家的意见应谨慎看待 模型、概念、思想在回应问题中得以发展

　　行动学习过程的一个重要特点是它日益关注日常管理实践中习惯上被排斥或掩盖的组织生活的"阴暗"面。正如麦克劳夫伦和索普（1993：25）所指出的："**在他们自己经验的水平上，管理者们运用行动学习法能够更好地了解他们自己以及他们的组织。尤其是，他们能够意识到宏观和微观的政治优先**（the primacy of politics）**、权力对决策和非决策的影响，更不用提'偏见激发**（mobilization of bias）**'了**"（黑体为原文所加）。正如这里所提到的"政治优先"和"偏见激发"所暗示的那样，在之前章节所论述过的各种传统的批判性分析在理论上的贡献和行动学习法所引发的具体观点之间有着直接联系。然而，这并不意味着这种联系能够自发形成。这种联系建

立在体现了行动学习法所含洞见的意义与重要性的基础之上。

通过行动学习过程所产生的关于"政治首位"的洞见，人们对此作出的反应，有三种可能的方式，对它们进行比较和对比是颇有启发意义的。第一种反应认为这些洞见只是另一种关于人类、组织和社会的"知识财富"。这些观点就象复杂的化学公式一样对于学习者的生活并没有多大的意义。事实上，当这种"财富"被"储存"起来时，在认知和存在之间发生了"切断"或划分（Freire，1972）。第二种反应是将行动学习法的洞见与个人已建立起来的知识和行动整合在一起。事实上，这些洞见增强或者提升了个人拥有的工具和技术范围，使之能按事先已确定好的优先顺序去行事。这一反应是由针对下述问题所作的有限的批判反思而得以凸显和界定的：**为什么"政治优先"中新的"洞见"此前会被隐藏？难道它仅仅是一种偶然或者疏忽吗？抑或它是社会中权力和知识相互影响的一种标志？**这第二种反应要么将此前对政治的忽略理解为"一次性的"失察，要么更具讽刺性地认为它是占统治地位的权力/知识关系的一种标志，但是又将这一理解看作等同于化学公式的"知识财富"。简而言之，第二种反应有效地摒除或完全忽视了已经建构起来的知识（忽视政治的重要性）和新知识（赋予政治以重要性）之间的张力或非连续性。或许，对这种张力的认识和经验破坏了人们在追求既存的优先权时建立起来的自我身份认同，到一定程度后，由于它太具威胁性而被排除在外。

最后，第三种反应进一步探究一种可能性，即当其他形式的知识和观点习惯性地受到忽视、贬值或抑制时，一些知识形式和学习方法是否会系统地受到鼓励。正如我们在上面所提到的，第二种反应或许是工具性地将这些洞见整合到追求已事先建立起来的优先次序的过程之中（见 Kotter，1979；Pfeffer，1981a）。① 相比之下，第三种反应以这样一种方式激发新的洞见——即以某些方式将之前的认识缺乏解释为权力关系的媒介和产物。人们不是假设"权力首位"的洞见与目前的知识和行动的全部内容毫不相干、或者可以融为一体，而是受到鼓励对之前建立起来的优先权及其获取方式进行反思和重新评估（Coopey，1995）。当然，这种反思可能是局部和暂时的：它也许不会持久。但是，它播下了一粒也许随后会生根发芽的张力和怀疑的种子。

在继续论述之前，也许有必要强调一下，这三种方法之间的区别是富有启发性的。如果我们不去区别反应的类型，而是把注意力集中放在我们个人的现实经验之上，那么我们无疑会发现一个复杂和动态的反应的集合。很少人——如果真有的话——会持续不断地将任何一种反应类型具体化。相反，我们会寻找在这三种方法之间的张力和替代性——当他们，以及我们力图改变我们的优先选择和思想行动的内容时，不仅因为要耗费时间和精力来探究"权力首位"的具体内容，而且还因为个人不可避免地会经历个人的衰退以及社会的抵制。

管理的批判性话语与行动学习法对传统学习方法的挑战产生了共鸣，并且更具体地说，与对权力的洞见——这种洞见由行动学习法的无计划和有组织的形式而催生——发生了共鸣。我们将这种结合定义为批判性行动学习法（Critical Action Learning，CAL），它认为每天发生的冲突能够驱使人们进行思考；并且我们关注"权力首

---

① 这一系列表现的一个臭名昭著的例子是，马斯洛激进地探索和批评了"进一步达致人性"的制度化缺失，并将其转化为"需要层次"，认为人们在现代工作组织中的心理的和经济的疏离问题因人而异，其解决方案也各有不同。

位"中的批判性思维，能够使我们在解释时比传统理论中提出的观点更加合理和有说服性（见表8.2）。

表8.2　管理教育的一种替代方式——所用的框架改编自麦克劳夫伦和索普（1993）

	传统的行动学习法	批判性行动学习法
理念	世界在某些地方要行动和变革 自我发展非常重要 通过管理者和组织来定义课程 管理者应该在导师的帮助下解决问题	世界在某些地方要行动和变革 自我发展和社会发展是相互依赖的 相互依赖意味着没有任何个人或组织能对课程进行垄断性控制 识别和提出问题时，管理者潜在地接受导师个体以及其他群体的推动和关注
做法	应谨慎看待专家的意见 模型、概念、观点在回应问题中发展	人们普遍接受的、包括来自专家的知识，应通过反思和源自批判社会理论的洞察力的融合进行批判性审察 模型、概念、观点通过反思实践和应用来自批判性传统的思想的相互结合来发展

　　我们已经指出，批判理论和批判管理理论的作用，在于通过识别和挑战这样一些力量（例如，父权制、消费主义和技术统治论）来推动和继续进行批判性反思，而这些力量是产生社会没有必要经历的磨难的源头，而且/或者是阻止人们对其合理性进行批判反思的基础。其目的是培育和促进每天的反思进程，并使其合法化。这些进程或许得到——将会改变那些产生张力的条件的程度——发展和持续。或者，其他的力量导致反思被打断、削弱甚至淹没。对批判性行动学习法复杂且多样的进程提供一个公式或者蓝图是困难的，并且有潜在的危险（事实上，这确实也是很矛盾的！）。然而，因为它在说明特别抽象的概念时是有帮助的，所以我们用以下概括性的观点来进行分析。接下来，我们根据本章曾提及的约翰·斯古雷在百事可乐公司中的经验来说明这一模式的早期阶段（对此更为充分的讨论，见 Kjonstad and Willmott, 1995）。

209

大体上说，批判性行动学习法包括以下几个阶段：

1. 紧张经历（例如，忧虑或者怀疑）或者识别冲突（例如，成功和不高兴）。

2. 将紧张/冲突解释为可以避免，即认为这是一种社会政治现象，而不是"既定的"或者是一种自然规律。

3. 对紧张/冲突加以分析，包括对引起紧张/冲突的条件进行分析。

4. 通过改变紧张/冲突的可能条件来解决紧张/冲突问题，包括加强对紧张/冲突的识别和分析的能力。

5. 产生于斗争过程的新的紧张和/或者冲突识别的经历。返回第二阶段。

在读斯古雷的书，听其叙述在百事可乐公司那段经历（见前文）的时候，我们会发现这本书不是近些年来以"英雄式"的高级执行官的口吻来写的一本纯粹自我赞美的书。他很明显地强调百事可乐公司执行官们出众的天赋和素质，并且以此宣称斯古雷自己出众的能力，但同时他对百事可乐公司的管理文化是反思的、甚至是有些嘲讽式的："在（百事可乐）公司里每个人都穿着非官方的工作制服"，包括"一条纯红色的领带"。他也算比较公正地将自己描述为一个"没有耐心的完美主义者"，他"不同情"那些没有完成自己任务的人。这也许暗示着，他承认个人是有缺点的，而不是只赞颂其男子汉气概。因此，尽管斯古雷对他在百事可乐公司那段经历的描述是不完全的，并且有些自我美化，但是我们认为某种程度上他表达了批判性反思。再来具体地考察一下他的另一段描述，在此斯古雷把注意力放在了紧张的经历上，也就是当他自己没有完全投入工作时所产生的一种内疚：

战胜我是一种妄想。我不仅受到竞争、而且也受到强势观念所产生的力量的驱动。我力求自己做到最好。如果我没有全身心地把我的精力都投入到工作的话，我会觉得很愧疚。许多人在百事可乐的生存法则中败下阵来，但对我来说，百事可乐公司是一个舒适的家。

斯古雷对他在百事可乐公司的那段经历的反思，使他从该公司中获得了自我认同感，并且达到了目的——所以在一定程度上，百事可乐公司成为了他"舒适的家"。他意识到他沉迷于这样一种强烈观念，即百事可乐公司能够成为美国市场上的第一名。即使他为了实现这样的目标忽略了他的家人、朋友和亲戚，但为了百事可乐公司的成功，他投入了全部的精力，把他自己"最好的东西"都奉献给了公司，而只是将剩下的留给其他人。

对那些极易受到产生于公司内部的"强有力的理念"所诱惑的高级行政人员（还有学者们！就像我们自己一样，对他们来说，"写作"或"出版"也许可以替代为斯古雷在上面所引述的"胜利"）来说，斯古雷的书可以当作一种具有告诫意义的故事来读——这可能也是其初衷。就这一范围而言，紧张不安的经验被描述为对公司诱惑的一种可以避免的结果。斯古雷认识到，自己并非一定要全身心地奉献给公司（即便他可能被"美国公司中的海军陆战队"解雇），这实际上是对那些关于百事可乐企业文化的纯粹赞美的叙述的一种批判。这使得斯古雷可能为了取得"可乐战争"的胜利而自我贬低（同样的，在英国不同的大学和院系之间也会有学术性竞争即"排名战争"，参见 Willmott, 1995a）。然而，缺乏对百事可乐公司文化以及对斯古雷在该公司经历的分析，其最终的结果只能是一种娱乐性阅读，而很少能刺激和支持批判性反思——这是我们联系斯古雷移植资本主义和利己主义的倾向（当然，还有流行管理学著作的传统风格）的结果。这些都受到常识以及商业成功价值的理解的控制。

斯古雷通过戏谑地描述百事可乐公司的文化特点（例如"纯红色领带"），以及将他们自己幻想成"美国公司中的海军陆战队"的公司管理者来娱乐读者。但是他却没有将百事可乐公司管理者承受的压力和作为政治经济体系的资本主义组织联系起来——这样的政治经济体系要求对那些出卖劳动力给资本主义企业的人们加以商品化，并且予以剥削。斯古雷所著书籍的标题"奥德赛"，隐含了荷马史诗式的意蕴——这种意蕴在霍克海默和阿多诺所著的《启蒙辩证法》（Dialectics of Enlightenment，1947a）中得到了详尽的讨论，这本书还专门论述了认识批判理性的困难。相比之下，斯古雷讲述了他的故事，但是却很少对其经历的意义进行直接的反思。事实上，批判性行动学习法在第二阶段就遭遇到了瓶颈。资本主义的移植，以及相应的百事可乐公司管理者们自我主宰——自由选择将自己奉献给公司目标，否则就会感到内疚——的理想，阻止了我们的进一步反思。人们用个人与生俱来、不可改变的利己主义和功利主义假设来解释百事可乐公司管理者的行为。人们并没有在承认"傲慢"和"自大"与（能够积极地培养和回报这些"取胜的"品质的）社会化进程之间建立关联，恰恰是因为它们与"不懈工作直到完全正确"这样一种偏执意愿相互重叠。最为重要的，斯古雷也没有将他对百事可乐公司的价值和目标的承诺与社会化进程及（达到高水平的）教育相联系，这似乎也使他和其他高级管理者没能取得或发展出一个与百事可乐公司内部风行的"强有力的理念"相关联的更具批判性的和自治的地位。

由于缺乏对产生这些问题的条件的批判性思考，使得人们对斯古雷所描述的紧张与冲突的分析有所削弱。就像我们在第一章所讨

211

论过的，不应该从斯古雷个人失败的角度来诊断这种局限，而应该联系他所受的教育和他作为高级执行官的社会地位来讨论。正由于他的这种社会地位，才导致他不太可能熟悉批判性思维。并且，即使他熟悉批判性思维，他也不可能揭示和运用这种知识——不仅仅是因为这会扰乱他讲述一个娱乐性故事，而且因为这将涉及一个个人变革的艰难过程（从对公司资本主义的辩护者转变为批判者）。

在他的著作《奥德赛》里——斯古雷确认和描述了公司资本主义中一些反常现象，但是他缺少分析工具（或许也缺少意向）来对这些反常现象加以诊断。他对公司实践进行了有限的反思，但并没有持续下去。百事可乐公司的管理者，包括他自己，只是受到轻微的奚落。斯古雷描述了紧张和矛盾的状况，并探讨了紧张和矛盾的减少是怎样依赖于谋求社会发展和自我发展的斗争的。但是，人们对斯古雷的这一工作并不赞赏。人们可以推测的是，这些斗争将会包括挑战和变革观念与实践的努力，这些观念和实践是这样一种执着承诺的产物：经过反思，它们很可能会被看作是微不足道的目标，就像斯古雷所描述的那样。这些斗争还将包括斯古雷所作的努力，他可能通过与别人对话的过程、超越自我否定以直接阐述是什么样的挫折、不快或缺陷感激发了对于"取胜"的偏执的（男性气概的）关注——这样的偏执提供了社会上能接受、但却是矛盾的逃避方式。不用说，个人斗争是参与社会变革进程的一个重要条件，这种社会变革进程并不是受一种（施虐狂式的？）控制和处理"某些人"的强烈愿望来驱动的。用斯古雷的话来说，这里的"某些人"指的是"不能按照我的要求完成任务"的人们。而上述控制和处理的这种强烈愿望又恰恰是在百事可乐公司文化中"舒适的家"里得以制度化的。

结　论

我们已经指出，非理性和冲突与管理理论和实践的联系，为一般意义上的批判性思维与特定情况下的批判理论的应用和发展提供了广阔的空间。组织实践和组织关系中的紧张能够促进批判性反思，这是由于已有的实现生存和成功的处方——无论是个人的还是组织的，都被发现是失败的；并且，这种痛苦激励人们去寻求全新的思想和观点。当我们对管理和组织的世界进行调查研究时，所面临的挑战就是，要显示和探索批判理论的抽象反思，以及相关的批判性思维是如何对组织工作的平凡现实加以中肯的阐述和变革的。正如卢克和怀特所言，不同的意义正普遍地被运用于"后工业"信息资本主义的发展当中：

212

> 一套基于企业资本的工具理性的可供替代选择的方案，指向了信息生产和消费中劳动力的信息变革。而基于交往理性、分权制度、本土文化和全球道德意识的其他一些可供替代选择的生态方案，则能够授权给生产者和公民，由他们自己决定信息革命的含义和方向（1985：49）。

批判理论和批判管理理论的最主要贡献在于，强调社会生活的技术和实践维度的相互渗透，并且在这样做的同时，去质疑常识性的话语和既存的实践——包括许多管理理论和实践——它们使技术工具服从于道德实践。正如雷（Ray, 1993：25）所言："即使当行动者是以纯粹的工具化方式来行动的——在市场中或者在官僚制下，

理解管理：一种批判性的导论

其交往也必须局限在可重构和接受批判性检验的共同规范和信仰当中"。通过分析和传播这些"经验性的、一定历史情境下的、对现象的分析中肯的、富有洞见的"（Forester，1993：13）研究成果，且使学生和管理实践者容易获知，批判理论能够对重构管理教育和实践作出及时的贡献。

要想实现批判理论的理念，就有必要鼓励和发展一个对话的进程——在这一对话进程中批判理论的洞见对自我理解和管理及组织实践将作出有力的贡献。为了实现这个目标，批判管理理论必须从抽象的理论化中脱离出来，转而对管理理论和实践现状进行阐述和批评。否则，就像阿格尔（Agger，1991：133）所指出的，批判理论就只能被一小部分学术热爱者所了解，他们"忽视了自己的专业术语对等级制度所作的贡献，而只赋予那些用欧式的高调理论中的晦涩语言进行交流的人特权"。正如我们反复承认的，当批判理论将理性归因为传统智慧和既存实践时，运用它来理解管理很可能会遭到强烈的抵制。但是这些抵制的来源应该是富有生机和令人鼓舞的，而不是威胁性的和令人沮丧的。抵制能够像金刚砂一样被用来砥砺人们的能力，使其能够通过纠正工具理性和交往理性的不平衡来深入反思传统智慧的主张。

213

参考文献

Accounting, Auditing and Accountability Journal (1989), Special Issue on 'Contextual Studies of Accounting and Auditing'. 2, 2.

Accounting, Organizations and Society (1987). Special Issue on 'Critical Studies in Accounting'. 12, 5.

Ackoff, R. (1979), 'The Future of Operational Research is Past', *Journal of the Operational Research Society*, 30: 93 – 104.

Adorno, T. (1967), *Prisms*. London: Neville Spearman.

Adorno, T. (1973), *The Jargon of Authenticity*. London: Routledge.

Adorno, T. , Frenkel-Brunswik, E. , Levinson, D. L. and Nevitt Sanford, R. (1950), *The Authoritarian Personality*. New York: Norton.

Agger, B. (1991), 'Theorizing the Decline of Discourse or the Decline of Theoretical Discourse?', in P. Wexler (ed.), *Critical Theory Now*. London: Falmer Press.

Aldrich, H. E. (1979), *Organizations and Environments*. Englewood Cliffs, NJ: Prentice Hall.

Allen, V. L. (1975), *Social Analysis: A Marxist Critique and Alternative*. London: Longman.

Alvesson, M. (1987), *Organization Theory and Technocratic Consciousness: Rationality, Ideology and Quality of Work*. Berlin/New York: de Gruyter.

Alvesson, M. (1991), 'Organizational Symbolism and Ideology', *Journal of Management Studies*. 28, 3: 207 – 25.

Alvesson, M. (1993a), *Cultural Perspectives on Organizations*. Cambridge: Cambridge University Press.

Alvesson, M. (1993b), 'Cultural – ideological Modes of Management Control', in S. Deetz (ed.), *Communication Yearbook Vol.* 16. Newbury Park, CA: Sage.

Alvesson, M. (1993c), 'The Play of Metaphors', in J. Hassard and M. Parker (eds), *Postmodernism and Organizations*. London: Sage.

Alvesson, M. (1994), 'Critical Theory and Consumer Marketing', *Scandinavian Journal of Management*. 10, 3: 291 – 313

Alvesson, M. (1995). *Management of Knowledge-Intensive Companies*. Berlin/New York: de Gruyter.

Alvesson, M. (1996), *Communication, Power and Organization*. BerlinlNew York: de Gruyter.

Alvesson, M. and Berg, P. O. (1992), *Corporate Culture and Organizational Symbolism*. Berlin/ New York: de Gruyter.

Alvesson, M. and Billing, Y. D. (1992), 'Gender and Organization: Toward a Differentiated Understanding', *Organization Studies*. 13, 1: 73 – 103.

Alvesson, M. and Deetz, S. (1996), 'Critical Theory and Postmodern Approaches in Organization Studies', in S. Clegg, C. Hardy and W. Nord (eds), *Handbook of Organization Studies*. London: Sage.

Alvesson, M. and Sköldberg, K. (1996), *Towards a Reflexive Methodology*. London: Sage.

Alvesson, M. and Willmott, H. (eds) (1992), *Critical Management Studies*. London: Sage.

Alvesson, M. and Willmott, H. (1995), 'Strategic Management as Domination and Emancipation: From Planning and Process to Communication and Praxis', in P. Shrivastava and C. Stubbart (eds), *Advances in Strategic Management*. vol. 11, Greenwich, CT: JAI Press.

Anderson, P. F. (1983), 'Marketing, Scientific Progress and Scientific Method', *Journal of Marketing*. 46: 18 – 31.

Anderson, P. F. (1986), 'On Method in Consumer Research: A Critical Relativist Perspective', *Journal of Consumer Research*. 13: 155 –73.

Andersson, L. (1982), 'Konsumentintresset'. PhD Dissertation, Department of Business Administration, Lund University.

Anthony, P. (1977), *The Ideology of Work*. London: Tavistock.

Anthony, P. (1986), *The Foundation of Management*. London: Tavistock.

Argyris, C. (1952), *The Impact of Budgets upon People*. New York: Controllership Foundation.

Argyris, C. (1964), *Integrating the Individual and the Organization*. New York: Wiley.

Argyris, C. (1972), *The Applicability of Organizational Sociology*. Cambridge: Cambridge University Press.

Argyris, C. and Schon, D. (1978), *Organizational Learning*. Reading, MA: Addison-Wesley.

Armstrong, P. (1985), 'Competition between the Organizational Professions and the Evolution of Management Control Strategies', *Accounting, Organizations and Society*. 10, 2: 129 –48.

Armstrong, P. (1986), 'Management Control Strategies and Inter-Professional Competition: The Cases of Accountancy and Personnel Management', in D. Knights and H. C. Willmott (eds), *Managing the Labour Process*. Aldershot: Gower.

Armstrong, P. (1987), 'The Rise of Accounting Controls in British Capitalist Enterprises', *Accounting. Organizations and Society*. 12: 415 –36.

Armstrong, P. (1991), 'Contradiction and Social Dynamics in the Capitalist Agency Relationship', *Accounting, Organizations and Society*. 16, 1: 1 –26.

Arndt, J. (1980), 'Perspectives for a Theory of Marketing', *Journal of Business Research*. 8: 389 –402.

Arndt, J. (1985), 'On Making Marketing Science more Scientific: The Role of Observations, Paradigms, Metaphors and Puzzle Solving', *Journal of Marketing*. 49: 11 –23.

Arnold, J. and Hope, T. (1983), *Accounting for Management Decisions*. London: Prentice Hall.

Arrington, C. E. and Francis, J. R. (1989), 'Letting the Chat out of the Bag: Deconstruction, Privilege and Accounting Research', *Accounting, Organizations and Society.* 14, 1: 1 –28.

Arrington, C. E. and Puxty, A. G. (1991), 'Accounting, Interests and Rationality: A Communicative Relation', *Critical Perspectives on Accounting.* 2: 3 1 –58.

Asplund, J. (1991), *Rivaler och syndabockar.* Göteborg: Bokförlaget Korpen.

Bagozzi, R. (1975), 'Marketing as Exchange', *Journal of Marketing.* 39: 32 –9.

Bain, G. (1992), 'The Blackett Memorial Lecture: The Future of Management Education', *Journal of the Operational Research Society.* 43, 6: 557 –61.

Baker, M. J. (1987), 'One More Time – What is Marketing?', in M. J. Baker (ed.), *The Marketing Book.* London: Heinemann in association with the British Institute of Marketing.

Bank, J. (1992), *The Essence of Total Quality Management.* London: Prentice Hall.

Bannon, L., Robinson, M. and Schmidt, K. (eds) (1991), *Proceedings of the Second European Conference on Computer-Supported Cooperative Work*, Amsterdam: Kluwer.

Baritz, L. (1960), *The Servants of Power.* Middletown: Wesleyan University Press.

Barley, S. and Kunda, G. (1992), 'Design and Devotion: Surges of Rational and Normative Ideologies of Control in Managerial Discourse', *Administrative Science Quarterly.* 37: 363 –99.

Barnard, C. (1938), *The Functions of the Executive.* Cambridge, MA: Harvard University Press.

Bauman, Z. (1988), 'Is There a Postmodern Sociology?', *Theory, Culture & Society.* 5: 217 –37.

Bauman, Z. (1989), *Modernlty and the Holocaust*, Cambridge: Polity.

Bauman, Z. (1991), *Modernlty and Ambivalence.* Cambridge: Polity.

Bedeian, A. (1989), 'Totems and Taboos: Undercurrents in the Management Discipline', *Academy of Management News.* 19, 4: 1 –6.

Belk, R., Wallendorff, M. and Sherry, 3. (1989), 'The Sacred and the Profane in Consumer Behaviour Theodicy on the odyssey', *Journal of Consumer Research.* 16 (June): 1 –38.

Bell, D. (1974), *The Coming of Post-Industrial Society*. London: Heinemann.

Bendix, R. (1956), *Work and Authority in Industry*. New York. Wiley.

Benhabib, S. (1986), *Critique, Norm and Utopia; A Study of the Foundations of Critical Theory*. New York: Columbia University Press.

Benhabib, S. (1992), *Situating the Self Gender, Community and Postmodernism in Contemporary Ethics*. Cambridge: Polity Press.

Benhabib, S. and Cornell, D. (eds) (1987), *Feminism as Critique: Essays on the Politics of Gender in Late-Capitalist Societies*. Cambridge: Polity Press.

Benjamin, W. (1973), *Charles Baudelaire: A Lyric Poet in the Era of High Capitalism*. London: New Left Books.

Benson, J. K. (1977), 'Organizations: A Dialectical View', *Administrative Science Quarterly*. 22, 1: 1 –21.

Benton, R. (1987), 'Work, Consumption, and the Joyless Consumer', in A. F. Firat, N. Dholakia and R. P. Bagozzi (eds), *Philosophical and Radical Thought in Marketing*. Lexington, MA: Lexington Books.

Berle, A. and Means, G. (1932), *The Modem Corporation and Private Property*. New York: Macmillan.

Bernstein, R. J. (1976), *The Restructuring of Social and Political Theory*. London: Methuen.

Bernstein, R. J. (ed.) (1985), *Habermas and Modernity*. Cambridge: Polity Press.

Billing, Y. D. and Alvesson, M. (1994), *Gender, Managers and Organizations*. Berlin/New York: de Gruyter.

Binna, D. (1993), 'Total Quality Management, Organization Theory and the New Right ~ A Contribution to the Critique of Bureaucratic Totalitarianism', Working Paper, East London University.

Bittner, E. (1965), 'The Concept of Organization', *Social Research*. 32: 230 –55.

de Board, R. (1978), The *Psychoanalysis of Organizations*. London: Tavistock.

Boland, R. J. (1982), 'Phenomenology: A Preferred Approach to Research in Information Systems', in E. Mumford, R. Hirschheim, G. Fitzgerald and T. Wood-Harper (*eds*), *Research Methods in Information Systems*. North Holland: Amsterdam.

Boone, L. E. and Kurtz, D. L. (1981), *Principles of Management*. New York: Random House.

Bostrom, R. P. and Heinen, J. S. (1977), 'MIS Problems and Failures: A Socio-Technical Perspective', *MIS Quarterly*. 9: 17 – 32.

Bottomore, T. (1984), *The Frankfurt School*. London: Tavistock.

Bourdieu, P. (1984), *Distinction*. Cambridge, MA: Harvard University Press.

Bourgeois, L. J. (1984), 'Strategic Management and Determinism', *Academy of Management Review*. 9, 4: 586 – 96.

Bourgeois, L. and Brodwin, D. (1984), 'Strategic Implementation: Five Approaches to an Elusive Phenomenon', *Strategic Management Journal*. 5: 241 – 64.

Bowles, M. L. (1990), 'Recognizing Day Structures in Organizations', *Organization Studies*. 11, 3: 395 – 412.

Braverman, H. (1974), *Labor and Monopoly Capital*. New York: Monthly Review Press.

Braybrooke, D. and Lindblom, C. E. (1963), *A Strategy of Decision*. New York: Free Press.

Broadbent, J., Laughlin, R. and Read, S. (1991), 'Recent Financial and Administrative Changes in the NHS: A Critical Theory Analysis', *Critical Perspectives on Accounting*. 2, 1: 1 – 29.

Brown, L. D. and Tandon, R. (1983), 'Ideology and Political Economy in Inquiry: Action Research and Participatory Research', *Journal of Applied Behavioural Science*. 19: 277 – 94.

Brown, R H. (1976), 'Social Theory as Metaphor', *Theory and Society*. 3: 169 – 97.

Brown, S. (1993), 'Postmodern Marketing?', *European Journal of Marketing*. 27, 4: 19 – 34.

Brubaker, R. (1984), *The Limits of Rationality: An Essay on the Social and Moral Thought of Max Weber*. London: George Allen and Unwin.

Brunsson, N. (1985), *The Irrational Orgailzation. Irrationality as a Basis for Organizational Action and Change*. New York: Wiley.

参考文献

Burawoy, M. (1978), 'Contemporary Currents in Marxist Theory', *The American Sociologist*. 13: 50 – 64.

Burawoy, M. (1979), *Manufacturing Consent*. Chicago: University of California Press.

Burawoy, M. (1985), *The Politics of Production*. London: Verso.

Burchell, S. , Clubb, C. , Hopwood, A. , Hughes, J. and Nahapiet, J. (1980), 'The Roles of Accounting in Organizations and Society', *Accounting, Organizations and Society*. 5, 1: 5 – 27.

Burgoyne, J. (1993), 'The Competence Movement: Issues, Stakeholders and Prospects', *Personnel Review*. 22, 6: 6 – 13.

Burgoyne, J. G. and Stuart, R. (1976), 'The Nature, Use and Acquisition of Managerial Skills and Other Attributes', *Personnel Review*. 5: 19 – 29.

Buruham, J. (1941), *The Managerial Revolution*. London: Pitman.

Burns, T. (1977), *The BBC: Public Institution and Private World*. London: Macmillan.

Burns, T. and Stalker, GM. (1961), *The Management of Innovation*. London: Tavistock.

Burrell, G. (1980), 'Radical Organization Theory', in D. Dunkerley and G. Salaman (eds), *The International Yearbook of Organization Studies*. London: Routledge.

Burrell, G. (1984), 'Sex and Organizational Analysis', *Organization Studies*. 5: 97 – 118.

Burrell, G. (1992), 'The Organization of Pleasure', in M. Alvesson and H. Willmott (eds), *Critical Management Studies*. London: Sage.

Burrell, G. (1994), 'Modernism, Post Modernism and Organizational Analysis 4: The Contribution of Jflrgen Habermas', *Organization Studies*. 15, 1: 1 – 19.

Burrell, G. and Morgan, G. (1979), *Sociological Paradigm. r and Organizational Analysis*. London: Heinemann.

Burris, B. (1993), *Technocracy at Work*. Albany, NY: State University of New York Press.

Calas, M. and Smircich, L. (1987), 'Is the Organizational Culture Literature Dominant but Dead?' Paper presented at the 3rd International Conference on Organizational Symbolism and Corporate Culture, Milan, June 1987.

Calas, M. and Smircich, L. (1991), 'Voicing Seduction to Silence Leadership', *Organization Studies*. 12, 4: 567 – 602.

Calas, M. B. and Smircich, L. (1992), 'Re-writing Gender into Organizational Theorizing: Directions from Feminist Perspectives', in M. Reed and M. Hughes (eds), *Rethinking Organization: New Directions in Organizational Theory and Analysis*. London: Sage.

Calas, M. and Smircich, L. (1993), 'Dangerous Liaisons: The "Feminine-in-Management" Meets "Globalisation"', *Business Horizons*. March-April, 73 – 83.

Carter, P. and Jackson, N. (1987), 'Management, Myth, and Metatheory – from Scarcity to Postsca. rcity', *International Studies of Management and Organization*. 17, 3: 64 – 89.

Chandler, A. D. (1962), *Strategy and Structure*. Cambridge, MA: MIT Press.

Chandler, A. D. (1977), *The Visible Hand The Managerial Revolution in American Business*. Cambridge, MA: Harvard University Press.

Checkland, P. B. (1981), *Systems Thinking, Systems Practice*. London: Wiley.

Checkland, P. B. (1983), 'O. R. and the Systems Movement Mappings and Conflicts *Journal of the Operational Research Society*. 34, 8: 66 1 – 75.

Child, J. (1969), *BrItish Management Thought*. London: Alien and Unwm.

Child, J. (1972), 'Organizational Structure, Environment and Performance: The Role of Strategic Choice', *Sociology*. 6: 1 – 22.

Child, J. (1977), 'Management' in SR. Parker, R. K. Brown, 3. Child and MA. Smith (eds), *The Sociology of Industry*, 3rd edition, London: George Allen and Unwin.

Child, J. (1984), *Organization. ' A Guide to Problems and Practice*, 2nd edition, London: Harper and Row.

Child, J., Fores, M., Glover, I. and Lawrence, P. (1983), 'A Price to Pay? Professionalism and Work Organization in Britain and West Germany', *Sociology*. 17, 1: 63 – 78.

Child, J. and Smith, C. (1987), 'The Context and Process of Organizational Transformation – Cadbury Limited and its Sector', *Journal of Management Studies.* 24, 6: 565 – 93.

Chua, W. F. (1986), 'Radical Developments in Accounting Thought', The *Accounting Review.* LXI, 4: 601 – 32.

Chua, W. F. (1988), 'Interpretive Sociology and Management Accounting Research-A Critical Review', Accounting, *Auditing and Accountability Journal.* 1, 2: 59 – 79

Chua, W. F., Lowe, T. and Puxty, T. (eds) (1989), *Critical Perspectives in Management Control.* London: Macmillan.

Cleaver, H. (1979), *Reading Capital Politically.* Brighton: Harvester.

Clegg, S. (1989), *Frameworks of Power.* London: Sage.

Clegg, S. (1990), *Modern Organizations: Organization Studies in the Postmodern World.* London: Sage.

Clegg, S. and Dunkerley, D. (197Th 'Introduction', in S. Clegg and D. Dunkerley (eds), *Critical Issues In Organizations.* London: Routledge and Kegan Paul.

Clegg, S. and Dunkerly, D. (1980), *Organization, Class and Control.* London: Routledge and Kegan Paul.

Cleverley, G. (1971), *Managers and Magic.* London: Longman.

Clifford, J. and Marcus, G. E. (eds) (1986), *Writing Culture.* Berkeley, CA: University of California Press.

Cohen, A. P. and Camaroff, J. L. (1976), 'The Management of Meaning: On the Phenomenology of Political Transactions', in B. Kapferer (ed.), *Transactions and Meaning: Directions in the Anthropology of Exchange and Symbolic Behaviour.* Philadelphia, PA: Institute for the Study of Human Issues.

Cohen, M. D., March, J. G. and Olsen, J. P. (1972), 'A Garbage Can Model of Organizational Choice', *Administrative Science Quarterly.* 19: 1 – 25.

Collinson, D. (1992), Managing the Shopfloor. Berlin/New York: de Grtiyter.

Collinson, D. and Hearn, J. (1994), 'Naming men as men: implications for work, organization and management', *Gender, Work and Organization.* 1, 1: 2 – 22.

Collinson, D., Knights, D. and Collinson, M. (1990), *Managing to Discriminate.* London: Routledge.

Colville, I. (1981), 'Reconstructing "Behavioural" Accounting', *Accounting, Organizations and Society.* 6, 2: 119 – 32.

Comstock, D. E. (1982), 'A Method for Critical Research', in E. Bredo and W. Feinberg (eds), *Knowledge and Values in Social and Educational Research.* Philadelphia, PA: Temple University Press.

Connerton, P. (1976), *Critical Sociology.* Harmondsworth: Penguin.

Connerton, P. (1980), *The Tragedy of Enlightenment.* Cambridge: Cambridge University Press.

Cooper, D. E. (1990), *Existentialism: A Reconstruction.* Oxford: Basil Blackwell.

Cooper, D. and Hopper, T. (1990), *Critical Accounts: Reconstructing Accounting Research.* London: Macmillan.

Cooper, R. (1990), 'Organization/disorganization', in J. Hassard and D. Pym (eds), *The Theory and Philosophy of Organizations.* London: Routledge.

Cooper, R. and Burrell, G. (1988), 'Modernism, postmodernism and organizational analysis: An introduction', *Organization Studies.* 9, 1: 91 – 112.

Cooper, D. J., Puxty, T., Robson, K. and Willmott, H. C. (1994), 'The Ideology of Professional Regulation and the Markets for Accounting Labour ~ Three Episodes in the Recent History of the UK Accountancy Profession', *Accounting, Organizations and Society.* 19, 6: 527 – 53.

Coopey, J. (1995), 'The Learning Organization, Power, Politics and Ideology', *Management Learning.* 26, 2: 193 – 213.

Crook, S., Pakalski, 3. and Waters, M. (1992), *Postmodernization.' Change in Advanced Society.* London: Sage.

Cyert, R. M. and March, J. G. (1963), *A Behavioural Theory of the Firm.* Englewood-Cliffs, NJ: Prentice Hall.

Czarniawska-Joerges, B. (1992), *Exploring Complex Organizations.* London: Sage.

Daft, R. (1988), *Organization Theory and Design.* New York: West Publishing.

Dalton, M. (1959), *Men Who Manage.* New York: John Wiley

Dawe, A. (1979), 'Theories of social action', in T. Bottomore and R. Nisbet (eds), *A History of Sociological Analysis*. London: Heinemann.

Deal, T. and Kennedy, A. (1982), *Corporate Cultures; The Rites and Rituals of Corporate Life*. New York: Addison-Wesley.

Deetz, S. (1985), 'Ethical Considerations in Cultural Research in Organizations', in P. Frost, Moore, L., Louis, M. R., Lundberg, C. and Martin, J. (eds), *Organizational Culture*. Newbury Park, CA: Sage.

Deetz, S. (1992a), *Democracy in an Age of Corporate Colonization.' Developments in Communication and the Politics of Everyday Life*. Albany, NY: State University of New York Press.

Deetz, S. (1992b), 'Disciplinary Power in the Modern Corporation', in M. Alvesson and H. Willmott (eds), *Critical Management Studies*. London: Sage.

Deetz, S. (1994), *Transforming Communication, Transforming Business: Building Responsive and Responsible Workplaces*. Cresakill, NJ: Hampton Press.

Deetz, S. and Kersten, S. (1983), 'Critical Models of Interpretive Research', in L. Putnam and M. Pacanowasky (eds), *Communication and Organizations*. Beverly Hills, CA: Sage.

Deetz, S. and Mumby, D. (1990), 'Power, Discourse, and the Workplace: Reclaiming the Critical Tradition in Communication Studies in Organizations'. in J. Anderson (ed.), *Communication Yearbook Vol 13*. Newbury Park. CA: Sage.

Dent, J. (1986a), 'Organizational Research in Accounting: Perspectives, Issues and a Commentary', in M. Bromwich and A. Hopwood (eds), *Research and Current Issues in Management Accounting*. London: Pitman.

Dent, J. (1986b), 'Accounting and Organizational Cultures; A Field Study of the Emergence of a New Organizational Reality', Unpublished Paper, London Business School.

Derry, R. (1989), 'An Empirical Study of Moral Reasoning Among Managers', *Journal of Business Ethics*. 8.

Dews, P. (ed.) (1986), *Habermas: Autonomy and Solidarity*. London: Verso.

Dickson, D. (1974), Alternative Technology and the Politics of Technical Change. London: Fontana.

Dietz, J. L. and Widdershoven, G. A. M. (1991), 'Speech Acts or Communicative Actions', in U. Bannon, M. Robinson and K. Schmidt (eds), *Proceedings of the Second European Conference on Computer-Supported Cooperative Work*, Amsterdam: Kluwer.

Dillard, J. (1991), 'Accounting as a Critical Social Science', *Accounting. Auditing and Accountability Journal.* 4, 1: 8 – 28.

Dillard, J. and Bricker, R. (1992), 'A Critique of Knowledge-Based Systems in Auditing: The Systematic Encroachment of Technical Consciousness', *Critical Perspectives on Accounting.* 3, 3: 205 – 24.

Dragon (1987), Special Issue on Community Operational Research at Hull University, 2, 2.

Dreitzel, H. (ed.) (1972), *Recent Sociology.* New York: Random House.

Dror, Y. and Romm, T. (1988), 'Politics in organizations and its perception within the organization', *Organization Studies.* 9, 2: 165 – 80.

Drucker, P. (1977), *Management.* London: Pan.

Earl, M. (1983), 'Management Information Systems and Management Accounting', in DJ. Cooper, R. Scapens and J. Arnold (eds), *Management Accounting Research and Practice.* London: Institute of Cost and Management Accountants.

Eccles, R. G. and Nohria, N. (1992), *Beyond the Hype: Rediscovering the Essence of Management.* Harvard, MA: Harvard Business School Press.

Eden, C. (1989), 'Operational Research as Negotiation' in M. C. Jackson, R Keys and SA. Cropper (eds), *Operational Research and the Social Sciences.* New York: Plenum Press

Edwards, R. (1979), *Contested Terrain.* London: Heinemann.

Elders, F. (ed.) (1974), *Reflexive Water: The Basic Concerns of Mankind.* London: Souvenir.

Eldridge, F. , Cressey, P. and MacInnes, J. (1991), *Industrial Sociology and Economic Crisis.* Hemel Hempstead: Harvester Wheatsheaf.

Elkjaer, B. , Flensberg, P. , Mouritsen, J. and Willmott, H. C. (1992), 'The Commodification of Expertise: The Case of Systems Development Consulting, *Accounting, Management and Information Technology*. 1, 2: 139 – 56.

Emery, F. and That, E. (1960), 'Socio-Technical Systems,, in Emery, F. (ed.), *Systems Thinking*. Harmondsworth: Penguin 1969.

Engeldorp Gastelaars, P. , Magala, S. and Preuss, O. (eds) (1990), *Critical Theory and the Science of Management*. Rotterdam: University of Rotterdam Press.

Engwall, L. (1990), *Mercury Meets Minerva*. Oxford: Pergamon.

Enzensberger, H. M. (1974), *The Consciousness Industry*. New York: Seabury Press.

Esland, G. , Salaman, G. and Speakman, M. A. (eds) (1975), *People and Work*. Edinburgh: Holmes McDougall.

Etzioni, A. (1988), *The Moral Dimension*. New York: Free Press.

Ezzamel, M. and Willmott, H. C. (1993), 'Corporate Governance and Financial *Accountabllity The New Public Sector*', *Accounting, Auditing and Accountability Journal*. 6, 3: 109 – 32.

Fay, B. (1987), *Critical Social Science*. Cambridge: Polity Press.

Fayol, H. (1949), *General and Industrial Management*. London: Pitman.

Featherstone, M. (1991), *Consumer Culture and Postmodernism*. London: Sage.

Fenichel, O. (1945), *The Psychoanalytic Theory of Neurosis*. New York: Norton.

Fcrguson, K. E. (1984), *The Feminist Case Against Bureaucracy*. Philadelphia, PA: Temple University Press.

Filby, I. and Willmott, H. (1988), 'Ideologies and contradictions in a public relations department: The seduction and impotence of living myth', *Organization Studies*. 9, 3: 335 – 49.

Firat, A. F. and Venkatesh, A. (1992), 'The making of postmodem consumption', in R. W. Belk and N. Dholakia (eds), *Consumption and Marketing: Macro Dimensions*. Boston, MA: PWS-Kent.

Firat, A. F. , Dholakia, N. and Bagozzi, R. P. (eds) (1987'), *Philosophical and Radical Thought in Marketing*. Lexington, MA: Lexington Books.

Fischer, F. (1984), 'Ideology and organization theory', in F. Fischer and C. Sarianni

(*eds*), *Critical Studies in Organization and Bureaucracy*. Philadelphia, PA: Temple U-
niversity Press.

Fischer, F. (1990), *Technocracy and the Politics of Expertise*. London: Sage.

Flax, J. (1987), 'Postmodernism and Gender Relations in Feminist Theory', Signs. 12:
621 –43.

Flax, J. (1990a), *Thinldng Fragments: Psychoanalysis, Feminism and Postmodernism in
the Contemporary West*. Berkeley, CA: University of California Press.

Flax, J. (1990b), 'Postmodernism and Gender Relations in Feminist Theory', in L. J.
Nicholson (ed.), *FeminismlPostmodernism*. London: Routledge.

Fletcher, C. (1974), 'The End of Management?' in J. Child (ed.)' *Man and Organi-
zation*. London: Allen and Unwm.

Flood, R. L. (1990), 'Liberating Systems Theory', *Hwnan Relations*. 43, 1: 49 –76.

Flood, R. L. and Jackson, M. C. (1991a), *Critical Systems Thinking: Directed Readings*.
Chichester: John Wiley.

Flood, R. L. and Jackson, M. C. (1991b), 'Critical Systems Heuristics: Application of
an Emancipatory Approach for Police Strategy Toward the Carrying of Offensive Weap-
ons', *Systems Practice. 4*, 4: 283 –302.

Flood, R. L. and Jackson, M. C. (1992), *Creative Problem Solving: Total Systems Inter-
vention*. London: John Wiley.

Forester, J. (1981), 'Questioning and Organizing Attention: Toward a Critical Theory of
Planning and Administrative Practice', *Administration and Society*. 13, 2: 161 –205.

Forester, J. (1982), 'A Critical Empirical Framework for the Analysis of Public Policy',
New Political Science. 3, 1 –2: 33 –61.

Forester, J. (1983), 'Critical Theory and Organizational Analysis', in G. Morgan
(ed.), *Beyond Method*. Beverly Hills, CA: Sage.

Forester, . J. (ed.) (1985), *CrItical Theory and Public Life*. Cambridge, MA: MIT
Press.

Forester, J. (1988), 'The Contemporary Relevance of Critical Theory to Public Adminis-
tration: Promises and Problems', Paper, Dept of City and Regional Planning, Cornell

University.

Forester, J. (1989), *Planning in the Face of Power*. Berkeley, CA: University of California Press. Forester, J. (1991), 'Questioning and Organizing Attention: Toward a Critical Theory of Planning

and Administrative Practice', *Administration and Society*. 13, 2: 161 – 205.

Forester, J. (1992), 'Critical ethnography On fieldwork in a Habermasian way', in M. Alvesson and H. Willmott (eds), *Critical Management Studies*. London: Sage.

Forester, J. (1993), *Critical Theory. Public Policy and Planning Practice: Toward a Critical Pragmation*. Albany, NY: State University of New York Press.

Foster, H. (ed.) (1985), *Postmodern Culture*. London: Pluto Press.

Foucault, M. (1977), *Discipline and Punish*. Harmondsworth: Penguin.

Foucault, M. (1980), *Power/Knowledge*. New York: Pantheon.

Foucault, M. (1982), 'The subject and power', *Critical Inquiry*. 8: 777 – 95.

Foucault, M. (1985), *The Use of Pleasure*. Harmondsworth: Penguin.

Foucault, M. (1986), *The Care of the Self* Harmondsworth: Penguin.

Fox, A. (1974), *Beyond Contract: Work, Power and Trust Relations*. London: Faber and Faber.

Fox, S. (1994a), 'Debating Management Learning: I', *Management Learning*. 25, 1: 83 – 93.

Fox, S. (1994b), 'Debating Management Learning: II', *Management Learning*. 25, 4: 579 – 97.

Fox, R. W. and Lears, T. J. (1983), *The Culture of Consumption*. New York: Pantheon.

Frank, R. H., Gilovich, T. and Regan, D. T. (1993) 'Does Studying Economics Inhibit Cooperation?' *Journal of Economic Perspectives*. 7, 2: 159 – 71.

Fraser, N. (198Th 'What's Critical About Critical Theory?: The Case of Habermas and Gender', in S. Benhabib and D. Cornell (eds), *Feminism as Critique*. Cambridge: Polity Press.

Freely, M. (1995), What About Us? An Open Letter to the Mothers Feminism Forgot. London: Bloomabury.

Freire, P. (1972), *Pedagogy of the Oppressed*. Harmondsworth: Penguin. Freud, S. (1917), *Introductory Lectures in Psychoanalysis*. Hamondsworth: Penguin. Freundlieb, D. (1989), 'Rationalism v Irrationalisni? Habermas's Response to Foucault', *Inqulry*. 31: 171 – 92.

Friedman, A. (197Th *Industry and Labour*. London: Macmillan.

Friedman, G. (1981), The *Political Philosophy of the Frankfurt School*. Ithaca, NY: Cornell University Press.

Fromm, E. (1941), *Escape from Freedom*. New York: Holt, Rinehart and Winston.

Fromm, E. (1942), *Fear of Freedom*. London: Routledge and Kegan Paul.

Frornm, E. (1955), *The Sane Society*. London: Routledge and Kegan Paul.

Fromm, E. (1961), *Marx's Concept of Man*. New York: Frederick Unger.

Fromm, E. (1970), *The Crises of Psychoanalysis*. Harmondsworth Penguin.

Fromm, E. (1976), *To Have or To Be?* . London: Abacus.

Frost, P. (1980), 'Toward a Radical Framework for Practicing Organizational Science' *Academy of Management RevIew*. 5, 4: 501 – 7.

Frost, P. J. (1987), 'Power, Politics and Influence', in F. Jablin, L. Putnam, K. Roberts and L. Porter (eds), *Handbook of Organizational Communication*. Newbury Park, CA: Sage.

Frost, P. and Egri, C. (1991), 'The Political Process of Innovation', *Research in Organizational Behaviour*. vol. 13: 229 – 95.

Frost, P. , Moore, L. , Louis, M. R. , Lundberg, C. and Martin, 1. (eds) (1985), *Organizational Culture*. Beverly Hills: Sage.

Frost, P. , Moore, L. , Louis, MR. , Lundberg, C. and Martin, 3. (eds) (1991), *Refraining Organizational Culture*. Newbury Park, CA Sage.

Galbraith, J. K. (1958), *The Affluent Society*. Harmondsworth: Penguin.

Galbraith, J. K. (1983), *The Anatomy of Power*. New York: Simon and Schuster.

Garfinkel, H. (1967), *Studies in Ethnoinethodology*. Englewood Cliffs, NJ: Prentice Hall.

Garrett, D. (1987), 'The effectiveness of marketing policy boycotts: Environmental opposition to marketing', *Journal of Marketing.* 51 (April): 46 – 57.

du Gay, P. (1994), 'Colossal linmodesties and Hopeful Monsters: Pluralism and Organizational Conduct', *Organization.* 1, 1: 125 – 48.

du Gay, P. and Salaman, G. (1992), 'The Cult (ure) of the Customer', *Journal of Management Studies.* 29, 5: 615 – 33.

Geertz, C. (1973), *The Interpretation of Cultures.* New York: Basic Books.

Gephart, R. P. and Pitter, R. (1993), 'The Organizational Basis of Industrial Accidents in Canada', *Journal of Management Inquiry.* 2, 3: 238 – 52.

Geuss, R. (1981), The Idea of Critical Theory: Habermas and the Frankfurt School. Cambridge: Cambridge University Press.

Giddens, A. (1979), *Central Problems in Social Theory.* London: Macmillan.

Giddens, A. (1982), 'The Improbable Guru: Re-Reading Marcuse', in A. Giddens, *Profiles and Critiques in Social Theory.* London: Macmillan.

Giddens, A. (1989), 'Response to My Critics', in D. Held and 3. Thompson (eds), *Social Theory of Modern Societies: Anthony Giddens and His Critics.* Cambridge: Cambridge University Press.

Giddens, A. (1991), *Modernity and Self-Identity: Self and Society in the Late Modern Age.* Cambridge: Polity.

Gilligan, C. (1982), *In a Different Voice: Psychological Theory and Woman's Development.* Cambridge, MA: Harvard University Press.

Goffman, E. (1959), *The Presentation of Self in Everyday Life.* Harmondsworth: Penguin.

Goldman, R. (1987), 'Marketing Fragrances: Advertising and the Production of Commodity *Signs*', *Theory, Culture and Society.* 4: 691 – 725.

Gore, . 1. (1992), 'What We Can Do For You! What Can "We" Do For "You"', in C. Luke and J. Gore (eds), *Critical Pedagogy.* London: Routledge.

Gortzen, R. (1982), *Jurgen Habermas: Eine Bibliographie seiner Schriften und der Sekundarliteratur.* Frankfurt: Suhrkamp.

Gouldner, A. (1973a), 'Anti-Minotaur: The Myth of a Value-Free Sociology', in A.

Gouldner (ed.), *For Sociology: Renewal and Critique in Sociology Today.* London: Allen Lane.

Gouldner, A. (1973b), 'The Sociologist as Partisan', in A. Gouldner, *For Sociology: Renewal and Critique in Sociology Today.* London: Alien Lane.

Gowler, D. and Legge, K. (1983), 'The Meaning of Management and the Management of Meaning: A View from Social Anthropology', in M. J. Earl (ed.), *Perspectives in Management.* Oxford: Oxford University Press.

Gramsci, A. (1971), Selections from the Prison Notebooks of Antonio Gramsd. London: Lawrence and Wishart.

Granovetter, M. (1985), 'Economic Action and Social Structure: The Problem of Embeddedness', *American Journal of Sociology.* 91: 481 – 510.

Grey, C., Knights, D. and Willmott, H. C. (1996), 'Is a Critical Pedagogy of Management Possible?', in R. French and C. Grey (eds), *New Perspectives on Management Education.* London: Sage

Grey, C. and Mitev, N. (1995a), 'Re-engineering Organizations: A Critical Appraisal', *Personnel Review.* 24, 1: 6 – 18.

Grey, C. and Mitev, N. (1995b), 'Management Education: A Polemic', *Management Learning.* 26, 1: 73 – 90.

Grimes, A. and Cornwall, D. (1987). 'The Disintegration of an Organization: A Dialectical Analysis', *Journal of Management.* 13, 1: 69 – 86.

Grint, K. (1994), 'Reengineering History: Social Resonances and Business Process Reengineering', *Organlzation.* 1, 1: 179 – 201.

Grinyer, P. and Spender, J. C. (1979), *Turnaround ~ Managerial Recipes for Strategic Success.* London: Associated Business Press.

Guba, E. S. and Lincoln, Y. S. (1989), *Fourth Generation Evaluation.* Newbury Park, CA: Sage. Gustavsen, B. (1985), 'Workplace reform and democratic dialogue', *Economic and Industrial Democracy.* 6, 4: 761 – 80.

Habermas, J. (1970a), 'On Systematically Distorted Communication', *Inquiry.* 13: 205 – 8.

Habermas, J. (1970b), 'Towards a Theory of Communicative Competence', *Inquiry*. 13: 360 – 75.

Habermas, J. (1971), *Towards a Rational Society: Student Protest, Science and Politics*. London: Heinemvin.

Habermas, J. (1972), *Knowledge and Human Interests*. London: Heinemann.

Habermas, J. (1973), *Legltisnation Crisis*. Boston, MA: Beacon Press.

Habermas, J. (1974), *Theory and Practice*. London: Heinemann.

Habermas, J. (1975), 'A Postscript to *Knowledge and Human Interests*', *Philosophy of the Social Sciences*. 3: 157 – 89.

Haberinas, J. (1976), 'A Positivistically Bisected Rationalism', in T. W. Adorno, H. Albert, R. Dahrendorf, J. Habermas, H. Pilot and K. R. Popper (eds), *The Positivist Dispute in German Sociology*. London: Heinemann.

Habermas, J. (1979), *Communlcation and the Evolution of Society*. London: Heinemann.

Habermas, J. (1982), 'A Reply to my Critics', in 3. Thompson and D. Held (eds), *Habermas: Critical Debates*. London: Macmillan.

Habermas, J. (1984), *The Theory of Communicative Action Volume 1: Reason and the Rationalization of Society*: London: Heinemann.

Habermas, J. (1985), 'A Philosophico – Political Profile', *New Left Review*. 151: 75 – 105.

Habermas, J. (1986), *Autonomy and Solidarity* (ed. P. Dews), London: Verso.

Habermas, J. (1987a), *The Philosophical Discourse of Modernity*. Cambridge, MA: MIT Press.

Habermas, J. (1987b), *The Theory of Communicative Action Volume 2: Lifeworld and System: A Critique of Functionalist Reason*. London: Heinemann.

Habermas, J. (1988), *On The Logic of the Social Sciences*. Cambridge: Polity. Habermas, J. (1989a), The New Conservatism: Cultural Critique and the Historian's Debate. Cambridge: Polity.

Habermas, J. (1989b), *The Structural Transformation of the Public Sphere*. Cambridge: Polity.

Habermas, J. (1991), 'A Reply', in A. Honneth and H. Joas (eds), *Communicative Action: Essays on Jilrgen Habermas' The Theory of Communicative Action*. Cambridge, MA: MIT Press.

Habermas, J. (1992), *Postmetaphyilcal Thinking: Philosophical Essays*. Cambridge: Polity Press.

Habermas, J. (1994), *The Past as Future*. Cambridge: Polity Press.

Hales, C. (1993), *Managing Through Organization*. London: Routledge.

Hales, M. (1974), 'Management Science and the Second Industrial Revolution', *Radical Science Journal*. 1: 5 – 28.

Hales, M. (1980), *Living Thinkwork; Where Do Labour Processes Come From?* . London: CSE.

Hamel, G. and Prahalad, C. K. (1989) 'Strategic Intent', *Harvard Business Review*. 67: 63 – 76.

Hammer, M. (1994), 'Reengineering is Not Hocus-Pocus', *Across the Board*. September, 31, 8: 45 – 7.

Hammer, M. and Champy, 3. (1993), Reengineering the Corporation: A Manifesto for Business Revolution. London: Nicholas Brealey.

Hannan, M. T. and Freeman, 3. (197Th 'The Population Ecology of Organizations', *American Journal of Sociology*. 82: 929 – 64.

Harding, S. (1986), *The Science Question in Feminism*. Ithaca, NY: Cornell University Press. Harms, J. and Keliner, D. (1991), 'Critical Theory and Advertising', in B. Agger (ed.), *Current Perspectives in Social Theory*, *VoL 11*. Greenwich, CT: JAI Press.

Harris, R. (1987), *The Power and Powerlessness of Management*. London: Routledge and Kegan Paul.

Hartsock, N. (1984), Money, Sex and Power: Toward a Feminist Historical Materialism. Boston, MA: Northeast University Press.

Haug, W. F. (1986), *CrItique of Commodity Aesthetics*. Minneapolis, MN: University of Minneapolis Press.

Hearn, J. and Parkin, W. (1983), 'Gender and organizations: A selective review and a critique of a neglected area', *Organization Studies.* 4: 219 – 42.

Hearn, J. and Parkin, W. (1986/87), 'Women, men and leadership: A critical review of assumptions, practices and change in the industrialized nations', *International Studies of Management and Organization.* 16: 3 – 4.

Hearn, J. and Parkin, W. (1987), '*Sex*' at '*work*': *The Power and Paradox of Organluation Sexuality.* Brighton: Wheatsheaf Books Ltd.

Hearn, J., Sheppard, D. L., Tancred-Sheriff, P. and Burrell, G. (eds) (1989), *The Sexuality of Organization.* London: Sage.

Hedberg, B. and Jönsson, S. (1977), 'Strategy Formulation as a Discontinuous Process', *International Studies of Management and Organization.* 7, 2: 88 – 100.

Held, D. (1980), *Introduction to Critical Theory.* London: Hutchinson.

Herda, E. A. and Messerschmitt, D. S. (1991), 'From Words to Actions: Communication for Business Management', *Leadership and Organization Development Journal.* 12, 1: 23 – 7.

Heydebrand, W. (1977), 'Organizational Contradictions in a Public Bureaucracy: Toward a Marxian Theory of Organizations', *Sociological Quarterly.* 18, 1: 83 – 107.

Heydebrand, W. (1980), 'A Marxist Critique of Organization Theory', in W. M. Evan (ed.), *Frontiers in Organization and Management.* New York: Prager.

Heydebrand, W. (1985), 'The Technarchy and Neo-Corporatism: Toward a Theory of Organizational Change Under Advanced Capitalism and Early State Socialism', *Current Perspectives in Social Theory.* 6: 71 – 128.

Hines, R. (1988), 'Financial Accounting: In Communicating Reality, We Construct Reality', *Accounting, Organizations and Society.* 13, 3: 251 – 61.

Hird, C. (1983), *Challenglng the Figures.* London: Pluto.

Hirsch, F. (1976), Social Limits to Growth. Cambridge, MA: Harvard University Press.

Hirschheim, R. and Klein, R. (1989), 'Four Paradigms of Information Systems Development', *Communications of the ACM.* 32, 10: 1199 – 216.

Hirschheim, R. and Klein, R. (1994), 'Realizing Emancipatory Principles in Information Systems Development: The Case of ETHICS', *MIS Quarterly*, March, 83 – 109.

Hirschman, E. (1990), 'Secular immortality and the American ideology of affluence', *Journal of Consumer Research* 17 (June): 31 – 42.

Hockschild, A. R. (1983), *The Managed Heart: Commercialization of Human Feelings*. Berkeley: University of California Press.

Hofstede, G. , Neuijen, B. , Ohayv, D. and Sanders, G. (1990), 'Measuring organizational cultures: A qualitative and quantitative study across twenty cases', *Administrative Science Quarterly*. 35: 286 – 316.

Holbrook, M. B. (1987), 'Mirror, Mirror, on the Wall, What's Unfair in the Reflections on Advertising?', *Journal of Marketing*. 51, (July): 95 – 103.

Hold, D. (1980), Introduction to Critical Theory: Horkheimer to Habermas. London: Hutchinson.

Hollway, W. (1984), 'Fitting Work: Psychological Assessment in Organization', in J. Henriques, C. Urwin, C. Kenn and V. Walkerdine (eds), *Changing the Subject: Psychology Social Regulation and Subjectivity*. London: Methuen.

Hollway, W. (1991), *Work Psychology and Organizational Behaviour*. London: Sage.

Holub, R. C. (1991), *Jurgen Habermas: Critic of the Public Sphere*. London: Routledge.

Honneth, A. (1987), 'Critical Theory', in A. Giddens and J. H. Turner (eds), *Social Theory Today*. Cambridge: Polity Press.

Honneth, A. (1991), *The Critique of Power: Reflective Stages in a Critical Social Theory*. Cambridge, MA: MIT Press.

Hopper, T. and Powell, A. (1985), 'Making Sense of Research into the Organizational and Social Aspects of Management Accounting: A Review of Its Underlying Assumptions', *Journal of Management Studies*. 22, 5: 429 – 65.

Hopper, T. , Storey, J. and Willmott, H. C. (1987), 'Accounting for Accounting: Towards the Development of a Dialectical View', *Accounting, Organizations and Society*. 12, 5: 437 – 56.

Hopwood, A. G. (1972), 'An Empirical Study of the Role of Accounting Data in Performance Evaluation', *Journal of Accounting Research.* 10, 1: 156 – 82.

Hopwood, A. G. (1987), 'The Archaeology of Accounting Systems', *Accounting, Organizations and Society.* 12, 3: 207 – 34.

Horkheimer, M. (1937), 'Traditional and Critical Theory', in P. Connerton (ed.), *Critical Sociology.* harmondsworth: Penguin (1976).

Horkheimer, M. (1972), *Critical Theory; Selected Essays.* New York: Herder and Herder.

Horkheimer, M. and Adorno, T. (1947a), *The Dialectics of Enlightenment.* London: Verso (1979).

Horkheimer, M and Adorno, T. (194Th), *Eclipse of Reason.* New York: Oxford University Press.

Hoy, D. (ed.) (1986), *Foucault: A Critical Reader.* Oxford: Basil Blackwell.

Huczynski, A. A. (1993), *Management Gurus: What Makes Them and How to Become One.* London: Routledge.

Huff, A. S. (1982), 'Industry Influences on Strategic Reformulation', *Strategic Management Journal.* 3: 119 – 31.

Hunt, S. (1976), 'The nature and scope of marketing', *Journal of Marketing.* 40 (July): 17 – 28. Hunt, S. D. (1990), 'Truth in Marketing Theory and Research', *Journal of Marketing.* 40: 17 – 28.

Hyman, R. (1975), *Social Values and Industrial Relations.* Oxford: Blackweli.

Hyman, R. (1987), 'Strategy or Structure? Capital, Labour and Control', *Work, Employment and Society.* 1, 1: 25 – 55.

Illich, I. (1973), *Tools for Conviviality.* London: Fontana/Collins.

Ingersoll, V. H. and Adams, G. B. (1992), *The Tacit Organization.* Greenwich, CT: JAI Press.

Ingram, D. (1987), *Habermas and the Dialectic of Reason.* New Haven, CT: University of Yale Press.

Jackall, R. (1988), *Moral Mazes; The World of Corporate Managers.* New York: Oxford University Press.

Jackson, M. C. (1982), 'The Nature of Soft Systems Thinking: The Work of Churchman. Ackott and Checkland', *Journal of Applied Systems Analysis.* 9: 17 – 29.

Jackson, M. C. (1985), 'Social Systems Theory and Practice: The Need for a Critical Approach', *International Journal of General Systems.* 10: 135 – 51.

Jackson, M. C. (1990), 'Beyond a System of System Methodologies', *Journal of the Operational Research Society.* 41, 8: 657 – 68.

Jackson, M. C. (1992), 'An Integrated Programme for Critical Thinking in Information Systems Research', *Journal of Information Systems.* 2: 83 – 95.

Jackson, M. C. and Flood, R. L. (1991a), *Critical Systems Thinking: Directed Readings.* Chichester: John Wiley.

Jackson, M. C. and Flood, R. L. (1991b), 'Critical Systems Heuristics: Application of an Emancipatory Approach for Police Strategy Toward the Carrying of Offensive Weapons', *Systems Practice.* 4, 4: 283 – 302.

Jackson, N. and Carter, P. (1991), 'In Defence of Paradigm Incommensurability', *Organization Studies.* 12, 1: 109 – 27.

Jackson, N. and Willmott, H. C. (1986), 'Beyond Epistemology and Reflective Conversation – Towards Human Relations', *Human Relations.* 40, 6: 361 – 80.

Jaggar, A. and Bordo, S. (1989), *Gender/Body/Knowledge: Feminist Reconstructions of Being and Knowing. New Brunswick*, NJ: Rutgers University Press.

Jay, M. (1973), *The Dialectical Imagination: A History of the Frankfurt School and the Institute of Social Research 1923 – 50.* Berkeley: University of California Press.

Jeffcutt, P. (1993), 'From interpretation to representation', in J. Hassard and M. Parker (eds), *Postmodernism and Organizations.* London: Sage.

Jermier, J. M. (1981), 'Infusion of Critical Theory into Organizational Analysis: Implications for Studies of Work Adjustment', in *International Yearbook of Organizational Studies.* 2: 195 – 211.

Jermier, J. (1985), 'When the Sleeper wakes: A Short Story Extending Themes in Radical Organization Theory', *Journal of Management.* 11, 2: 67 – 80.

Johnson, G. (1987), *Strategic Change and the Management Process.* Oxford: Basil

Blackwell.

Jonsson, B. (1979), *Konsten att lura konswnenten*. Stockholm: Rabén and Sjögren.

Jonsson, S. and Lundin, R. A. (1977), 'Myths and Wishful Thinking as Management Tools', in P. C. Nystrom and W. H. Starbuck (eds), *Prescriptive Models of Organization*. Amsterdam: North-Holland.

Kakabadse, A. (1983), *The Politics of Management*. Aldershot: Gower.

Kalgaard, R. (1993), 'ASAP Interview with Michael Hammer', *Forbes*. September 13: 69 – 75.

Kanter, R. M. (1983), *The Change Master& Innovations for Productivity in the American Corporation*. New York: Simon and Schuster.

Kanter, R. M. (1989), *When Giants Learn to Dance*. London: Routledge.

Keat, R. (1981), *The Politics of Social Theory: Habermas, Freud and the Critique of Positivism*. Oxford: Blackwell.

Keenoy, T. and Anthony, P. (1992), 'HRM: Meaning, Metaphor and Morality', in P. Blyton and P. Turnbull (eds), *Reassessing Hwnan Resource Management*. London: Sage.

Keliner, D. (1988), 'Postmodernism as Social Theory: Some Challenges and Problems', *Theory, Culture & Society*. 5: 239 – 69.

Keilner, D. (1989), *Critical Theory, Marxism and Modernity*. Cambridge: Polity Press.

Kelly, J. (1985), 'Management's Redesign of Work: Labour Process, Labour Markets and Product Markets', in D. Knights. H. Willmott and D. Collinson (eds), *Job Redesign*. Aldershot: Gower.

Kerfoot, D. and Knights, D. (1994), 'Empowering the "Quality" Worker: The Seduction and Contradiction of the Total Quality Phenomenon', in A. Wilkinson and H. C. Willmott (eds), *Making Quality Critical*. London: Routledge.

Kets de Vries, M. and Miller, D. (1984), *The Neurotic Organization*. San Francisco, CA: JosseyBass.

Kilmann, RH., Saxton, M. J. and Serpa, R. (1985), *Gaining Control of the Corporate Culture*. San Francisco, CA: Jossey-Bass.

Kjonstad, B. and Willmott, H. C. (1995) 'Business Ethics: Restrictive or Empowering?' *Journal of Business Ethics.* 13: 1 – 20.

Klatt, L. A., Murdick, R. G. and Schuster, F. E. (1985), *Human Resource Management.* London: Charles Merrill.

Klein, H. (1986), 'Organizational Implications of Office Systems: Towards a Critical Social Action Perspective', in A. Verrijn-Stuart and R. Hirschheim (eds), *Office Information Systems.* Amsterdam: North Holland.

Klein, H. and Hirschheim, R. (1985), 'Fundamental Issues of Decision-Support Systems: A Consequentialist Perspective', *Decision Support Systems.* 1, 1: 5 – 24.

Klein, H. J. and Lyytinen, K. (1985), 'The Poverty of Scientism in Information Systems' in E. Mumford, R. Hischheim, G. Fitzgerald and T. Wood-Harper (eds), *Research Methods in Information Systems.* Amsterdam: North Holland.

Knights, D. (1992), 'Changing Spaces: The Disruptive Impact of a New Epistemological Location for the Study of Management', *Academy of Management Review.* 17: 514 – 36.

Knights, D. and Collinson, D. (1987) 'Disciplining the Shopfloor: A Comparison of the Disciplinary Effects of Managerial Psychology and Financial Accounting', *Accounting, Organization and Society.* 12: 457 – 77.

Knights, D. and Morgan, 0. (1991), 'Corporate Strategy, Organizations, and Subjectivity. A Critique', *Organization Studies.* 12: 25 1 – 73.

Knights, D. and Murray, F. (1992), 'Politics and Pain in Managing Information Technology: A Case Study from Insurance', *Organization Studies.* 13, 2: 211 – 28.

Knights, D. and Murray, F. (1994) *Managers Divldedl Organisation Politics and Information Technology Management.* Chichester: John Wiley.

Knights, D. and Willmott, H. C. (*197415*), 'Humanistic Social Science and the Theory of Needs', *Interpersonal Development.* 5, 4: 213 – 23.

Knights, D. and Willmott, H. C. (1987), 'Organizational Culture as Corporate Strategy', *International Studies of Management and Organization.* 17, 3: 40 – 63.

Knights, D. and Wi] lmott, H. C. (1988), 'The Executive Fix: Strategic Decision Making in the Financial Services Industry', in J. McGoldrick (ed.), *Business Case File on*

Behavioural Science Students. Wokingham: Van Nostrand Reinhold.

Knights, D. and Willmott, H. C. (1989), 'Power and Subjectivity at Work: From Degradation to Subjugation in Social Relations', *Sociology.* 23, 4: 535 – 58.

Knights, D. and Willmott, H. (eds) (1990), *Labour Process Theory.* London: Macmillan. Knights, D. and Willmott, H. C. (1997), 'The Hype and Hope of Interdisciplinary Management Studies', *British Journal of Management*, forthcoming.

Knights, D. , Willmott, H. and Collinson, D. (eds) (1985), *Job Redesign.* Aldershot: Gower. Knights, D. , Morgan, G. and Murray, F. (1991), 'Strategic Management, Financial Services and Information Technology', Paper presented at the 10th EGOS Colloquium, Vienna.

Knights, D. , Murray, F. and Willmott, H. C. (1993), 'Networking as Knowledge Work: A Study of Strategic Interorganizational Development in the Financial Services Industry', *Journal of Management Studies.* 30, 6: 975 – 95.

Kohn, M. (1980), 'Job Complexity and Adult Personality', in N. Smelser and E. H. Erikson (eds), *Themes of Work and Love an Adulthood.* Cambridge, MA: Harvard University Press.

Kortian, 0. (1980), *Metacritique: The Philosophical Argument of Jürgen Habermas. Cambridge:* Cambridge University Press.

Kotler, P. (1976), *Marketing Management*, 3rd edition. Englewood Cliffs, NJ: Prentice Hall.

Kotter, J. (1979), *Power in Management.* New York: Amacon.

Kotter, J. P. (1982), *The General Managers.* New York Free Press.

Kouzmin, A. (1980), 'Control in Organizational Analysis: The Lost Politics', in D. Dunkerley and G. Salaman (eds), *The International Yearbook of Organization Studies.* London: Routledge.

Kuhn, T. S. (1962), *The Structure of ScientUic Revolutions.* Chicago, IL: University of Chicago Press.

Kunda, G. (1991), 'Ritual and the management of corporate culture: A critical perspective', Paper presented at the 8th International Conference on Organizational Symbolism,

Copenhagen.

Kunda, G. (1992), *Engineering Culture. Control and Commitment in a High-Tech Corporation*. Philadelphia, PA: Temple University Press.

Lakoff, G. and Johnson, M. (1980), *Metaphors We Live By*. Chicago, IL: University of Chicago Press.

Lammers, C. J. and Hickson, C. J. (eds) (1979), *Organizations Alike and Unalike: International and Inter-Institutional Studies In the Sociology of Organizations*. London: Routledge and Kegan Paul.

Lane, C. (1989), *Management and Labour in Europe*. Aldershot: Edward Elgar.

Lane, R B. (1978), 'Markets and the satisfaction of human wants', *Journal of Economic Issues*. XIL (December).

Lisach, C. (1979), *The Culture of Narcissism*. New York: Norton.

Lasch, C. (1984), *The Minimal Self*. London: Picador.

Laughlin, R. (1987), 'Accounting Systems in Organizational Contexts: A Case for Critical Theory', *Accounting, Organizations and Society*. 12, 5: 472 – 502.

Laughlin, R. (1988), 'Accounting in its Social Context: An Analysis of the Accounting Systems of the Church of England', *Accounting, Auditing and Accountability Journal*. 1, 2: 19 – 42.

Laughlin, R. (1991, 'Environmental Disturbances and Organizational Change Pathways', *Organization Studies*. 12: 209 – 32.

Laughlin, R. and Broadbent, P. J. (1993), 'Accounting and Law: Partners in the Juridification of the Public Sector in the UK?', *Critical Perspectives on Accounting*. 4, 4: 337 – 68.

Laughlin, R. and Broadbent, J. (1994), 'Beyond Accountability: An Evaluation Model for the Public Sector Reforms in the UK', Working Paper, Sheffield Business School.

Laughlin, R. and Gray, R. (1988), *Financial Accounting; Method and Meaning*. London: Van Nostrand Reinhold.

Laughlin, R. and Puxty, AG. (1983), 'Accounting Regulation: An Alternative Perspective', *Journal of Business Finance and Accounting*. 10, 3: 451 – 79.

Laughlin, R. and Puxty, A. G. (1984), 'Accounting Regulation: A Reply', *Journal of Business Finance and Accounting*. 11, 4: 593 –96.

Legge, K. (1989), 'Human Resource Management A Critical Analysis', in I. Storey (ed.), *New Perspectives on Human Resource Management*. London: Routledge.

Legge, K. (1995), *Human Resource Management: Rhetorics and Realities*. London: Macmillan.

Lehman, C. (1992), *Accounting's Changing Roles in Social Conflict*. New York: Markus Wiener.

Leigh, A. (1994), 'How to Reengineer Hearts and Minds', *Management Consultancy*, May, 51 –4.

Leiss, W. (1976), *The Limits to Satisfaction*. Toronto: University of Toronto Press.

Leiss, W. (1983), 'The icons of the marketplace', *Theory, Culture & Society*. 1, 3: 10 –21.

Leiss, W., Kline, S. and Jhally, 5. (1986), *Social Communication in Advertising: Persons ~ Products and Images of Well-being*, New York: Methuen.

Letiche, H. and Van Hattem, R. (1994), 'Fractalization of the Knowlege Worker'. Paper presented at Knowledge, Work, Managerial Roles and European Competitiveness Workshop, ESC, Lyon, 30 November –3 December 1994.

Levine, D. N. (1985), 'Rationality and Freedom: Weber and Beyond', *Sociological Inquiry*. *51*, 5: 5 –25.

Lindblom, C. E. (1959), 'The Science of Muddling Through', *Public Administration Review*. XIX, 2: 79 –88.

Lipietz, A. (1992), *Towards a New Economic Order: Postfordism, Ecology and Democracy*. Cambridge: Polity Press.

Littler, C. (1982), *The Development of the Labour Process in Capitalist Societies*. London: Heinemann.

Littler, C. R. and Salaman, E. (1982), 'Bravermania and Beyond: Recent Theories of the Labour Process', *Sociology*, 16, 2: 25 1 –69.

Locke, R. (1989), *Management and Higher Education Since* 1940. Cambridge: Cambridge University Press

Lowe, E. A. and Shaw, R. W. (1968), 'An Analysis of Managerial Biasing: Evidence from a Company's Budgeting Process', *Journal of Management Studies.* 5, 3: 304 – 15.

Luke, C. and Gore, J. (eds) (1992), *Feminism and Critical Pedagogy.* London: Routledge.

Luhmann, N. (1982), *The Differentiation of Society.* New York: Columbia University Press.

Lukacs, G. (1971), *History and Class Consciousness.* London: Merlin.

Luke, T. W. and White, S. K. (1985), 'Critical Theory, Information Revolution, and an Ecological Path to Modernity', in J. Forester (ed.), *Critical Theory and Public life.* Cambridge, MA: MIT Press.

Lukes, S. (1982), 'Of Gods and Demons: Habermas and Practical Reasozi', in J. B. Thompson and D. Held (eds), *Habermas. Critical Debates.* London: Macmillan.

Lupton, T. (1971), *Management and the Social Sciences.* Harmondsworth: Penguin.

Lyotard, J. -F. (1984), *The Postmodern Condition: A Report on Knowledge.* Manchester Manchester University Press.

Lyytinen, K. (1987), 'Different Perspectives on Information Systems: Problems and Solutions, *Computing Surveys.* 19, 1: 5 – 42.

Lyytinen, K. (1992), 'Information Systems and Critical Theory', in M. Alvesson and H. C. Willmott (eds), *Critical Management Studies.* London: Sage.

Lyytinen, K. and Hirschheim, R. (1988), 'Information Systems as Rational Discourse: An Application of Habermas' Theory of Communicative Action', *Scandinavian Journal of Management Studies.* 4, 112: 19 – 30.

Lyytinen, K. and Klein, H. (1985), 'The Critical Theory of Jurgen Habermas as a Basis for a Theory of Information Systems', in E. Mumford, R. Hirschheim, G. Fitzgerald and T. Wood-Harper (eds), *Research Methods in Information Systems.* Amsterdam: North Holiand.

Maccoby, M. (1976), *The Gamesman.* New York: Secker and Warburg.

MacIntyre, A. E. (1981), *After Virtue; A Study of Moral Theory.* London: Duckworth.

March, J. G. and Olsen, J. P. (1976), Ambiguity and Choice in Organizations. Bergen: Universitetsforlaget.

March, . J. and Simon, H. (1958), *Organizations*. New York: John Wiley.

Marcus, G. & Fischer, M. (1986), *Anthropology as Cultural Critique*. Chicago, IL University of Chicago Press.

Marcuse, H. (1955), *Eros and Civilization*. Boston, MA: Beacon Press.

Marcuse, H. (1964), *One-Dimensional Man*; *Studies in the Ideology of Advanced Industrial Society*. Boston, MA: Beacon Press.

Marcuse, H. (1969), *An Essay on Liberation*. Boston, MA: Beacon Press.

Marcuse, H. (1978), *The Aesthetic Dimension: Towards a Critique of Marxist Aesthetics*. Boston, MA: Beacon Press.

Marshall, . J. (1984), *Women Managers. Travellers in a Male World*. Chichester: Wiley.

Marshall, . J. (1993), 'Viewing Organizational Communication from a Feminist Perspective: A Critique and Some Offerings', in S. Deetz (ed.), *Communication Yearbook*. Vol. 16, Newbury Park. CA: Sage.

Martin, J. (1990), 'Deconstructing organizational taboos: The suppression of gender conflict in organizations', *Organization Science*. 1: 339 – 59.

Martin, J. (1992), *The Culture of Organizations. Three Perspectives*. New York: Oxford University Press.

Marx, K. (1975), *Early Writings*. Harmondsworth: Penguin.

Marx, K. (1976), *CapitaL* vol. 1, Harmondsworth: Penguin.

Mason, RO. and Mitroff, I. (1981), *Challenging Strategic Planning Assumptions*. New York: John Wiley.

Mayo, E. (1949), 'Hawthorne and the Western Electric Company', in D. Pugh (ed.), *Organization Theory*. Harmondsworth: Penguin (1977).

McCarthy, T. (1978), *The Critical Theory of Jurgen Habermas*. London: Hutchison.

McGregor, D. (1960), *The Human Side of Enterprise*. New York: McGraw-Hill.

McIntosh, D. (1994), 'Language, Self and Lifeworld in Habermas' *Theory of Communicative Action*'. *Theory and Society*. 23: 1 – 33.

McKenna, R. (1991), 'Marketing is everything', *Harvard Business Review*. Jan – Feb 1991: 65 – 79.

McLaughlin, H. and Thorpe, R. (1993), 'Action Learning-A Paradigm in Emergence: The Problems Facing a Challenge to Traditional Management Education and Development', *British Journal of Management*. 4, 1: 19 – 27.

Meisenhelder, T. (1989), 'Habermas and Feminism. The Future of Critical Theory', in RA. Wallace (ed.), *Feminism and Sociological Theory*. Newbury Park, CA: Sage.

Merchant, C. (1980), *Ecological Revolutions: Nature, Gender and Science in New England*. Chapel Hill, NC: University of North Carolina Press.

Meyer, 3. and Rowan, B. (1977), 'Institutionalized Organizations: Formal Structure as Myth and Ceremony', *American Journal of Sociology*. 83: 340 – 63.

Miles, R. E. and Snow, C. C. (1978), *Organizational Strategy, Structure and Process*. New York: McGraw-Hill.

Miller, D. (1986), 'Configurations of Strategy and Structure: Toward a Synthesis', *Strategic Management Journal*. 7: 233 – 49.

Miller, P. and O'Leary, T. (1987), 'Accounting and the Construction of the Governable Person', *Accounting, Organizations and Society*. 12, 3: 235 – 61.

Mills, A. (1988), 'Organization, Gender and Culture', *Organization Studies*. 9, 3: 351 – 70.

Mills, A. and Tancred, P. (eds) (1992), *Gendering Organizational Analysis*. London: Sage.

Mingers, J. (1980), 'Towards an Appropriate Theory for Applied Systems Thinking: Critical Theory and Soft Systems Methodology', *Journal of Applied Systems Analysis*. 7: 41 – 9.

Mingers, J. (1984), 'Subjectivism and Soft Systems Methodology – A Critique', *Journal of Applied Systems Analysis*. 11: 85 – 103.

Mingers, J. (1991), 'The Content of OR Courses: Results of a Questionnaire to OR Groups', *Journal of the Operational Research Society*. 42: 375 – 82.

Mingers, J. (1992a), 'Technical, Practical and Critical OR – Past, Present and Future?', in M. Alvesson and H. C. Willmott (eds), *Critical Management Studies*. London: Sage.

Mingers, J. (1992b), 'What are Real Friends For? A Reply to Mike Jackson', *Journal of the Operational Research Society*. 43, 7: 732 – 5.

Mingers, J. (1992c), 'Recent Developments in Critical Management Science', *Journal of the Operational Research Society*. 43, 1: 1 – 10.

Mintzberg, H. (1973), *The Nature of Managerial Work*. New York: Harper and Row.

Mintzberg, H. (1975), 'The Manager's Job: Folklore and Fact', *Harvard Business Review*. July-Aug. : 49 – 61.

Mintzberg, H. (1987), 'Crafting Strategy', *Harvard Business Review*. July-Aug. : 66 – 75.

Mintzberg, H. (1990), 'The Design School: Reconsidering the Basic Premises of Strategic Management', *Strategic Management Journal*. 11: 171 – 95.

Mintzberg, H. and Waters, J. A. (1985), 'Of Strategies, Deliberate and Emergent', *Strategic Management Journal*. 6: 257 – 72.

Mintzberg, H. , Raisinghani, D. and Theoret, A. (1976), 'The Structure of "Unstructured" Decision Processes', *Administrative Science Quarterly*. 21: 246 – 75.

Moore, D. C. (1991), 'Accounting on Trial: The Critical Legal Studies Movement and Its Lessons for Radical Accounting', *Accounting, Organizations and Society*. 16, 8: 763 – 93.

Morgan, Gareth (1980), 'Paradigms, metaphors and puzzle solving in organization theory', *Administrative Science Quarterly*. 25: 605 – 22.

Morgan, Gareth (1986), *Images of Organizations*. Newbury Park, CA: Sage.

Morgan, Glenn (1990), *Organizations and Society*. London: Macmillan.

Morgan, Glenn (1992), 'Marketing Discourse and Practice: Towards a Critical Analysis', in M. Alvesson and H. Willmott (eds), *Critical Management Studies*. London: Sage.

Morgan, Glenn and Willmott, H. C. (1993), 'The 'New Accounting Research: On Making Accounting More Visible', *Accounting, Auditing and Accountability Journal*. 6, 4:

3 – 36.

Mumby, D. (1988), *Communication and Power in Organizations: Discourse, Ideology and Domination.* Norwood, NJ: Ablex.

Mumby, D. K. and Putnam, L. L. (1992), 'The Politics of Emotion: A Feminist Reading of Bounded Rationality', *Academy of Management Review.* 17, 3: 465 – 86.

Mumford, E. (1983), 'Designing Human Systems for New Technology – The ETHICS Method', Manchester: Manchester Business School.

Muncy, J. A. and Fisk, R. P. (198Th 'Cognitive Relativism and the Practice of Marketing Science', *Journal of Marketing.* 51: 20 – 33.

Murray, F. and Knights, D. (1990), 'Inter-Managerial Competition and Capital Accumulation: IT Specialists, Accountants and Executive Control', *Critical Perspectives on Accounting.* 1, 2: 167 – 90.

Murray, J. B. and Ozanne, J. L. (1991), 'The critical imagination: Emancipatory interests in consumer research', *Journal of Consumer Research* 18: 129 – 44.

Murray, F. and Wilmott, H. C. (1993), 'The Communication Problem in Information Systems Development', in P. Quintas (ed.), *Social Dimensions of Systems Engineering.* London: Ellis Horwood.

Naess, A. and Rothenberg, D. (1991), *Ecology, Community and Lifestyle.* Cambridge: Cambridge University Press.

Neimark, M. (1991), 'The King is Dead. Long Live the King!', *Critical Perspectives on Accounting.* 1, 1: 103 – 14.

Nichols, T. (1969), *Ownership, Control, and Ideology.* London: Allen and Unwin.

Nichols, T. and Beynon, H. (1977), *Living with Capitalism; Class Relations and the Modern Factory.* London: Routledge and Kegan Paul.

Nicholson, L. J. (ed.) (1990), *Feminism/Postmodernism.* London: Routledge.

Nord, W. (1983), 'The Political Economic Perspective On Organizational Effectiveness', in K. Cameron and D. Whetton (eds), *Organizational Effectiveness.* New York: Academic Press.

Nord, W. and Jermier, J. (1992), 'Critical social science for managers? Promising and perverse possibilities', in M. Alvesson and H. Willmott (eds), *Critical Management Studies*. London: Sage.

Nordquist, J. (1986), *Jurgen Habermas: A Bibliography*. Santa Cruz University, Reference and Research Services.

Oakland, J. (1989), *Total Quality Management*. London: Heinemann.

O'Connor, J. (1973), *The Fiscal Crisis of the State*. New York: St Martins Press.

O'Connor, M. (1994), *Is Capitalism Sustainable: Political Economy and the Politics of Ecology*. New York: Guilford Press.

Offe, C. and Wiesenthal, H. (1980), 'Two logics of collective action: Theoretical notes on social class and organizational form', in M. Zeitlin (ed.), *Political Power and Social Theory*. Vol. 1, Greenwich, CT: JAI Press.

Ogbonna, E. and Wilkinson, B. (1990), 'Corporate Strategy and Corporate Culture: The View from the Checkout', *Personnel Review*. 19, 4: 9 – 15.

Oliga, J. C. (1988), 'Methodological Foundations of Systems Methodologies', *Systems Practice*. 1, 1: 113 – 24.

Orlikowski, W. and Baroudi, J. J. (1989), 'Is Research Paradigms: Methods versus Substance', *Information Systems Research*. 2, 1: 1 – 28.

Otley, D. (1980), 'The Contingency Theory of Management Accounting: Achievements and Prognosis', *Accounting, Organizations and Society*. 5, 4: 413 – 28.

Ouchi, W. (1981), *Theory Z: How American Business Can Meet the Japanese Challenge*. New York: Addison-Wesley.

PahI, R. and Winkler, J. T. (1974), 'The Economic Elite: Theory and Practice', in P. Stanworth and A. Giddens (eds), *Elites and Power in British Society*. Cambridge: Cambridge University Press.

Parry, R. and Mingers. J. (forthcoming), 'Community Operational Research: Its Context and Its Future', *Omega*.

Pascale, R. T. (1982), 'A Curious Addition to Corporate Grant Strategy', *Fortune*. 25 January: 115 – 16.

Pascale, R. T. (1984), 'Perspectives on Strategy: The Real Story Behind Honda's Success', *California Management Review*. 16: 47 – 73.

Pascale, R. T. (1992), *Managing on the Edge: How Successful Companies Use Conflict to Stay Ahead*. Penguin: Harmondsworth.

Pascale, R. T. and Athos, A. G. (1982), *The Art of Japanese Management*. Harmondsworth: Penguin.

Payne, S. L. (1991), 'A Proposal for Corporate Ethical Reform', *Business and Professional Ethics Journal*. 10, 1: 67 – 88.

Payne, S. L. (1992), 'Critical Systems Thinking: A Challenge or Dilemma in Its Practice', *Systems Practice*. 5, 3: 237 – 49.

Pendergrast, M. (1993), *For God, Country and Coca-Cola*. London: George Weidenfeld and Nicolson.

Perrow, C. (1986) *Complex Organization& A Critical Essay*. 3rd edn, New York: Random House.

Peter, J. P. (1992), 'Realism and Relativism in Marketing Theory and Research: A Comment on Hunt's Scientific Realism', *Journal of Marketing*. 56: 72 – 9.

Peter, J. P. and Olson, J. C. (1983), 'Is Science Marketing?', *Journal of Marketing*. 47: 111 – 25. Peters, T. J. (1984), 'Strategy Follows Structure: Developing Distinctive Skills', in G. Carroll and D. Vogel (eds), *Strategy and Organization: A West Coast Perspective*. Mansfield, MA: Pitman.

Peters, T. J. (1988), Thriving on Chaos; Handbook for a Management Revolution. London: Macmillan

Peters, T. J. (1992), *Liberation ManagemeiW Necessary Disorganization for the Nanosecond Nineties*. London: Macmillan.

Peters, T. J. and Waterman, R. H. (1982), *In Search of Excellence*; *Lessons from America's Best-Run Companies*. New York: Harper and Row.

Pettigrew, A. (1973), *The Politics of Organizational Decision-Making*. Londoiv Tavistock. Pettigrew, A. (1975), 'Strategic Aspects of the Management of Specialist Activity', *Personnel Review*. 4: 5 – 13.

Pettigrew, A. (1985a), *The Awakening Giant*; *Continuity and Change at ICI*. Oxford:

Blackwell.

Pettigrew, A. (1985b), 'Examining Change in the Long-Term Context of Culture and Politics', in J. M. Pennings (ed.), *Organizational Strategy and Change*. San Francisco, CA: Jossey-Bass.

Pettigrew, A. (1988), 'Longitudinal Field Research on Change: Theory and Practice', Paper presented to the National Science Foundation Conference on Longitudinal Research Methods in Organizations, Austin, Texas.

Pfeffer, J. (1978), 'The Micropolitics of Organizations', in MW. Meyer (ed.), *Environment and Organizations*. New York: Jossey-Bass.

Pfeffer, J. (1981a), *Power in Organizations*. Boston, MA: Pitman.

Pfeffer, J. (1981b), 'Management as Symbolic Action: The Creation and Maintenance of Organizational Paradigms', in L. L. Cummings and B. M. Staw (eds), *Research in Organizational Behaviour*. 3: 1 – 52.

Pfeffer, J. (1993), 'Barriers to the Advance of Organizational Science: Paradigm Development as a Dependent Variable', *Academy of Management Review*. 18, 4: 599 – 620.

Pfeffer, J. and Salancik, G. R. (1978), *The External Control of Organizations: A Resource Dependency Perspective*. New York: Harper and Row.

Pine, B. J. (1993), Mass Customization: The New Frontier in Business Competition. Boston, MA: Harvard Business School Press.

Pollard, S. (1965), *The Genesis of Modern Management*. London: Edward Arnold.

Pollay, R. W. (1986), 'The Distorted Mirror Reflections on the Unintended Consequences of Advertising', *Journal of Marketing*. 50 (April): 18 – 36.

Pollay, R. W. (1987), 'On the Value of Reflections on the Values in "The Distorted Mirror"', *Journal of Marketing*. 51 (July): 104 – 9.

Pondy, L. R. (1983), 'The Role of Metaphors and Myths in Organization and in the Facilitation of Change', in L. R. Pondy, P. J. Frost, G. Morgan and T. C. Dandridge (eds), *Organizational Symbolism*. Greenwich, Cr: JAT Press.

Porter, M. E. (1980), *Competitive Strategy: Techniques for Analysing Industries and Competitors*. New York: Free Press.

Porter, M. E. (1985), *Competitive Advantage: Creating and Sustaining Superior Performance*. New York: Free Press.

Poster, M. (1989), Critical Theory and Poststructuralism: In Search of a Context. Ithaca, NY: Cornell University Press.

Power, M. (1990), 'Modernism, Postmodernism and Organizations', in J. Hassard and D. Pym (eds), *The Theory and Philosophy of Organizations: Critical Issues and New Perspectives*. London: Routledge.

Power, M. K. (1991), 'Educating Accountants: Towards a Critical Ethnography', *Accounting Organizations and Society*. 16, 4: 333 – 53.

Power, M. and Laughlin, R. (1992), 'Critical Theory and Accounting', in M. Alvesson and H. Willmott (eds), *Critical Management Studies*. London: Sage.

Prichard, C. and Willmott, H. C. (1997), 'Just How Managed is the McUniversity?', *Organization Studies*, forthcoming.

Pringle, R. (1988), *Secretaries Talk*. London: Verso.

Pusey, M. (1987), *Jurgen Habermas*. London: Tavistock.

Putnam, L. , Bantz, C. , Dectz, S. , Mumby, D. and Van Maanen, J. (1993), 'Ethnography Versus Critical Theory: Debating Organizational Research', *Journal of Management Inquiry*. 2, 3: 221 – 35.

Puxty, A. G. (1991), 'Social Accountability and Universal Pragmatics', *Advances in Public Interest Accounting*. 4: 35 – 45

Puxty, A. (1993), The Social and Organizational Context of Management Accounting. London: Academic Press.

Quinn, J. B. (1980), *Strategies for Change: Logical Incrementalism*. Homewood, IL: Irwin.

Rabinow, P. (ed.) (1986), *The Foucault Reader*. Harmondsworth: Penguin.

Rasmussen, D. (1990) . *Reading Habermas*. Oxford: Blackwell.

Raspa, R. (1986), 'Creating Fiction in the Committee: The Emergence of the Saturn Corporation at the General Motors', *Dragon*. 4: 7 – 22.

Ray, L. J. (1993), *Rethinking Critical Theory; Emancipation in the Age of Global Social*

Movements. London: Sage.

Reed, M. (1985), *Redirections in Organizational Analysis.* London: Tavistock.

Reed, M. (1989), *The Sociology of Management.* London: Harvester Wheatsheaf.

Reed, M. (1990), 'From Paradigms to Images: The Paradigm Warrior Turns Post-modern Guru', *Personnel Review.* 19, 3: 35 – 40.

Reed, M. (1992), The Sociology of Organizations: Themes. Perspectives and Prospects. London: Harvester Wheatsheaf.

Reed, M. and Anthony, P. (1992), 'Professionalizing Management and Managing Professionalization: British Management in the 1980s', *Journal of Management Studies.* 29, 5: 591 – 613.

Riesman, D. (1950), *The Lonely Crowd.* New Haven, Cr: Yale University Press.

Ritzer, G. (1993), *The McDonaldization of Society*, Newbury Park, CA: Pine Forge.

Robbins, S. P. (1983), *Organization Theory. The Structure and Design of Organizations.* Englewood Cliffs, NJ: Prentice Hall.

Roberts, J. (1984), 'The Moral Character of Management Practice', *Journal of Management Studies.* 21, 3: 296 – 302.

Robey, D. and Farrow, D. (1982), 'User Involvement in Information Systems Development: A Conflict Model and Empirical Test', *Management Science.* 28, 1: 73 – 85.

Rockmore, T. (1989), *Habermas on Historical Materialism.* Bloomington, IN: University of Indiana Press.

Roderick, R. (1986), *Habermas and the Foundations of Critical Theory.* London: Macmillan.

Rorty, R. (1985), 'Habermas and Lyotard on Postmodernity', in RJ. Bernstein (ed.), *Habermas and Modernity.* Cambridge: Polity.

Rorty, R. (1989), *Contingency, Irony and Solidarity.* Cambridge: Cambridge University Press. Rose, D. (1993), 'Private Rhetoric for the Public Sphere', Paper presented to the 11th EGOS Colloquium, Paris, July 1993.

Rose, N. (1990), *Governing the Soul: The Shaping of the Private Self.* London: Routledge.

Rosen, M. (1985), 'Breakfirst at Spiro's: Dramaturgy and dominance', *Journal of Management.* 11, 2: 31 – 48.

Rosen, M. (1987), 'Critical Administrative Scholarship, Praxis and the Academic Workplace', *Journal of Management.* 13: 573 – 86.

Rosen, M. (1991), 'Coming to Terms with the Field: Understanding and Doing Organizational Ethnography', *Journal of Management Studies.* 28: 1 – 24.

Rosenberg, D., Tomkins, C. and Day, P. (1982), 'A Work Role Perspective on Accountants in Local Government Service Departments', *Accounting. Organizations and Society.* 7, 2: 123 – 37.

Rosenhead, J. (1989), 'O. R.: Social Science or Barbarism'?' in MC. Jackson, P. Keys and S. A. Cropper (eds), *Operational Research and the Social Sciences.* New York: Plenum Press.

Rosenhead, J. and Thunhurst, C. (1982), 'A Materialist Analysis of Operational Research', *Journal of the Operational Research Society.* 33: 111 – 22.

Roslender, R. (1990), 'Sociology and Management Accounting Research', *British Accounting Review.* 22: 351 – 72.

Roslender, R. (1992), *Sociological Perspectives on Modern Accountancy.* London: Routledge.

Roth, G. and Schluchter, W. (1979), *Max Weber's Vision of History: Ethics and Methods.* Berkeley, CA: University of California Press.

Sabia, D. R. and Wallukis, J. (eds) (1983), *Changing Social Science: Critical Theory and Other Critical Perspectives.* Albany, NY: State University of New York Press.

Sahlins, M. (1976), *Culture and Practical Reason.* Chicago, IL: University of Chicago Press.

Salaman, G. (1981), *Class and the Corporation.* Glasgow: Fontana.

Salaman, G. (ed.) (1992), *Strategic Human Resource Management.* London: Sage.

Sampson, E. (1989), 'The Deconstruction of Self', in J. Shotter and K. Gergen (eds), *Texts of Identity.* London: Sage.

Sandberg, A. (ed.) (1981), *Forskning för förändring* (Research for Change), Stockholm: Centre for Working Life.

Schroyer, T. (1973), *The Critique of Domination: The Origins and Development of Critical Theory*. New York: George Braziller.

Schumacher, E. F. (1974), *Small is Beautiful*. London: Abacus.

Schwartz, H. (1987), 'Anti-Social Actions of Committed Organizational Participants', *Organization Studies*. 8, 4: 327 - 40.

Schwartz, H. (1990), *Narcissistic Process and Corporate Decay*. Albany, NY: State University of New York Press.

Scitovaky, T. (1976), *The Joyless Economy*. Oxford Oxford University Press.

Scott, W. G. and Hart, D. K. (1989), *Organizational Values in America*. New Brunswick, NJ: Transaction.

Sculley, J. (with J. A. Byrne) (1988), *Odyssey: Pepsi to Apple... A Journey of Adventure, Ideas, and the Future*. New York: Harper and Row.

Sennett, R. (1980), *Authority*. New York: Vintage Books.

Shrivastava, P. (1986) . 'Is Strategic Management Ideological?', *Journal of Management*. 12, 3: 363 - 77.

Shrivastava, P. (1987), *Bhopal: Anatomy of A Crisis*. Cambridge, MA: Ballinger.

Shrivastava, P. (1993), 'Management Paradigm for a Risk Society: Ecocentric Management in Industrial Ecosystems', Working Paper, Bucknell University, Lewisburg.

Shrivastava, P. (1994a), 'CASTRATED Environment: GREENING Organizational Studies', *Organization Studies*. 15, 5: 705 - 26.

Shrivastava, P. (1994b), 'Greening Business Education', *Journal of Management Inquiry*. 3, 3: 235 - 43.

Sievers, B. (1986), 'Beyond the Surrogate of Motivation', *Organization Studies*. 7, 4: 335 - 5 1.

Sikka, P. and Willmott, H. C. (1995) The Power of "Independence": Defending and Extending the Jurisdiction of Accounting in the UK, *Accounting, Organizations and Society*. 20, 6: 547 - 81.

Silverman, D. (1970), *The Theory of Organizations*. London: Heinemann.

Sloterdijk, P. (1980), *Critique of Cynical Reason.* London: Verso.

Sloterdijk, P. (1984), 'Cynicism – The Twilight of False Consciousness', *New German Critique.* 11, 3.

Smircich, L. (1983a), 'Organizations as Shared Meanings', in L. R. Pondy, P. J. Frost, G. Morgan and T. C. Dandridge (eds), *Organizational Symbolism.* Greenwich, CT: JAI Press.

Smircich, L. (1983b), 'Concepts of Culture and Organizational Analysis'. *Administrative Science Quarterly.* 28: 339 – 58.

Smircich, L. (1985), 'Is Organizational Culture a Paradigm for Understanding Organizations and Ourselves?', in P. 3. Frost, L. F. Moore, MR. Louis, C. C. Lundberg and . 1. Martin (ed.), *Organizational Culture.* Beverly Hills, CA: Sage.

Smircich, L. (1986), 'Can a Radical Humanist Find Happiness Working in a Business School?' Paper presented to Academy of Management Meeting, August 1986.

Smircich, L. and G. Morgan (1982), 'Leadership: The Management of Meaning', *The Journal of Applied Behavioural Science.* 18, 3: 257 – 73.

Smircich, L. and Stubbart, C. (1985), 'Strategic Management in an Enacted World', *Academy of Management Review.* 10, 4: 724 – 36.

Smith, T. (1992), *Accounting for Growth.* London: Century Business.

Smith, V. (1990), *Managing in the Corporate Interest: Control and Resistance in an American Bank.* Berkeley, CA: University of California Press.

Snow, C. C. and Hrebiniak, L. G. (1980), 'Strategy, Distinctive Competence, and Organizational Performance', *Administrative Science Quarterly.* 25: 3 17 – 36.

Soeters, J. (1986), 'Excellent Companies as Social Movements', *Journal of Management Studies.* 23: 299 – 3 12.

Stablein, R. and Nord, W. (1985), 'Practical and Emancipatory Interests in Organizational Symbolism: A Review and Evaluation', *Journal of Management.* 11, 2: 13 – 28.

Stark, D. (1980), 'Class Struggle and the Transformation of the Labor Process: A Relational Approach', *Theory and Society.* 9: 89 – 130.

Stead, E. and Stead, J. G. (1992), *Management for a Small Planet.* Newbury Park,

CA: Sage.

Steffy, B. D. and Grimes, A. J. (1986) . 'A Critical Theory of Organizational Science',
Academy of Management Review. 11, 2: 322 – 36.

Steffy, B. D. and Grimes, A. J. (1992), 'Personnel/Organization Psychology: A Critique
of the Discipline', in M. Alvesson and H. Willmott (eds), *Critical Management Stud-
ies*. London: Sage.

Stirner, M. (1907), *The Ego and His Own*. London: Libertarian Book Club.

Storey, J. (1983), *Managerial Prerogative and the Question of Control*. London: Rout-
ledge and Kegan Paul.

Storey, J. (1985), 'Management control as a bridging concept', *Journal of Management
Studies*. 22: 269 – 91.

Stubbart, C. I. (1989), 'Managerial Cognition: A Missing Link in Strategic Management
Research', *Journal of Management Studies*. 26, 4: 325 – 47.

Susman, G. and Evered, R. (1978), 'An Assessment of the Scientific Merits of Action
Research', *Administrative Science Quarterly*. 23: 582 – 608.

Tar, Z. (1977), *The Frankfurt School: The Critical Theories of Max Horkheimer and The-
odor W. Adorno*. New York: John Wiley.

Taylor, F. W. (1911), *Principles of Scientific Management*. New York: Harper and Row.

Taylor, F. W. (1947), *Scientific Management*. London: Harper and Row.

Taylor, J. A. and Williams, H. (1994), 'The "Transformation Game": Information Sys-
tems and Process Innovation in Organizations', *New Technology. Work and Employment*.
9, 1: 54 – 65.

Therborn, G. (1980), *The Power of Ideology and the Ideology of Power*. London: Verso.

Thomas, A. (1980), 'Management and Education: Rationalization and Reproduction in
British Business', *International Studies in Management and Organization*. X, 1 – 2: 71
– 109.

Thomas, A. (1993), *Controversies in Management*. London: Routledge.

Thompson, J. and Held, D. (eds) (1982), *Habermas: Critical Debates*. London: Mac-
millan.

Thompson, P. (1989), *The Nature of Work.* 2nd edition, London: Macmillan. Thompson, P. and McHugh, D. (1990), Work Organizations: A Critical Introduction. London: Macmillan.

Thompson, P. and McHugh, D. (1995), *Work Organizations: A Critical Introduction.* 2nd edn, London: Macmillan.

Tinker, A. M. (1980), 'Towards a Political Economy of Accounting', Accounting, *Organizations and Society.* 5, 1: 47 – 60.

Tinker, A. M. (1985), *Paper Prophets; A Social Critique of Accounting.* Eastbourne: Holt Saunders.

Tinker, A. M. (1986), 'Metaphor or Reification: Are Radical Humanists Really Libertarian Anarchists?', *Journal of Management Studies.* 24, 3: 367 – 82.

Tinker, A. M. and Lowe, E. A. (1982), 'The Management Science of the Management Sciences', *Human Relations.* 35, 4: 331 – 47.

Tinker, A. M. and Lowe, E. A. (1984), 'One-Dimensional Management Science: The Making of Technocratic Consciousness', *Interfaces.* 14, 2: 40 – 56.

Tinker, A. M., Merino, B. and Neimark, M. (1982), 'The Normative Origins of Positive Theories', *Accounting, Organizations and Society.* 7, 2: 167 – 200.

Townley, B. (1993), Toucault, Power/Knowledge and its Relevance for Human Resource Management', *Academy of Management Review.* 18, 3: 518 – 45.

Townley, B. (1994), *Reframing Human Resource Management.* London: Sage.

Tsoukas, H. (1992), 'Panoptic Reason and the Search for Totality: A Critical Assessment of the Critical Systems Perspective', *Human Relations.* 45, 7: 637 – 57.

Tsoukas, H. (1993), 'Analogical reasoning and knowledge generation in organization theory', *Organization Studies.* 14: 323 – 46.

Ulrich, W. (1983), *Critical Heuristics of Social Planning.* Berne: Werner-Haupt.

Ulrich, W. (1986), 'Critical Heuristics of Social Systems Design', Working Paper 10, Dept. of Management Science and Systems, University of Hull.

Ulrich, W. (1988), 'Systems Thinking, Systems Practice and Systems Philosophy: A Program of Research', *Systems Practice.* 1, 2: 137 – 63.

Van Maanen, J. (1991), 'The Smile Factory', in P. J. Frost, L. F. Moore, M. R. Louis, C. C. Lundberg and J. Martin (cds), *Reframing Organizational Culture*. Newbury Park, CA: Sage.

Veblen, T. (1953), *The Theory of the Leisure Class*. New York: New American Library

Wachtel, P. (1983), *The Poverty of Affluence: A Psychological Portrait of the American Way of Life*. New York: Free Press.

Walby, S. (1986), *Patriarchy at Work*. Cambridge: Polity.

Walsham, G. (1993), *Interpreting Information Systems in Organizations*. London: Wiley.

Watson, T. (1977), *The Personnel Managers*. London: Routledge.

Watson, T. (1994), *In Search of Management*. London: Routledge

Weber, M. (1948), *From Max Weber: Essays in Sociology*. London: Routledge and Kegan Paul.

Weber, M. (1949), *The Methodology of the Social Sciences*. New York: Free Press.

Weber, M, (1968), *Economy and Society; An Outline of Interpretive Sociology*. New York: Bedminstcr Press.

Weber, M (1978), *Economy and Society*. 3 vols, New York: Bedminister Press.

Weedon, C. (1988), *Feminist Practice and Poststructuralist Theory*. Oxford: Basil Blackwell.

Weick, K. (1969), *The Social Psychology of Organizing*. Reading, MA: Addison-Wesley.

Weick, K. E. (1979), *The Social Psychology of Organizing*. 2nd edition, Reading, MA: Addison- Wesley.

Weick, K. E. (1987), 'Theorizing About Organizational Communication', in F. Jablin, L. Putnam, K. Roberts and L. Porter (eds), *Handbook of Organizational Communication*. Newbury Park, CA: Sage.

Weisbord, M. (1987), *Productive Workplaces*. San Francisco, CA: Jossey-Bass.

Weizenbaum, J. (1976), *Computer Power and Hwnan Reason – From Judgement to Calculation*. New York: Freeman.

Wensley, R. (1987), 'Marketing Strategy', in M. J. Baker (ed.), *The Marketing

Book. London: Heinemann in association with the British Institute of Marketing.

Westley, F. (1990), 'Middle Managers and Strategy: Microdynamics of Inclusion', *Strategic Management Journal*. 11: 337 – 51.

Wexler, P. (ed.) (1991), *Critical Theory Now*. London: The Falmer Press.

White, S. (1988), *The Recent Work of Jurgen Habermas*. Cambridge: Cambridge University Press.

White, S. K. (1986), 'Foucault's Challenge to Critical Theory', *American Political Science Review*. 80, 2: 419 – 32.

Whitebrook, J. (1984), 'Reason and Happiness: Some Psychoanalytic Themes in Critical Theory', *Praxis International*. 4, 1: 15 – 31.

Whitley, R. (1984a), 'The Fragmented State of Management Studies', *Journal of Management Studies*. 21, 3: 21 – 48.

Whitley, R. (1984b), 'The Scientific Status of Management Research as a Practically-Oriented Social Science', *Journal of Management Studies*. 21, 4: 369 – 90.

Whitley, R. (1988), 'The Management Sciences and Managerial Skills', *Organization Studies*. 9, 1: 47 – 68.

Whitley, R. (1989), 'On the Nature of Managerial Tasks and Skills: Their Distinguishing Characteristics and Organization', *Journal of Management Studies*. 20, 3: 209 – 24.

Whitley, R. (1990), 'East Asian Enterprise Structures and the Comparative Analysis of Forms of Business Organization', *Organization Studies*. 11, 1: 47 – 74.

Whitley, R. (ed.) (1992), *Business Systems in East Asia*. London: Sage.

Whittington, R. (1989), *Corporate Strategies In Recession and Recovery: Social Structure and Strategic Choice*. London: Unwin Hyman.

Whittington, R. (1992), 'Putting Giddens into Action: Social Systems and Managerial Agency', *Journal of Management Studies*. 29, 6: 693 – 712.

Whittington, R. (1993), *What is Strategy – and Does it Matter?*. London: Routledge.

Wiggerhaus, R. (1994), *The Frankfurt School: Its History, Theories and Political Significance*. Cambridge: Polity.

Wildavsky, A. (1968), *The Politics of the Budgeting Process.* Boston, MA: Little Brown.

Wilkinson, A. (1993), 'Managing Human Resources for Quality', in B. G. Dale (ed.), *Managing Quality.* 2nd edition, London: Prentice Hall.

Wilkinson, A. and Willmott, H. C. (eds) (1995a), *Making Quality Critical.* London: Routledge.

Wilkinson. A. and Willmott, H. C. (1995b) 'Introduction', in Wilkinson and H. C. Willmott (eds), *Making Quality Critical.* London: Routledge.

Willmott, H. C. (1983), 'Paradigms of Accounting Research', Accounting, *Organizations and Society.* 8, 4: 389 – 405.

Willmott, H. C. (1984a), 'Images and Ideals of Managerial Work: A Critical Examination of Conceptual and Empirical Accounts', *Journal of Management Studies.* 21, 3: 349 – 68.

Wilmott, H. C. (1984b), 'Accounting Regulation: An Alternative Perspective', *Journal of Business Finance and Accounting.* II, 4: 585 – 91.

Wilmott, H. C. (1986), 'Organizing the Profession: A Theoretical and Historical Examination of the Development of the Major Accounting Bodies in the UK', *Accounting. Organizations and Society.* 11, 6: 555 – 80.

Willmott, H. C. (1987), 'Studying Managerial Work: A Critique and a Proposal', *Journal of Management Studies.* 24, 3: 249 – 70.

Willmott, H. C. (1989), 'OR as a Problem Situation: From Soft Systems Methodology to Critical Science', in M. C. Jackson, P. Keys and S. A. Cropper (eds), *Operational Research in the Social Sciences.* New York: Plenum Press.

Willmott, H. C. (1990), 'Beyond Paradigmatic Closure in Organizational Enquiry', in J. Hassard and D. Pym (eds) ' *The Theory and Philosophy of Organizations: Critical Issues and New Perspectives.* London: Routledge.

Willmott, H. C. (1992), 'Postmodernism and Excellence: The De-differentation of Economy and Culture', *The Journal of Organizational Change Management.* 5, 1: 58 – 68.

Wilmott, H. C. (1993a), 'Strength is Ignorance; Slavery is Freedom: Managing Culture in Modem Organizations', *Journal of Management Studies.* 30, 4: 515 – 52.

Willmott, H. C. (1993b), 'Breaking the Paradigm Mentality', *Organization Studies.* 14, 5: 681 – 720.

Willmott, H. C. (1994a), 'Theorising Human Agency, Responding to the Crisis of (Post) Modernity', in J. Hassard and M. Parker (eds), *Towards a New Theory of Organizations.* London: Routledge.

Willmott, H. C. (1994b), 'Management Education: Provocations to a Debate', *Management Learning.* 25, 1: 105 – 36.

Willmott, H. C. (1994c), 'Business Process Reeingineering and Human Resource Management', *Personnel Review.* 23, 3, 34 – 46.

Wilmott, H. C. (1995a), 'Managing the Academics: Commodification and Control in the Development of University Education in the UK', *Human Relations.* 48, 9: 993 – 1028.

Willmott, H. C. (1995b), 'Management as Science? Methodologies of Change Management in Critical Perspective', Working Paper, Manchester School of Management.

Willmott, H. C. (1995c) 'Death. So What? Sociology and Sequestration', Mimeo, Manchester School of Management, UMIST.

Willmott, H. C. (1995d), 'The Odd Couple: Reengineering Business Processes, Managing Human Resources', *New Technology, Work and Employment.* 10, 2: 89 – 98.

Wiilmott, H. C. (1996a), 'On the Idolization of Markets and the Denigration of Marketers: Some Critical Reflections on a Professional Paradox', in D. Brownlie, M. Saren, R. Wensley and R. Whittington (eds)' *Rethinking Marketing.* London: Sage.

Willmott, H. C. (1996b), 'Re-cognizing "The Other": Reflections on a New Sensibility in Social and Organization Studies', in R. Chia (ed.), *In the Realm of Organization: Essays for Robert Cooper.* London: Routledge.

Willmott, H. C. (1996c), 'A Metatheory of Management: Omniscience or Obfuscation?', *British Journal of Management.* In press.

Willmott, H. C. and Knights, D. (1982), 'The Problem of Freedom: Fromm's Contribution to a Critical Theory of Work Organization', *Praxis International* 2, 2: 204 – 25.

Willmott, H. C. and Wray-Bliss, E. (1996), 'Process Reengineering, Information Technology and the Transformation of Accountability', in W. J. Orlikowski, G. Walsham,

M. R. Jones and J. I. DeGross (eds), *Information Technology and Changes in Organizational Work*. London: Chapman and Hall.

Wilson, D. (1982), 'Electricity and Resistance: A Case Study of Innovation and Politics', *Organization Studies*. 3, 2: 119 – 40.

Wilson, R. M. S. and Chua, W. F. (1988), *Managerial Accounting: Method and Meaning*. London: Van Nostrand Reinhold.

Winograd, T. and Mores, F. (1986), *Computers and Cognition. A New Foundation for Computer System Design*. New York: Ablex.

Wood, 5. (1980), 'Corporate Strategy and Organizational Studies', in D. Dunkerley and G. Salaman (eds), *International Yearbook of Organization Studies*. London: Routledge and Kegan Paul.

Wood, S. (ed.) (1982), *The Degradation of Work?*. London: Hutchinson.

Wood, S. and Kelly, J. (1978), 'Towards a Critical Management Science', *Journal of Management Studies*. February, 1 – 24.

Yates, D. (1985), *The Politics of Management*. San Francisco, CA: Jossey-Bass.

Zeitlin, M. (1974), 'Corporate Ownership and Control: The Large Corporation and the Capitalist Class', *American Journal of Sociology*. 79, 5, 1073 – 119.

索 引

（页码为英文原书页码，n 表示原书的注释）

A

371
索 引

framing 取景，92

Frankfurt School 法兰克福学派，5，67—8，168，169

    history 历史，68—73

Fraser, N. 弗雷泽，N.，85

Freely, M. 弗瑞里，M.，63

Freeman, J. 弗里曼，J.，130

Freire, P. 弗莱雷，P.，187n，207

Freud, Sigmund 弗洛伊德，西格蒙德，70，88n，114，116

Freundlieb, D. 弗洛德利伯，D.，84

Friedman, A. 弗里德曼，A.，58

Friedman, G. 弗里德曼，G.，73

Fromm, Erich 弗洛姆，埃里克，67，69，72，73，77，88—9n，104，115，126—7，128

Frost, P. 弗罗斯特，P.，111，115，134

functionalism 机能主义，56，65，94—6

G

Gadamer, H. G. 伽达默尔，H. G.，51

Galbraith, J. K. 加尔布雷思，J. K.，128，173

game metaphor 游戏隐喻，140

Garfinkel, H. 加芬克尔，H.，109n

Garrett, D. 加勒特，D.，122

Geertz, C. 吉尔兹，C.，169，171

gender biases 性别歧视，133

gender identities 性别身份，113，175

gender relations 性别关系，64，163，178

genealogy 系谱，170

Gephart, R. P. 格普哈特，R. P.，197，214n

microphysics of　微视物理学，169

instrumental reason　工具理性，11，79，87，88，96—8，99，105，112，126，148，163，178，191，202，213

　　managers as agents and targets of　作为工具理性的执行者和承受批评者的管理者，34—6

intellectualism　知性主义，163—5，168

interaction　交互作用，59，89n，116—18

interests, human　人类兴趣，44

　　knowledge-constitutive（Habermas）　人类的知识构成兴趣（哈贝马斯），44，52，61—2，149—50

Internet　因特网，107

interpretation, critical　批判解释，202

interpretivism　解释主义，56

intersubjectivity　主体间性，116

J

Jackall, R.　杰卡尔，R.，34—5

Jackson, M.C.　杰克逊，M.C.，52，153，154，155，190

Jackson, N.　杰克逊，N.，94，100

Jaggar, A.　杰格，A.，64

Japan　日本，41n，42n

Jay, M.　杰伊，M.，68

Jeffcutt, P.　杰夫卡特，P.，182

Jermier, J.M.　杰迈尔，J.M.，114，201

Johnson, G.　约翰逊，G.，92，131

Jonsson, E.　琼森，E.，121—2

juridification　法制化，144，158n

K

译后记

在管理学领域中，马茨·阿尔维森（Mats Alvesson）和休·维尔莫特（Hugh Willmott）因其敏锐的学术洞见和独特的研究视角而备受关注。本书以"现代社会中的管理和组织"为对象，引入和运用批判理论的思想与方法，对管理的专业学科与实践领域进行了鞭辟入里的分析、探讨。虽然他们并不属于"主流"的研究群体，但在追循严谨、审慎的问题线索的过程中，我们时时可以感受到批判理论对于管理学知识增长所作的贡献——这种贡献是包括实证范式在内的其他研究所无法替代的。

本书由戴黍主持翻译，并承担了序、导言、第一章、第二章、第三章、第四章的译校工作。华南师范大学公共管理学院行政管理专业硕士研究生陈泽华、苏淑君、陈琳琳、罗鑫武、邹剑锋、欧阳曦、杨方等参与了其余各章的译校。全书最后由戴黍校正、统稿。整个译校过程，苦乐杂陈，但大家感受最多的，还是专业学习和语言运用方面切实的收获。中山大学的马骏教授对本书的翻译提供了全面而细致的帮助，从书稿选择、索引制作、到疑难术语的推敲，马教授所给出的建议与指导，总是切中要害而又恰到好处。当然，书中的一切错漏之处概由译者负责。

虽然译者受过一定的哲学训练，并从事公共管理学方面的教学研究，但译者自身的语言水平、学术素养有限，使得译文欠妥之处在所难免。同时，原书学科背景的广阔杂驳与研究方法上的独特性，也令译者屡有词不达意之感，恳望方家指正、谅解。

戴泰

2011 年 2 月 1 日

于安徽浮山

Making Sense of Management：A Critical Introduction by Mats Alvesson & Hugh Willmott
English language edition published by SAGE Publications of Thousand Oaks, London, New
Delhi, Singapore and Washington D. C., @ 1996 by SAGE Publications, Inc.

图书在版编目(CIP)数据

理解管理:一种批判性的导论/[瑞典]阿尔维森,[英]维尔莫特著;戴黍译.
—北京:中央编译出版社,2012.9
ISBN 978 - 7 - 5117 - 1481 - 7

Ⅰ.①理…

Ⅱ.①阿…　②维…　③戴…

Ⅲ.①管理学

Ⅳ.①C93

中国版本图书馆 CIP 数据核字(2012)第 203059 号

理解管理:一种批判性的导论

出 版 人	刘明清	
出版统筹	谭　洁	
责任编辑	贾宇琰	
责任印制	尹　珺	
出版发行	中央编译出版社	
地　　址	北京西城区车公庄大街乙 5 号鸿儒大厦 B 座(100044)	
电　　话	(010)52612345(总编室)	(010)52612375(编辑室)
	(010)66161011(团购部)	(010)52612332(网络销售)
	(010)66130345(发行部)	(010)66509618(读者服务部)
网　　址	www.cctphome.com	
经　　销	全国新华书店	
印　　刷	北京瑞哲印刷厂	
开　　本	787 毫米×1092 毫米　1/16	
字　　数	310 千字	
印　　张	26	
版　　次	2012 年 9 月第 1 版第 1 次印刷	
定　　价	75.00 元	

本社常年法律顾问:北京市吴栾赵阎律师事务所律师　闫军　梁勤
凡有印装质量问题,本社负责调换。电话:(010)66509618